Wirtschaft & Recht

für das Gymnasium

Band 2
für die Jahrgangsstufe 10

bearbeitet von Gotthard Bauer
Michael Demel
Juliane und Jochen Frickel
Ina Hesse

C.C. Buchner Bamberg

Wirtschaft & Recht 2

für das Gymnasium
Jahrgangsstufe 10

Autoren: Gotthard Bauer (Kapitel 2.1 und 2.2)
Michael Demel (Kapitel 2.3 und 2.4)
Juliane und Jochen Frickel (Kapitel 3)
Ina Hesse (Kapitel 1)

Dieses Werk folgt der reformierten Rechtschreibung und Zeichensetzung. Ausnahmen bilden Texte, bei denen künstlerische und lizenzrechtliche Gründe einer Änderung entgegenstehen.

1. Auflage 1 3 2 1 2010 2009 2008
Die letzte Zahl bedeutet das Jahr dieses Druckes.
Alle Drucke dieser Auflage sind, weil untereinander unverändert, nebeneinander benutzbar.

Grafische Gestaltung: creo Druck & Medienservice GmbH, Bamberg
Umschlaggestaltung: Wolf Hartmann, creo Druck & Medienservice GmbH, Bamberg
Druck- und Bindearbeiten: H. Stürtz GmbH, Würzburg

ISBN 978-3-7661-**7222**-8

Zur Arbeit mit dem Buch

Die Reihe Wirtschaft & Recht wurde für das G8 des bayerischen Gymnasiums neu entwickelt. Dabei wurde großer Wert auf die didaktischen Prinzipien **Handlungsorientierung**, **Methodenorientierung** und **Nachhaltiges Lernen** gelegt.

Jede Lehrplaneinheit beginnt mit einer **Auftaktseite**, die collageartig gestaltet ist und einen motivierenden Einstieg in das Kapitel eröffnet.

▶▶M2
▶M3

Daran schließt sich der **Materialteil** an, **eine strukturierte Sammlung vielfältiger Quellen** (Autorentexte, Zeitungsartikel, Karikaturen, Statistiken, ...) zu einem Thema. Die Auswahl der Quellen ermöglicht einen handlungsorientierten und abwechslungsreichen Unterricht und fördert das selbstständige, methodische Arbeiten der Schülerinnen und Schüler. Die Materialien sind unterteilt in „Lernmaterialien" (farbiger Doppelpfeil vor der Materialnummer) und „Arbeitsmaterialien" (grauer Pfeil vor der Materialnummer). **Lernmaterialien** dienen insbesondere der Vermittlung der zentralen Fachinhalte. **Arbeitsmaterialien** eignen sich als Unterrichtseinstiege, Problematisierungen oder Vertiefungen.

Zur Vertiefung

Alle Inhalte und Materialien, die über den Lehrplan hinausgehen oder fakultativ sind, werden in der Überschrift mit „Zur Vertiefung" gekennzeichnet.
Die Vielfalt der Quellenmaterialien stellt ein **Angebot für Lehrerinnen und Lehrer** dar und eröffnet **Freiräume für eigene Schwerpunktsetzungen**.

Infobox

Infoboxen erklären kurz und prägnant wichtige Begriffe.

Aufgaben

Die **Arbeitsaufträge** geben Anregungen zur Übung, Wiederholung sowie zum erweiterten Transfer und wollen die Schülerinnen und Schüler befähigen, in wirtschaftlichen und rechtlichen Entscheidungssituationen als „mündige Bürger" bewusst zu handeln. Sie sind durch entsprechende Verweise konkret auf einzelne Quellen bezogen und deshalb von den Schülerinnen und Schülern leicht selbstständig zu bearbeiten.

Methode

Methodenseiten dienen dazu, wichtige Methoden des Faches (Arbeit mit Modellen, Analyse statistischen Materials ...) vorzustellen und sinnvoll auf die jeweiligen Inhalte anzuwenden. So werden die Schülerinnen und Schüler motiviert, methodengeleitet zu lernen.

Zusammenfassung

Am Ende der Unterkapitel stehen **Zusammenfassungen der wichtigsten Inhalte eines Kapitels**. In der Randspalte wird auf die zur Wiederholung, zur Nacharbeit oder zur Vorbereitung einer Leistungsmessung besonders geeigneten Lernmaterialien verwiesen.

Zusammenhänge, Glossar und Stichwortregister

Im **Anhang** befinden sich eine zweiseitige Erläuterung der grundlegenden und themenübergreifenden **Zusammenhänge** des Lehrplans der Jahrgangsstufe 10, ein **Glossar** mit knappen Begriffsdefinitionen der zentralen Fachbegriffe und ein **ausführliches Stichwortregister**.

Inhaltsverzeichnis

Bildnachweis

A1PIX Deutschland, Taufkirchen – S. 7 (2), 30 (2), 90; advantage media service/M. Niehues, Vechta – S. 69; Agenda/Michael Kottmeier, Hamburg – Einband, 117, 150; Alimdi.net, Deisenhofen – S. 16; Archiv für Kunst und Geschichte, Berlin – S. 77; Argus/Peter Frischmuth, Hamburg – S. 69, 117, 140; Argus/Raupach, Hamburg – S. 104; Argus/Hartmut Schwarzenbach, Hamburg – Einband, 7, 22, 123; Aurel – S. 83

Bildagentur-online, Burgkunstadt – S. 14; Bildagentur Schapowaldow/Robert Harding, Hamburg – S. 135; bilder.cdu.de – Einband, 63; Bridgeman Giraudon, Berlin – S. 40; Bulls Pressedienst, Frankfurt – S. 124

Caro Fotoagentur/Oberhäuser, Berlin – S. 118, 122; Corbis GmbH, Düsseldorf – S. 32

Das Fotoarchiv GmbH, Essen – S. 67; Das Fotoarchiv GmbH/Jim Lukoski, Essen – S. 17; Das Fotoarchiv GmbH/Markus Matzel, Essen – S. 148; Der Spiegel, Hamburg – S.118; DIZ/Süddeutscher Verlag, Bilderdienst/AP, München – S. 130; dpa Picture-Alliance, Frankfurt – S. 58, 137, 143

ecopix/Kevin Lee, Berlin – S. 140

Fotoagentur Forum/Peter Meyer, Bremen – S. 155

Geldmuseum, Frankfurt – S. 23; Globus-Infografik, Hamburg – S. 31, 39, 71, 74, 79 (2), 139, 142 (2), 154

Ina Hesse, Kirchseeon – S. 21

Images.de digital photo GmbH, Berlin – S. 7, 8, 52; images.de/Luiz C. Marigo, Berlin – S. 147; Institut der deutschen Wirtschaft, Köln – S. 38 (2)

Joker Photo, Bonn – S. 7, 8, 30; JOKER/Martin Magunia, Bonn – S. 102

Keystone Pressedienst, Hamburg – S. 47, 110; Keystone Pressedienst/Christian Hager, Hamburg – S. 113; Keystone Pressedienst/Volkmar Schulz, Hamburg – S. 112; Bernhard Klemm, Frankfurt/O. – S. 8; Michael Kneffel, Essen – S. 149

Mediacolor's Bildagentur & -Produktion, Zürich – S. 100, 107; Dirk Meissner, Köln – S. 47; Mester / CCC,www.c5.net – S. 81, 92, 97

photothek.net GbR, Radevormwald – S. 126, 140; Picture Press, Hamburg – S. 26; Preußischer Kulturbesitz, Berlin – S. 84

Erich Schmidt Verlag, Berlin – S. 35, 85, 94, 115, 132; Martin Storz, Stuttgart – S. 64

teamwork text+photo/Karwasz, Hamburg – S. 103; The Associated Press, Frankfurt – S, 59, 76; The Economist, 1997 – S. 27; TV yesterday/Wolfgang Maria Weber, München – S. 50

Ullstein-Bild, Berlin – S. 70, 136

Vario images GmbH & Co. KG, Bonn – Einband, 55; Vision photos, Berlin – S. 154; Visum, Hamburg – S. 89; VISUM/Sven Döring, Hamburg – S. 11; Visum/Globepix, Hamburg – S. 140; Visum/Jörg Müller, Hamburg – S. 134

Wildlife/C. Heumader, Hamburg – S. 62; Wildner + Designer, Fürth – S. 48

Denken in gesamtwirtschaftlichen Zusammenhängen

angebot

nachfrage

bruttoinlandsprodukt

wirtschaftsbereiche

strukturwandel

1.1 Unternehmen und private Haushalte auf dem Markt

1.1.1 Der Markt – Treffpunkt von Angebot und Nachfrage

M1 Märkte gestern und heute

Zu allen Zeiten waren Märkte Treffpunkte, auf denen neben den unterschiedlichsten Gütern auch Informationen und Beziehungen eine Rolle spielten: ob auf dem Rossmarkt (Frankfurt/Oder, 1914), dem Wochenmarkt, an der Börse oder im Internet.

▶▶M2 Der Marktplatz: Treffpunkt für Handelswillige

Der Handel und das großräumige System der Arbeitsteilung aus der Zeit der Griechen und Römer waren im frühen Mittelalter fast ganz verschwunden. [...] Allerdings waren Handel und Wandel auch im frühen Mittelalter nicht völlig zusammengebrochen. Es gab Dinge, die man auch auf den Fronhöfen und in den Klöstern nicht selber machen konnte: zum Beispiel Salz – ein damals sehr wichtiges Produkt, weil unerlässlich für das Konservieren von Fleisch und Käse. [...]

Und für die Fronhöfe war es wichtig, den Wechsel von guten und schlechten Ernten auszugleichen. Im einen Jahr zum Beispiel trugen die Weinstöcke so gut, dass die Fässer nicht ausreichten, um alle Trauben ordnungsgemäß zu keltern. Also suchte der Weinbauer nach jemandem, der ihm die überschüssige Menge abkaufte. Im Frühjahr nach einer schlechten Getreideernte hatten die Bauern Bedarf an Saatgut, nach einer sehr guten Ernte wollten sie welches abgeben.

Wo aber fand man diesen jemand, der einem überschüssige Produkte gegen Mangelwaren eintauschte? Die Wege waren schlecht damals, die alten Römerstraßen verfallen, Räuber und Diebe machten das Land unsicher. Deshalb war es notwendig, dass die Bauern möglichst wenig zu reisen hatten, und dieses Ziel erreichte man am besten, wenn sich alle Handelswilligen regelmäßig zu einem festen Zeitpunkt an einem vereinbarten Ort trafen, auf dem Marktplatz.

Der fränkische König Pippin der Jüngere, der Vater des späteren Kaisers Karl des Großen, verfügte im Jahre 744, dass in allen größeren Siedlungen seines Reiches Wochenmärkte einzurichten seien. Diese Märkte unterschieden sich nicht wesentlich von denen, die es heute noch überall auf der Welt gibt. Bauersfrauen, Handwerker und Händler boten ihre Waren auf einem dafür geeigneten Platz an. Man feilschte um den Preis. [...]

Märkte sind eine der erstaunlichsten Entwicklungen der Menschheit. Es gab sie zu allen Zeiten und überall auf der Welt. Niemand hat jemals das Prinzip des Marktes „erfunden", die Menschen entwickelten es unbewusst, indem sie einfach ihren eigenen Bedürfnissen nachgingen. Es funktionierte auf den Wochenmärkten zu Pippins Zeiten nicht anders als in den Suks der arabischen Städte, auf Flohmärkten oder an den modernen Börsen.

Nach: Nikolaus Piper, Geschichte der Wirtschaft, Weinheim 2002, S. 49-52

▶▶M3 Die Aufgabe des Marktes

Autorengrafik

▶Aufgaben zu M1-M3

1. Beschreiben Sie, worin sich alle (genannten und abgebildeten) Märkte gleichen. (M1, M2)
2. Nennen Sie die Motive, die zur Entwicklung von Märkten im frühen Mittelalter in Europa geführt haben. (M2)
3. Stellen Sie den Zusammenhang zwischen Arbeitsteilung und Märkten her. (M2)
4. Wie haben sich Märkte im Laufe der Geschichte verändert? (M1, M2)
5. Beschreiben Sie, welche Motive Anbieter und Nachfrager haben, sich auf dem Markt zu treffen. (M2, M3)
6. Befragen Sie Ihre Klasse, was jeder für eine Nachhilfestunde in Mathematik beim Klassenbesten zu zahlen bereit ist. Wie viele Stunden kann dieser pro Woche halten? Setzen Sie daraufhin gemeinsam einen Preis fest. (M3)
7. Erläutern Sie, warum auch Produzenten Nachfrager sind. (M3)

M4 Der Gemüseburgermarkt: die Nachfrage

Im Zuge der Umstellung auf das achtstufige Gymnasium soll die Mittagsbetreuung ausgeweitet werden. Angeboten werden Gemüseburger. Die Schüler der Schule stellen zusammen mit den Lehrern die Nachfrager auf diesem „Gemüseburgermarkt“ dar. Nicht alle haben großen Hunger auf Gemüseburger, und einige haben mehr Taschengeld von ihren Eltern bekommen als andere. Daher gibt es Schüler, die zwar für einen Euro einen Burger kaufen würden, jedoch nicht mehr für 2 oder 3 Euro. Andere würden auch 2 Euro bezahlen, weil ihnen der Weg zur Metzgerei zu weit ist. Es ist einleuchtend, dass Lehrer und Schüler auch für einen Euro Kunden blieben, selbst wenn sie bereit gewesen wären, mehr zu bezahlen. Sie freuen sich höchstens über den günstigeren Preis. Deswegen addiert (aggregiert) sich die Nachfrage der einzelnen Käufer mit abnehmendem Preis. Man spricht von der aggregierten (zusammengefassten) Nachfrage. Die Schulleitung stellt die Ergebnisse einer Umfrage für den Elternbeirat grafisch dar:

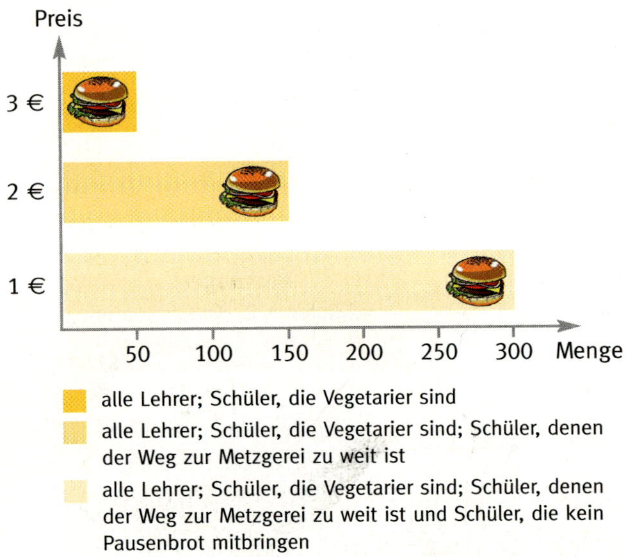

Nachgefragte Menge an Gemüseburgern bei gegebenem Preis von 1 Euro, 2 Euro bzw. 3 Euro.

Bei sehr vielen Nachfragern – zum Beispiel an allen bayerischen Schulen – und wenn man beliebige Preise zwischen 1 Euro, 2 Euro und 3 Euro in Betracht zieht, bildet sich eine **ideale Nachfragekurve** wie die folgende heraus:

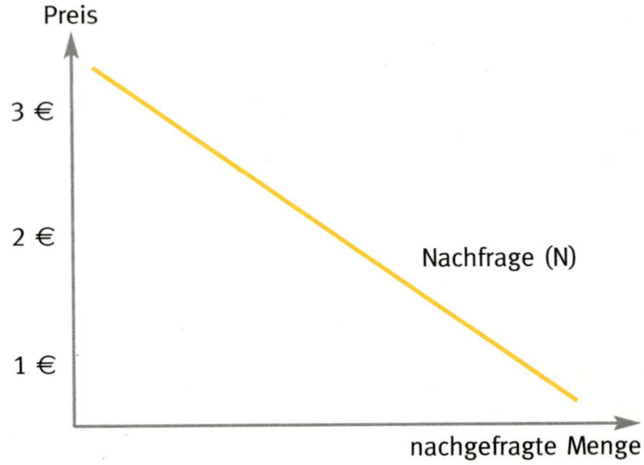

Je höher der Preis, desto kleiner ist die nachgefragte Menge. Je niedriger der Preis, desto größer ist die nachgefragte Menge.
Die Nachfrage beschreibt das Streben der Wirtschaftssubjekte, Sachgüter und Dienstleistungen zu erwerben. Dabei wird angenommen, dass Grundlage für die Konsumnachfrage ein Bedürfnis ist, das den Konsumenten veranlasst, als Nachfrager aufzutreten, beispielsweise Hunger, Geltungsbedürfnis oder ein Bedürfnis nach Mobilität.

Autorentext/-grafik

Aufgabe zu M4

Bilden Sie aus den in der Aufgabe 6 zu M3 erhobenen Daten eine Nachfragekurve für Ihren klasseninternen Markt für Mathematiknachhilfestunden.
Stellen Sie diese in einem Koordinatensystem dar.

M5 Der Gemüseburgermarkt: das Angebot

Hausmeister, Eltern und ein Cateringservice sind bereit, mittags die Gemüseburger anzubieten. Dabei könnte der Hausmeister mit seiner Frau 50 Hamburger für je 1 Euro verkaufen. Die Eltern könnten gemeinsam 100 Hamburger herstellen, die jedoch jeweils 2 Euro kosten würden. Der Cateringservice, der viel höhere Personalkosten decken muss, könnte für 3 Euro pro Hamburger auch 150 Stück anbieten. Logisch ist, dass der Hausmeister seine Hamburger auch für 2 Euro verkaufen würde, wenn er so viel Geld dafür bekäme. Das Angebot der einzelnen Köche aggregiert sich also mit zunehmendem Preis. Für die Besprechung mit dem Elternbeirat sieht das grafisch dargestellt folgendermaßen aus:

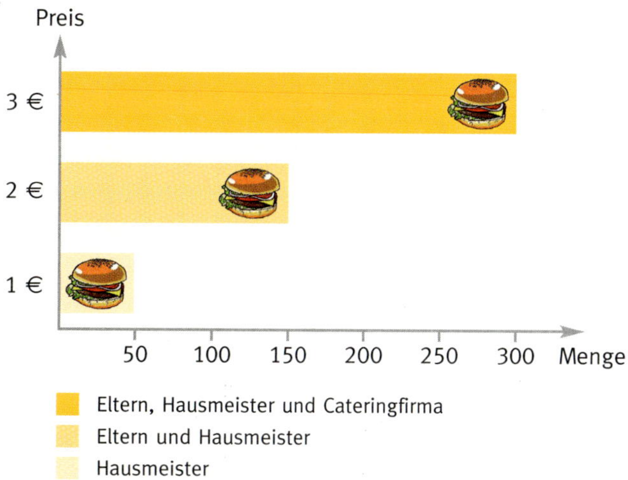

Angebotene Menge an Gemüseburgern bei gegebenem Preis von 1 Euro, 2 Euro bzw. 3 Euro.

Bei sehr vielen Anbietern und wenn man beliebige Preise zwischen 1 Euro, 2 Euro und 3 Euro in Betracht zieht, würde sich eine **ideale Angebotskurve** wie die folgende herausbilden:

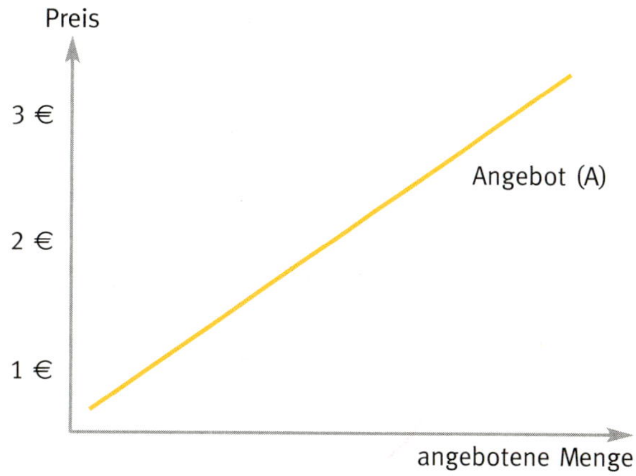

Je höher der Preis, desto größer ist die angebotene Menge. Je niedriger der Preis, desto kleiner ist die angebotene Menge. Der Rückgang der angebotenen Menge kann beispielsweise dadurch zustande kommen, dass Anbieter aus dem Markt gedrängt werden, da sie bei niedrigen Preisen Verluste machen.

Das Angebot umfasst die Sachgüter und Dienstleistungen, die zum Verkauf oder Tausch angeboten werden. Dabei wird angenommen, dass die Anbieter in erster Linie solche Güter herzustellen versuchen, von denen sie sich den höchstmöglichen Gewinn versprechen.

Autorentext / -grafik

Aufgaben zu M4-M5

1. Erklären Sie mit eigenen Worten, warum in der grafischen Darstellung die Angebotskurve des Gemüseburgermarkts von links unten nach rechts oben (bzw. die Nachfragekurve von links oben nach rechts unten) verläuft. (M4, M5)
2. Nennen Sie mögliche Gründe, warum die Gemüseburgeranbieter so unterschiedliche Preise verlangen müssen. (M5)
3. Erkundigen Sie sich beim Pausenstand der Schule, warum die Produkte nicht teurer oder günstiger verkauft werden. Welche Nachfrageveränderungen waren nach der letzten Preisänderung zu bemerken? (M4, M5)

Ein Cateringservice muss hohe Personalkosten decken.

M6 Die Suche nach dem besten Preis

Zum Preis von 3 Euro pro Gemüseburger beträgt die nachgefragte Menge in der Schulkantine nur 50 Stück, angeboten werden jedoch 300 Burger. Die Differenz bezeichnet man als Angebotsüberschuss. Konkret bleiben diese Burger einfach übrig. Da sie nicht haltbar sind, werden die Anbieter sich überlegen, ob sie ihre Preispolitik (oder ihre Mengenpolitik) ändern. Sobald klar ist, dass diese Menge nur zu einem erheblich niedrigeren Preis verkäuflich ist, wird sich der Cateringservice zurückziehen. Für weniger als 3 Euro je Stück kann er seine Kosten nicht mehr decken. Die angebotene Menge geht zurück, es bleiben Eltern und Hausmeister, die auch für einen Verkaufspreis von 2 Euro kostendeckend produzieren können.

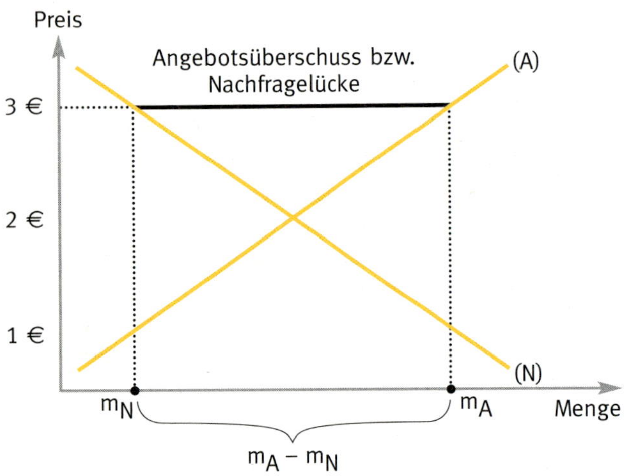

Ist der von den Anbietern festgesetzte Preis zu hoch, so kommt es zu einem Angebotsüberschuss bzw. zu einer Nachfragelücke.

Es lässt sich leicht erkennen, dass bei einem Preis von 2 Euro pro Burger genauso viel angeboten wie nachgefragt würde. Man nennt diesen idealen Preis deshalb den Gleichgewichtspreis. Der Markt wird in dieser Situation geräumt.

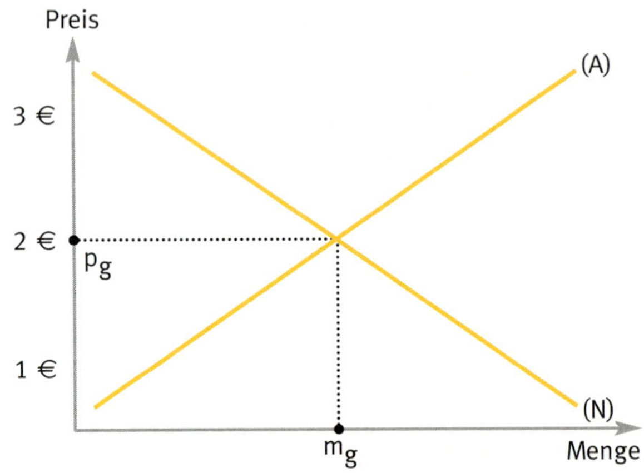

Der Gleichgewichtspreis ist der Preis, an dem die beiden Geraden sich schneiden. Hier ist die umgesetzte Menge, also die Menge, die gehandelt wird, am größten.

Im Beispiel wird der Cateringservice sich aus dem Schulangebot verabschieden, weil seine Burger den Schülern zu teuer sind und nicht gekauft werden. Der Preis wird sich bei 2 Euro einpendeln und die nachgefragte Menge bei ca. 150 Stück.

Autorentext/-grafik

A = Angebot
N = Nachfrage
p_g = Gleichgewichtspreis
m_g = Gleichgewichtsmenge
m_A = angebotene Menge zu einem bestimmten Preis
m_N = nachgefragte Menge zu einem bestimmten Preis
$m_A - m_N > 0$ = Angebotsüberschuss bzw. Nachfragelücke
$m_A - m_N < 0$ = Nachfrageüberschuss bzw. Angebotslücke

Infobox

Die Koordinationsfunktion des Preises bei freiem Wettbewerb

Der Preis gleicht die abweichenden Angebots- und Nachfragewünsche der Marktteilnehmer ab (Koordination). Meistens gibt es bei einem Nachfrageüberschuss oder bei einem Angebotsüberschuss eine Tendenz zum Gleichgewichtspreis.

Voraussetzung für das Funktionieren des Preismechanismus ist allerdings, dass sich der Preis ohne staatliche Eingriffe einerseits und ohne Absprachen unter den Anbietern andererseits bilden kann. Man spricht dann von freiem Wettbewerb. Wenn ein Produkt nur von einem einzigen Hersteller angeboten wird, fehlt der Wettbewerb, der ebenso eine Bedingung des Preismechanismus darstellt.

Autorentext

Aufgaben zu M4-M6

1. Wie viele Burger würden zu einem Preis von 1 Euro bzw. 3 Euro verkauft werden? Berechnen Sie den jeweiligen Umsatz und vergleichen Sie die errechneten Umsätze mit dem Umsatz zum Gleichgewichtspreis. (M4-M6)

2.

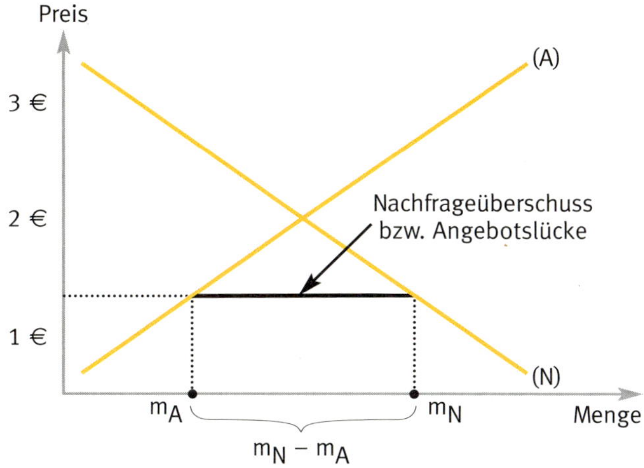

a) Charakterisieren Sie die in der Grafik dargestellte Situation auf dem Gemüseburgermarkt (M4-M6) beim Preis von 1,20 Euro unter Verwendung der Fachbegriffe. (M6)

b) Beschreiben Sie die Auswirkungen, die diese Situation auf das Angebot und die Nachfrage hat. (M6)

3. Beobachten Sie die Verkäufe an dem Pausenstand in Ihrer Schule. Sind die dort geltenden Preise Gleichgewichtspreise? Erklären Sie, woran sich das erkennen lässt. (M6)

4. Diskutieren Sie, bei welchen Gütern die Konsumenten wohl stärker auf Preisänderungen reagieren werden (z. B. Benzin, Brot, Urlaubsreisen, Computerspiele). (M4, M6)
(Das Maß, wie die Änderung der Nachfrage- bzw. der Angebotsmenge auf eine Preisänderung reagiert, bezeichnet man als „Preiselastizität".)

5. Wie unterscheidet sich die Nachfragekurve nach Urlaubsreisen von der nach Heizöl? Stellen Sie beide Nachfragekurven grafisch dar und erläutern Sie die Unterschiede. (M4, M6)

6. Auf dem Nürnberger Weihnachtsmarkt werden an vielen Ständen Zwetschgenmänner angeboten. Auf der Nachfrageseite hat jeder Kaufinteressierte bestimmte Vorstellungen darüber, was er höchstens zu zahlen bereit ist. Auf der Angebotsseite hat jeder am Verkauf Interessierte Ideen dazu, welchen niedrigsten Preis er noch akzeptieren würde. Die jeweiligen Preisvorstellungen sind in folgendem untenstehendem Beispiel wiedergegeben.

a) Ermitteln Sie, wie viele Zwetschgenmänner bei den verschiedenen Preisen den Besitzer wechseln.

b) Bestimmen Sie den Gleichgewichtspreis und den Umsatz bei diesem Preis.

c) Zeichnen Sie Angebots- und Nachfragekurve in ein Koordinatensystem ein. Beschriften Sie die Achsen und die Kurven.

d) Ergänzen Sie:
Hohe (1) führen zu (2) Angebotsmengen, niedrige dagegen zu (3) Angebotsmengen. Die typische Angebotskurve verläuft ansteigend von (4) nach (5), weil die angebotene Menge mit steigenden (6) wächst.

Der Schnittpunkt von Angebots- und Nachfragekurve ergibt den (7). Oberhalb des (8) entspricht der Unterschied zwischen angebotener und nachgefragter Menge dem (9) und unterhalb des Gleichgewichtspreises dem (10). (M4-M6)

Tabelle zu Aufgabe 6

Preis je Zwetschgenmann	Gesamte (aggregierte) Nachfrage (Käufer)	Gesamtes (aggregiertes) Angebot (Verkäufer)
2,50 €	220	10
3,00 €	150	70
3,50 €	120	120
4,00 €	80	150
4,50 €	70	170
5,00 €	50	210

M7 Grenzen des Marktmodells: ein Regenschirmkauf

Das Marktmodell geht davon aus, dass Anbieter und Nachfrager sich absolut rational verhalten (homo oeconomicus) und sämtliche relevanten Informationen zu ihrer Verfügung haben. Dies ist nicht immer der Fall. Auch auf der Nachfragerseite werden Konsumentscheidungen schon aus Gründen der Praktikabilität oft unter Unwissenheit getroffen, wie folgendes Beispiel von E. Schmalenbach, einem bedeutenden Wirtschaftswissenschaftler und Professor, belegt.

Ich brauchte seinerzeit einen neuen Regenschirm. Es war zu überlegen, wie ich in meiner Rolle als Arbeitnehmer die in der freien Marktwirtschaft mir obliegende Pflicht der Auswahl am besten treffen könnte. In Köln gibt es, so nahm ich an, etwa 50 Läden, in denen man einen Regenschirm kaufen kann. Diese müsste ich pflichtgemäß alle aufsuchen. [...]
Dann gibt es schätzungsweise 200 Sorten Regenschirme für Herren. Da es ein schwarzer Regenschirm mit gebogener Krücke sein sollte, mag sich die Sortenzahl auf 100 ermäßigen. Nun aber geht es mir um einen möglichst dauerhaften Regenschirm, dessen Stoff, Stock und Mechanik lange halten und auch bei starkem Wind lange brauchbar bleiben sollen. Ich fand bald heraus, dass, allein um die Güte der Regenschirmstoffe auf Haltbarkeit und Wasserdurchlässigkeit zu prüfen, ein Kursus nötig sei, den ein Freund auf Wochen Dauer schätzte. Auch die Mechanik sei, so meinte er, in ihrer Qualität verschieden, und man müsse schon etwas davon verstehen, wenn man eine sachkundige Auswahl treffen wolle. Diese Überlegungen führten dahin, dass ich, um mich und meine Familie mit dem nötigen Hausrat und der nötigen Bekleidung zu versehen, meinen Beruf aufgeben und dazu noch einen Assistenten anstellen müsste. Dieses bedenkend, verzichtete ich auf jede Konkurrenzprüfung, ging in den nächsten Laden und kaufte unter den 10 vorgelegten Schirmen einen ohne lange Prüfung und zahlte, was dafür gefordert wurde.

Eugen Schmalenbach, Der freien Wirtschaft zum Gedächtnis, zitiert nach Franz-Josef Kaiser/Hans Kaminski, Volkswirtschaftslehre (Telekolleg II), München 1999, S. 36 f.

Infobox

Marktmodell
Als Marktmodell bezeichnet man die grafische Darstellung von Angebot und Nachfrage eines Gutes zu unterschiedlichen Preisen in Form von Kurven innerhalb eines Koordinatensystems. Hierin lässt sich das Zusammenspiel der beiden Größen sowie die Preisentwicklung veranschaulichen und ablesen.

Aufgaben zu M7

1. Erklären Sie, warum sich Prof. Schmalenbach nicht nach dem Marktmodell verhält.
2. Berichten Sie, wann Sie zuletzt eine nicht rationale Kaufentscheidung getroffen haben.
3. Übertragen Sie das Problem von Prof. Schmalenbach auf folgende Produkte: Auto, Computer, Erdbeerkuchen. Was erschwert in diesen Beispielen den Vergleich besonders?
4. Begründen Sie, weshalb Informationssuche Kosten verursacht.
5. Stellen Sie die Quellen zusammen, aus denen Anbieter Informationen über die Wünsche der Nachfrager und deren Preisvorstellungen erhalten können. Erarbeiten Sie, welche Kosten und Risiken mit den jeweiligen Methoden verbunden sind.

Methode

Arbeiten mit Modellen

Modelle spielen in der Volkswirtschaftslehre eine wichtige Rolle. Vereinfacht gesprochen handelt es sich dabei um Landkarten, die es uns ermöglichen, uns in einer sehr komplexen Realität zurechtzufinden. Und ähnlich wie für Landkarten gilt auch für Modelle, dass keines für alle Bedürfnisse gleichermaßen geeignet ist. So ist es für eine Autoreise von Frankfurt nach Hamburg am besten, wenn man eine gute Autokarte mit einem großen Maßstab hat. Will man aber dieselbe Strecke mit dem Fahrrad bewältigen, ist man mit einer Wanderkarte mit einem kleineren Maßstab sehr viel besser bedient. Ob ein Modell gut oder schlecht ist, hängt also vor allem davon ab, ob es dem Anwender eine Einsicht in ökonomische Zusammenhänge vermitteln kann. Dazu ist es unumgänglich, dass Modelle immer nur ein vereinfachtes Abbild der Realität darstellen. [...] Eine mangelnde Realitätsnähe ist dabei nicht von vornherein als ein Nachteil des Modells (oder einer Theorie) anzusehen.

Peter Bofinger, Grundzüge der Volkswirtschaftslehre, München 2003, S. 51

In drei Schritten zum Modell:
Das Marktmodell ist eine Art Landkarte für das Verhalten von Anbietern und Nachfragern. Es dient dazu, die Gesetzmäßigkeiten des Verhaltens der Marktteilnehmer in übersichtlicher Form darzustellen. Bei der Bildung eines solchen Modells wird in folgenden Schritten vorgegangen.

1. Prämissenbildung
Wir gehen beim Marktmodell davon aus, dass es sehr viele Anbieter und Nachfrager gibt, sodass der Preis nicht durch die Vormachtstellung eines Anbieters oder Nachfragers beeinflusst werden kann. Dafür brauchen wir einen offenen Markt, auf den neue Anbieter kommen können, ohne beispielsweise eine zahlenmäßig begrenzte Lizenz erwerben zu müssen (wie die Anzahl der Kassenzulassungen bei Ärzten). Auch wenn es einzelne Produkte gibt, die bei steigendem Preis aus Prestigegründen stärker nachgefragt werden (Snobeffekt), gehen wir davon aus, dass der Regelfall lautet: Bei sinkendem Preis steigt die Nachfrage.
Wichtige Prämissen (Bedingungen) für das Marktmodell lauten also:

a) Es herrscht freier Marktzutritt.
b) Die Höhe des Preises ist allein ausschlaggebend für die Veränderung von angebotener und nachgefragter Menge. Persönliche, räumliche und zeitliche Vorlieben spielen keine Rolle. Dabei gilt: Der Nachfrager will möglichst billig einkaufen, der Anbieter möglichst teuer verkaufen.
c) Die gehandelten Güter sind homogen (gleichartig) und unterscheiden sich nicht in Qualität, Farbe o. Ä.
d) Es herrscht vollkommene Transparenz auf dem Markt, d. h. jeder Nachfrager und jeder Anbieter verfügt über alle relevanten Informationen.

Sind diese Bedingungen erfüllt, spricht man von einem **vollkommenen Markt**.

2. Abstraktion
Die Menschen, deren Verhalten analysiert werden soll, werden ausschließlich auf ihre Eigenschaft als Käufer bzw. Verkäufer reduziert. Ihr Charakter, ihre Religion oder sonstige Aspekte ihres Lebens (Familiensituation, Hobbys ...) werden außer Acht gelassen. Dieses Vorgehen, auf Informationen zu verzichten, bezeichnen wir als Abstraktion. Nur der für den Erkenntnisgewinn zentrale Aspekt findet Berücksichtigung.

3. Aggregation
Am Modell der Marktpreisbildung haben wir beispielsweise gesehen, dass die nachgefragte Menge steigt, wenn der Preis fällt. Dies gilt aber natürlich nicht für jedes einzelne Wirtschaftssubjekt, sondern nur wenn alle gleichartigen Größen zusammengefasst werden. Auch wenn Frau Huber möglicherweise wirklich noch ein zweites Paar Schuhe kauft, geht Frau Mooshammer mit dem „ersparten“ Geld vielleicht lieber ins Kino. Nur insgesamt lässt sich für alle Verbraucher eine Zunahme der Nachfrage nach Schuhen feststellen, wenn der Preis sinkt. Dieses „insgesamt“ entspricht der Aggregation. Wir können also feststellen: Je niedriger der Preis, desto größer die Nachfrage. Je höher der Preis, desto größer das Angebot.

Vorteile von Modellen:
Modelle ermöglichen es uns, allgemeingültige Aussagen über Wirkungszusammenhänge aufzustellen, weil sie in übersichtlicher Art irrelevante Aspekte ausklammern.
Dies funktioniert am besten mit Formulierungen wie
- Je ..., desto (Je größer die Angebotslücke ist, desto höher fällt in der Folgeperiode die Preissteigerung aus.)
- Wenn ..., dann (Wenn der zustande gekommene Preis niedrig ist, dann verschwinden diejenigen Anbieter vom Markt, die nicht mehr kostendeckend produzieren können.)
- Angenommen ..., dann (Angenommen, wir haben ein Marktungleichgewicht, dann wird es zu Anpassungsreaktionen kommen. Diese hängen von der Steigung der Angebots- bzw. Nachfragekurve ab.)

Nachteile von Modellen:
- Der Informationsverlust durch Abstraktion kann dazu führen, dass Schlussfolgerungen eben doch nicht gültig sind.
- Modelle gelten immer nur „ceteris paribus" (dt.: „unter sonst gleichen Bedingungen"), also unter der Annahme, dass alle im Modell nicht betrachteten Einflussfaktoren auf Wirkungszusammenhänge gleich bleiben.
- Was im Modell stimmt, muss nicht für den Einzelnen stimmen.

Aufgaben

1. Fassen Sie mit eigenen Worten die drei Schritte zur Modellbildung zusammen.
2. Erläutern Sie am Beispiel der Landkarte, wo abstrahiert und wo aggregiert wurde. Welche Informationen gehen so verloren?
3. Erstellen Sie ein Modell Ihrer Schule, in dem alle Mitglieder der Schulfamilie dargestellt sind. Beschreiben Sie Ihre Prämissen und wo im Modell abstrahiert wurde.
4. Beschreiben Sie, mit welchen Modellen andere Bereiche und Schulfächer arbeiten (z. B. Chemie, Architektur, Astrologie ...).
5. Arbeitsunwillige Arbeitslose sollen, um zur Arbeit gezwungen zu werden, weniger Geld vom Staat erhalten.
   a) Vergleichen Sie die Auswirkungen dieser Maßnahme im Modell mit denen, die in der Realität zu erwarten sind.
   b) Welche Prämissen liegen dieser politischen Entscheidung zugrunde?
   c) Zeichnen Sie als Modell der Wirkungsweise der genannten Maßnahme ein Flussdiagramm.

1.1.2 Der Markt im Fluss

M8 Brennende Ölfelder

Im Irakkrieg von 1991 ließ Saddam Hussein Ölquellen in Brand setzen, um die internationale Staatengemeinschaft durch den Ölmarkt unter Druck zu setzen.

M9 Energiepreise in Krisenzeiten

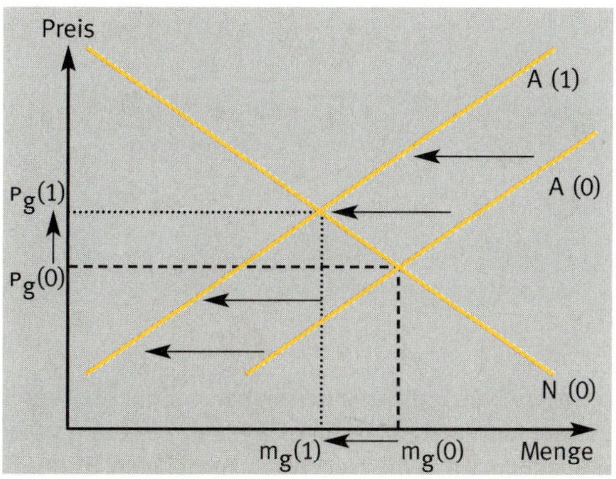

$p_g(0)$ = ursprünglicher Gleichgewichtspreis
$p_g(1)$ = neuer Gleichgewichtspreis
$m_g(0)$ = ursprüngliche Gleichgewichtsmenge
$m_g(1)$ = neue Gleichgewichtsmenge

Besonders deutlich sichtbar sind Veränderungen auf dem Markt, die auf Krisen zurückzuführen sind, z. B. auf dem Ölmarkt, wenn ein Krieg mit ölexportierenden Ländern ausbricht. Krisen in ölexportierenden Ländern haben Einfluss auf den Preis dieses flüssigen Goldes. Nicht nur brennende Ölquellen – wie im Irakkrieg – sorgen dafür, dass Fördermengen sinken. Grund hierfür ist auch der unsicher gewordene Transport in Pipelines oder mit Öltankern. Die erhöhten Risiken durch Sabotage und unsichere Seepassagen führen zusätzlich zu einem Angebotsrückgang. Das bedeutet, dass zu jedem denkbaren Preis die angebotene Menge niedriger ist als vor Eintritt der Krise. Dies kommt in einer Verschiebung der Angebotskurve zum Ausdruck.

Autorentext/-grafik

Aufgaben zu M8-M9

1. Diskutieren Sie, warum die internationale Staatengemeinschaft unter Druck gerät, wenn Ölquellen im Irak brennen. (M8)
2. Erläutern Sie, warum der alte Gleichgewichtspreis in der Grafik im M9 nicht mehr haltbar ist.
3. Beschreiben Sie, welche Auswirkungen die Verschiebung der Angebotskurve auf die Autofahrer und die Autohersteller sowie die Ölproduzenten hat. Ziehen Sie für Ihre Erwägungen auch die Ausführungen zum Angebotsüberschuss bzw. zur Angebotslücke heran. (M6, M9)
4. Angenommen, neue, ergiebige Ölquellen in der Nordsee sind erschlossen worden. Skizzieren Sie grafisch die Auswirkungen auf den Ölpreis. (M9)

M10 „In the short run“: die kurzfristigen Folgen von Preissteigerungen

Steigende Steuern, Krisen in erdölexportierenden Ländern, ein starker Dollar. Es gibt viele Ursachen, die zu einer Verteuerung des Benzins und so auch des Autofahrens führen. Die Konsumenten auf dem eng mit dem Öl verknüpften Benzinmarkt reagieren auf erhöhte Kosten, indem sie zunächst ihren Benzinverbrauch einzuschränken versuchen. Dies führt noch nicht zu einer Verschiebung der Nachfragekurve, sondern entspricht nur einer Bewegung auf der Kurve (in der Grafik durch den Pfeil dargestellt). Zum höheren Benzinpreis sinkt die nachgefragte Menge.

Autorentext/-grafik

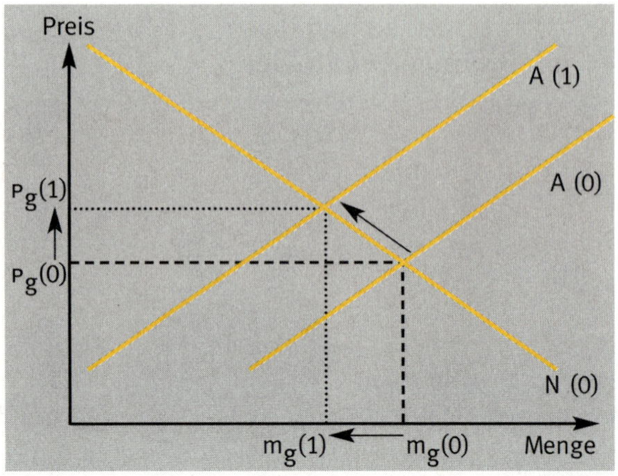

M11 „In the long run“: der Preis lenkt den Markt

Ist bei krisenbedingten Marktveränderungen langfristig keine Entspannung zu erwarten, so lenkt der Preis den Markt zu Anpassungen.

Beim Ölmarkt kann es für die Anbieter z. B. wirtschaftlich sinnvoll werden, weniger ergiebige und schwer zu erreichende Ölquellen zu nutzen. Es ist also zu erwarten, dass in Anbetracht der höheren Preise weitere Anbieter auf den Markt kommen. Gleichzeitig versuchen die Konsumenten, auf andere Energiequellen zurückzugreifen, sie ersetzen (substituieren) z. B. das Öl durch Gas oder Solarenergie. Auch die Anbieter von Konkurrenzprodukten sind gefragt: Sie entwickeln neue Technologien, die einen geringeren Energieverbrauch zur Folge haben. Neben Niedrigenergiekesseln für Heizungen, die inzwischen weit verbreitet sind, sind Hybridautos, die teilweise mit Strom angetrieben werden, eine technische Neuerung, die umso attraktiver wird, je höher der Ölpreis steigt. Mancher greift zum Drahtesel oder nutzt öffentliche Verkehrsmittel. Auch in Produktionsbetrieben kommt Energiesparmaßnahmen eine höhere Bedeutung zu. Die Folge ist, dass zu jedem möglichen Preis die Nachfrage zurückgeht und damit der Gleichgewichtspreis sinkt.

Autorentext/-grafik

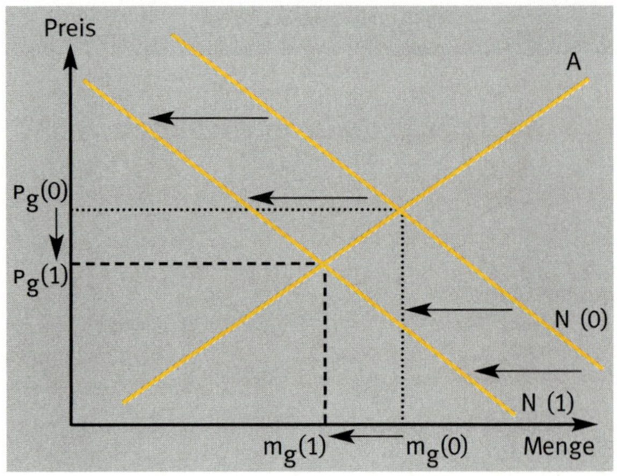

„Die Suche nach dem letzten Tropfen Öl“

Angesichts ständig steigender Rohölpreise haben auch in Bayern mehrere Unternehmen ihre Suche nach Ölfeldern verstärkt. Gleich drei Forschungstrupps suchen derzeit zwischen Oberallgäu und Chiemgau nach neuen Lagerstätten. Den Auftraggebern aus Österreich, Frankreich, Tschechien und Deutschland ist angesichts des hohen Preises von fast 100 Dollar pro Barrel kein Aufwand zu groß: Sie investieren jeweils zweistellige Millionen-Summen in aufwendige Seismik-Untersuchungen und Erkundungsbohrungen, die bis zu 4.500 Meter tief gehen. [...] Damit erlebt die Erölförderung in Bayern einen zweiten Aufschwung, mit dem zwischenzeitlich niemand mehr gerechnet hat. Während des Booms in den achtziger Jahren hatte es bis zu 30 Förderstätten im Freistaat gegeben, davon blieben zuletzt aber nur zwei Anlagen übrig. Auch diese galten als Auslaufmodell, zumal die Förderung aus den Gesteinsschichten in mehreren tausend Metern Tiefe schwieriger und teurer ist als im Ausland. Doch dann setzte der Ölpreis zum Höhenflug an und machte selbst winzige Ölfelder [...] rentabel.

Stefan Mayr, Süddeutsche Zeitung, 8. 11. 2007, S. 45

Aufgaben zu M10-M11

1. Übertragen Sie den Fall einer Preissteigerung auf das Beispiel der Schulmensa in M4. Welche kurzfristigen Änderungen ergeben sich auf der Nachfrageseite, wenn der Burgerpreis wegen höhere Stromkosten um 0,20 Euro steigt? (M10, M4)
2. Beschreiben Sie anhand der Schulmensa, wie die Nachfrager langfristig auf gestiegene Burgerpreise reagieren. (M11, M4)
3. Ein klassisches Beispiel für saisonale Nachfrageschwankungen ist der Eiermarkt. Wesentlicher Auslöser für den sprunghaften Nachfrageanstieg ist das Osterfest und die damit verbundene Ostereier-Tradition.
   Stellen Sie die Nachfrageveränderungen im Marktmodell dar und erläutern Sie, wie sich der Preis für Eier jetzt verändern müsste. (M10, M11)
4. Eine Marktforschungsstudie zeigt, dass sich die Preise für Eier kaum ändern. Erklären Sie diese Beobachtung anhand des Marktmodells. (M10, M11)
5. Diskutieren Sie (in einem Rollenspiel), welche Maßnahmen ein Hühnerfarmbesitzer in Anbetracht der rückläufigen Entwicklung der Gesamtnachfrage an Eiern auf lange Sicht ergreifen wird. (M11) Wählen Sie dabei eines der beiden folgenden Szenarien:
   a) Der Hühnerfarmbesitzer versucht, bei seiner Bank einen neuen Kredit für seinen Betrieb zu bekommen und diskutiert mit seinem Berater.
   b) Er setzt sich mit den örtlichen Tierschützern auseinander.
6. In der Stadt Mühlen mit 15.000 Einwohnern lassen sich hinsichtlich ihrer Nachfrage nach Semmeln vier Haushaltstypen (A, B, C und D) unterscheiden, die je nach Höhe des Preises unterschiedlich bereit sind, Semmeln zu kaufen. Vier Bäckereien beliefern die Verbraucher in Mühlen mit Semmeln. Sie sind bereit, bei unterschiedlichen Preisen folgende Mengen anzubieten.

Wöchentliches Angebot an Semmeln in Stück:

Preis (ct)	Bäcker Hans	Bäcker Peter	Bäcker Fritz	Bäcker Otto	Summe
30	16.000	5.000	3.000	3.000	27.000
25	16.000	5.000	3.000	0	
20	16.000	3.000	2.000	0	
15	16.000	2.000	0	0	
10	15.000	0	0	0	
5	0	0	0	0	

Wöchentliche Nachfrage an Semmeln in Stück:

Preis (ct)	A	B	C	D	Summe
30	0	4.000	8.200	2.800	
25	1.800	4.400	9.000	2.800	18.000
20	2.800	5.400	10.000	2.800	
15	3.200	7.000	11.000	2.800	
10	4.200	9.000	11.000	2.800	

a) Berechnen Sie das Gesamtangebot und die Gesamtnachfrage für jeden angegebenen Preis.

b) Zeichnen Sie die Nachfrage- und die Angebotskurve in ein Koordinatensystem ein und bestimmen Sie den Gleichgewichtspreis.

c) Erklären Sie, weshalb man vom Gleichgewichtspreis spricht.

d) Charakterisieren Sie die Marktsituation bei einem gegebenen Preis von 15 Cent pro Semmel. Zeichnen Sie Ihr Ergebnis in das Koordinatensystem ein und beschriften Sie es.

e) Überlegen Sie, warum Bäcker Hans zu fast jedem Preis große Mengen anbieten kann, Bäcker Otto hingegen nur zum Preis von 30 Cent.

f) Die örtliche Apotheke startet eine neue Gesundheitsinitiative mit dem Titel: „Fit statt fett“. Erläutern Sie, welche Veränderungen sich für den Semmelmarkt ergeben, und stellen Sie diese in einer Skizze grafisch dar.

M12 Funktion und Leistung von Märkten

Als Wissenschaft vom Markt zeigt die Volkswirtschaftslehre vor allem, was für eine faszinierende Einrichtung Märkte sind.

- Sie sorgen dafür, dass wir uns in der Regel jederzeit eine Vielzahl von Gütern beschaffen können, obwohl die Anbieter über unsere individuellen Kaufwünsche zuvor nicht informiert waren (z. B. alternative Energien, wie Solarenergie).
- Sie setzen für die Produzenten starke Anreize, immer bessere Güter und Dienstleistungen für die Konsumenten zu entwickeln (z. B. Hybridautos).
- Sie begrenzen wirtschaftliche Macht und tragen so auch dazu bei, dass Verkäufer freundlich und zuvorkommend mit ihren Kunden umgehen (z. B. Bäckereien, die in Konkurrenz stehen).
- Sie zwingen die Unternehmen, in der Güterproduktion sparsam („ökonomisch“) mit den vorhandenen Produktionsmitteln zu wirtschaften (z. B. Autohersteller).
- Sie bewirken, dass Güter vorrangig von den Konsumenten erworben werden, die ihnen den höchsten Wert beimessen (z. B. Benzin nur für wichtige Fahrten).

Da wir diese Koordinations- und Informationsfunktion der Märkte in der Regel nicht bewusst wahrnehmen, spricht man häufig von der „unsichtbaren Hand“ des Marktes.

Nach: Peter Bofinger, Grundzüge der Volkswirtschaftslehre, München 2003, S. 23 f. (bearbeitet)

M13 Sind Marktpreise gerecht?

Nehmen wir den Fall, dass uns im Urlaub ein armer Straßenverkäufer hölzerne Buddhafiguren für wenig Geld anbietet. Müssten wir als reiche Mitteleuropäer nicht eigentlich bereit sein, ihm dafür mehr zu bezahlen als den für unsere Verhältnisse niedrigen Marktpreis? Sicher würden wir einem Arzt im Ernstfall jede Summe bieten, wenn er der Einzige ist, der uns von einer lebensbedrohlichen Krankheit heilen kann. Aber darf er diese Situation ausnutzen? Lassen sich mit anderen Worten faire Preise definieren, und sollte man versuchen, diese gegebenenfalls gegen die Marktkräfte durchzusetzen?

Beginnen wir mit der Frage nach dem gerechten Preis. Die Ökonomen des frühen Mittelalters, die meistens Mönche oder Kirchenfürsten waren, nannten ihn den justum pretium. Viele von ihnen haben den Marktpreis als grundsätzlich gerecht akzeptiert. Da der Marktpreis Angebot und Nachfrage zum Ausgleich bringt, schien er eine natürliche Rechtfertigung zu finden. Allerdings sollten zeitweilig günstige Marktbedingungen oder gar Notlagen von den Anbietern nicht zu Preisaufschlägen ausgenutzt werden. Als angemessen galt der Preis, wenn er den Arbeitsaufwand und die eigenen Ausgaben des Anbieters für Rohmaterialien und Vorprodukte deckte. Dieser Maßstab des „labores et expensae“ (Arbeit und Ausgaben) prägte die gesamte mittelalterliche Literatur zu diesem Problem. Dabei sollte die angemessene Entlohnung allerdings durchaus unterschiedlich angesetzt werden, je nachdem, um wen es ging. Es galt das Prinzip: Ein jeder lebe nach seinem Stande. Der Fürst oder Bischof sollte also ein höheres Einkommen erzielen als der einfache Landarbeiter, damit jeder den für seine Klasse üblichen Lebensstandard finanzieren konnte. Die eigentliche Gerechtigkeitsfrage stellte sich vor allem dann, wenn es keinen Marktpreis gab, oder wenn dieser in keinen vernünftigen Zusammenhang mit den Produktionskosten zu bringen war. Dieses Problem trat vor allem bei den „Seltenheitsgütern“ auf. Welcher Preis sollte etwa für eine alte Handschrift gezahlt werden, von der vielleicht nur ein einziges Exemplar am Markt angeboten wurde? Die kirchliche Lösung dieses Problems ging dahin, dass in diesem Fall die Wertvorstellung des Verkäufers den Ausschlag geben sollte. Wenn ihm die Handschrift lieb und teuer war, etwa weil er sie von seiner Großmutter geerbt hatte, so sollte dies im Preis berücksichtigt werden. Wenn umgekehrt der Verkäufer den Wert der Handschrift niedrig schätzte, etwa weil er um versteckte Mängel oder weitere vorhandene Exemplare wusste, dann sollte er sie auch entsprechend preiswert abgeben. Es war allerdings nicht einfach, diese moralischen Anforderungen im tatsächlichen Marktgeschehen durchzusetzen. Im Grunde stand dafür neben dem Gewissen des Einzelnen nur die Beichte zur Verfügung.

Unsere heutigen Vorstellungen von einem fairen Preis sind von den mittelalterlichen Überlegungen

Bei der Preisfindung für ein Erinnerungsstück, wie z. B. eine geerbte Uhr, werden die persönlichen Wertvorstellungen mit einfließen.

gar nicht so weit entfernt. In den meisten Ländern gibt es sogar Gesetze, welche die freie Preisvereinbarung entsprechend einschränken. Beispielsweise darf der Verkäufer versteckte Mängel etwa eines Gebrauchtwagens nicht arglistig verschweigen. Umgekehrt darf aber auch der Käufer nicht die Unwissenheit oder Notlage des Verkäufers ausnutzen, um den Preis unangemessen zu drücken. Derartige Verträge können vom Staat für sittenwidrig und damit unwirksam erklärt werden, und das ist im Prinzip auch richtig so.

Problematisch wird es allerdings dann, wenn man Eingriffe in die Marktpreisbildung als Instrument der Sozialpolitik zu nutzen versucht. Nehmen wir beispielsweise an, der Staat verordne eine höchstzulässige Miete pro Quadratmeter, um das Wohnen zu verbilligen bzw. „Mietwucher" zu verhindern. Wenn dieser Höchstpreis unter dem Marktpreis liegt – und nur dann macht er überhaupt Sinn –, so wird er zwangsläufig dazu führen, dass die Nachfrage das Angebot übersteigt. Denn bei niedrigen Preisen wird die Nachfrage zunehmen, während das Angebot sinkt. Es wird also eine künstliche Wohnungsknappheit erzeugt!

Nach: Ulrich van Suntum, Die unsichtbare Hand, Berlin 1999, S. 28 f.

▶ Aufgaben zu M12-M13

1. Nennen Sie weitere konkrete Beispiele aus dem Alltag, die die Funktion von Märkten illustrieren. (M12)
2. Fassen Sie die wesentlichen Aussagen des Textes zusammen und erklären Sie den Begriff des gerechten Preises (justum pretium). (M13)
3. Untersuchen Sie kritisch, in welchen Fällen Marktpreise ungerecht sein können. (M13)
4. Es kommt aufgrund von Missernten zu einer Getreideverknappung.
   a) Erläutern Sie anhand des Marktmodells, welche Auswirkungen auf den Marktpreis die Missernte hat.
   b) Vergleichen Sie die typische Marktreaktion mit der in der (mittelalterlichen) Wertelehre verankerten Auffassung über gerechte Preise.
   c) Beurteilen Sie die Maßnahme eines Staates, Grundnahrungsmittel auf dem Verordnungswege billig zu halten.

1.1.3 Fallbeispiel: Die Börse als vollkommener Markt

M14 Schlagzeilen zur Börse

„Sinkende Inflationsrate beflügelt Börsen“

„Gewinnwarnung lässt Kurse purzeln“

„Deutsche Aktionäre im Wechselbad der Gefühle“

„Negative Konjunkturprognosen lassen Aktienkurse sinken“

„NAHOSTKRISE FÜHRT ZU KURSABSCHLÄGEN“

„Am Markt tobt der Kampf zwischen Bullen und Bären“

„'Hexensabbat' an der Börse“

M15 Die Börse – ein Beispiel für einen vollkommenen Markt

An Börsen kann von Weizen, Kaffee über Wertpapiere und ausländische Währungen bis hin zu Wetten über den weiteren Verlauf bestimmter Kurse alles gehandelt werden.

An der Börse funktioniert der Markt idealtypisch: Angebot und Nachfrage stehen einander unmittelbar gegenüber und der Preis der Wertpapiere (= Kurs) wird von einem Kursmakler ermittelt. Speziell für den Einheits- oder Kassakurs, der für alle gehandelten Wertpapiere einmal täglich ermittelt wird, ist dies gut nachvollziehbar: Bis zu einem bestimmten Zeitpunkt – beispielsweise 12 Uhr mittags – werden alle Angebote und Kaufgebote gesammelt.[1] Mit diesem vollständigen Wissen über Angebots- und Nachfragekurve kann der Kursmakler den Gleichgewichtspreis (oder zumindest den umsatzmaximalen Preis) ermitteln, zu dem dann alle Geschäfte abgewickelt werden, die zu diesem Preis abgedeckt sind. Es herrscht also ein besonders hohes Maß an Transparenz für Anbieter und Käufer. Ein Anbieter, der einen höheren als den später ermittelten Kurs verlangt hat, geht allerdings leer aus – er muss seine Wertpapiere behalten. Aber schon am nächsten Tag (bei umsatzstarken Papieren sogar innerhalb eines Tages) kann ein neuer Kurs zustande kommen, der höher oder niedriger liegt. Möglicherweise senkt er ja auch seinen Anspruch. Wäre der Anbieter allerdings mit einem geringeren Kurs einverstanden gewesen, so erhält er dennoch den tatsächlich höheren Kurs – also den gleichen wie alle anderen Marktteilnehmer.

Wertpapierhändler beim Aktienhandel auf dem Parkett der Deutschen Börse in Frankfurt.

Was die Börse vor allen anderen Märkten auszeichnet, sind

- extrem geringe Zeitverzögerungen: Preise (d. h. Kurse) reagieren sofort auf Änderungen von Angebot und Nachfrage;
- ein hohes Maß an Transparenz: Es kommt immer zum Gleichgewichtspreis oder zum umsatzmaximalen Preis;
- die Homogenität der gehandelten Güter, also Wertpapiere, aber auch Sachgüter. Das heißt, sie sind absolut vergleichbar, sodass die Käufer und Verkäufer gar nicht mehr über Qualität diskutieren müssen;
- ein unbeschränkter Zugang für jeden: Zu diesem besonderen Markt hat jeder über seine Bank und den Börsenmakler Zugang, sodass man von freiem Marktzutritt sprechen kann.

Damit kommt die Börse von allen realen Märkten dem vollkommenen Markt am nächsten.

Autorentext

[1] Bestimmte Wertpapiere, i. d. R. solche mit größeren Börsenumsätzen, können zum „variablen Handel“ zugelassen werden. Hier werden die Kurse – anders als beim Kassakurs – entsprechend der Angebots- und Nachfragelage laufend angepasst.

M16 Zur Vertiefung: die Aktie als an der Börse gehandeltes Wertpapier

„Das Wort Aktie (actio (lat.) = klagbarer Anspruch) ist niederländisch und deutet bereits an, wo erstmalig aktienmäßige Beteiligungen vorkamen. Unter Aktie versteht man den Anteil des Aktionärs am Grundkapital einer Aktiengesellschaft.“ So definiert ein modernes Lexikon des Geldes diese zu der großen Gruppe der Wertpapiere zählende Variante. Mit dem Erwerb einer Aktie verschafft der Käufer der ausgebenden Institution Kapital und erwartet von ihr, dass sie dieses gewinnbringend anlegt, um ihm dann später Dividende, d. h. den auf jede einzelne Aktie entfallenden Anteil am Reingewinn zahlen zu können. Allerdings warnt ein Konversationslexikon am Ende des 19. Jahrhunderts: „Was die Geeignetheit der Aktiengesellschaft für die Kapitalanlage anlangt, so bleiben derselben Leute mit gezählten Mitteln besser fern, da die Aktien feste Renten nicht gewähren und die gleichmäßige Fortdauer sich nicht verbürgen läßt.“ Die hier gezeigte Aktie wurde 1870 von dem in Berlin ansässigen Actien-Bauverein „Passage“ ausgegeben. Mit der Passage wurde die erste deutsche Ladengalerie gebaut, die am 22. März 1871 im Beisein von Wilhelm I. als „Kaisergalerie“ eröffnet wurde. [...] Zur Finanzierung des Bauvorhabens wurden 20.000 Aktien zu je 100 Talern aufgelegt. 1870 gegründet, wurde die Gesellschaft nach einer wechselvollen Geschichte 1989 reaktiviert. Nach der Kapitalumstellung konnten im Verhältnis 600 Reichsmark = 50 DM neue Aktien bezogen werden.

Nach: www.geldmuseum.de (6. 6. 2007)

M17 Zur Vertiefung: die Rechte des Aktionärs

Die mitgliedschaftliche Beteiligung an einer Aktiengesellschaft räumt dem Aktionär verschiedene Rechte ein. Sie ergeben sich zum einen aus dem Aktiengesetz, zum anderen aus der Satzung der betreffenden Gesellschaft. Die Aktionäre haben beispielsweise

- einen Anspruch auf Dividende. Dies ist die jährliche Gewinnausschüttung pro Aktie, sie ist vom Bilanzgewinn abhängig;
- das Recht auf die Teilnahme an der Hauptversammlung. Dies ist die Versammlung der Aktionäre mit Beschlussfassung, z. B. über die Verwendung des Bilanzgewinns, Kapitalerhöhungen, Satzungsänderungen und über die Entlastung des Vorstands und des Aufsichtsrats. Sie findet im Allgemeinen einmal jährlich statt;
- ein Auskunftsrecht über rechtliche und geschäftliche Angelegenheiten der Gesellschaft;
- ein Stimmrecht, das ihnen eine Beteiligung an den Beschlussfassungen der Hauptversammlung einräumt.

Nach: Basisinformationen über Vermögensanlagen in Wertpapieren, Köln 2007, S. 34 ff.

Aufgaben zu M14-M17

1. Nennen Sie Argumente für und gegen die Geldanlage in Aktien. (M14-M16)
2. Welche Gründe werden in M15 für die schnellen Kursschwankungen an der Börse genannt?
3. Beschreiben Sie, welchen Einfluss ein Aktionär auf die Entscheidungen einer Aktiengesellschaft hat.
4. Wie unterscheidet sich die Börse als Beispiel für einen vollkommenen Markt von anderen Märkten? Erläutern Sie es anhand eines konkreten Beispiels. (M15)
5. Beraten Sie Ihre Mitschüler bei der Entscheidung für oder gegen Aktien als Geldanlage. (M14-M17)

M18 Die Kursfeststellung an der Börse: der Kassakurs der VIP-Aktie

Einem Börsenmakler liegen mittags, als der Kassakurs der VIP-Aktie ermittelt werden muss, folgende Aufträge vor:

Kaufaufträge		Verkaufsaufträge	
40	249,30 €	5	251,00 €
20	250,00 €	20	249,70 €
20	249,60 €	10	250,00 €
10	250,30 €	30	250,30 €
20	250,90 €	10	250,90 €
40	Billigst	15	250,70 €
10	Billigst	40	Bestens

Zuerst ordnet er die Aufträge nach der Kurshöhe und stellt sie einander gegenüber, um den höchstmöglichen Umsatz ermitteln zu können. Käufer, die statt eines Preislimits „billigst" angegeben haben, wollen diese Aktie unabhängig von ihrem Kurs zu jedem Preis kaufen. Verkäufer, die nur „bestens" angegeben haben, sind ebenso mit jedem Kurs zufrieden. ▶

Limit	Kaufaufträge = Nachfrage	Verkaufsaufträge = Angebot
Billigst	50	–
251,00	–	5
250,90	20	10
250,70	–	15
250,30	10	30
250,00	20	10
249,70	–	20
249,60	20	–
249,30	40	–
Bestens	–	40

Nun muss der Makler für jeden einzelnen Kurs berechnen, welche Anzahl von Handelsaufträgen insgesamt vorliegt und dann auch gleich die Umsatzhöhe eintragen. Dabei berücksichtigt er, dass ein Käufer einen günstigeren Kurs immer akzeptieren wird (sein Limit gilt nur nach oben – wenn es teurer wird) und dass ein Verkäufer sich über einen höheren Verkaufspreis immer freut (sein Limit gilt nur nach unten – wenn er also weniger Geld erhält). ▼

Limit in €	Anzahl Kaufaufträge summiert	Anzahl Verkaufsaufträge summiert	Max. handelbare Stückzahl (kleinere Summe)	Möglicher Umsatz in €
Billigst	50	130	50	
251,00	50	130	50	12.550
250,90	70	125	70	17.563
250,70	70	115	70	17.549
250,30	80	100	80	20.024
250,00	100	70	70	17.500
249,70	100	60	60	14.982
249,60	120	40	40	9.984
249,30	160	40	40	9.972
Bestens	160	40	40	

Im Beispiel wird der Kursmakler den Kassakurs der VIP-Aktie bei 250,30 Euro festlegen, da dies zum höchsten Gesamtumsatz führt. Es konnten nicht alle Kaufwünsche berücksichtigt werden. 20 Verkaufsaufträge werden nicht ausgeführt, weil die Nachfrage nicht gereicht hat. Es handelt sich also um einen Angebotsüberschuss. Können alle Aufträge ausgeführt werden, so entspricht der Kassakurs dem Gleichgewichtspreis.

Grafisch dargestellt lässt sich ablesen, dass die veränderte Angebotsmenge bzw. Nachfragemenge immer auf die Preisänderung folgt. Das bedeutet, dass sich erst der Preis verändern muss (Bewegung entlang der y-Achse) bevor sich die gewünschte Kauf- bzw. Verkaufsmenge verändert. Auch an der Grafik lässt sich der Angebotsüberschuss ablesen.

Autorentext/-grafik

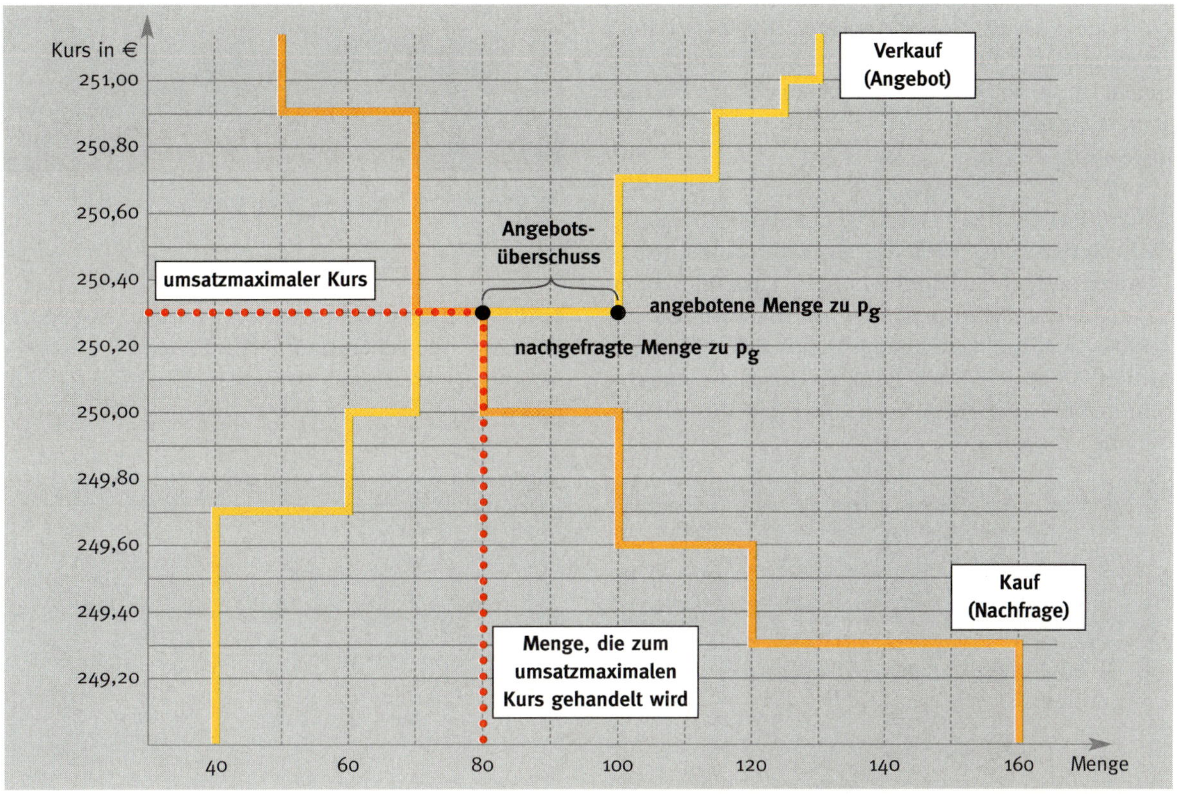

▶ Aufgaben zu M18

1. Nennen Sie die Arbeitsschritte des Kursmaklers bei der Ermittlung des Börsenkurses. (M17)
2. Wie unterscheidet sich die Kursbildung an der Börse von der Preisbildung in Kapitel 1.1.1?
3. Erklären Sie, warum es sinnvoll ist, seine Kauf- bzw. Verkaufsaufträge zu limitieren. (M17)
4. An der Börse liegen dem Kursmakler folgende Aufträge für die Proff-Aktie vor (siehe Tabelle):
   a) Ermitteln Sie den Einheitskurs der Proff-Aktie (grafisch und rechnerisch). (M17)
   b) Erläutern Sie Ihre Vorgehensweise bei a) für die Klasse.

Kaufaufträge Proff-Aktie		Verkaufsaufträge Proff-Aktie	
30 Stück	498,00 €	20 Stück	498,00 €
40 Stück	500,00 €	10 Stück	500,00 €
20 Stück	496,00 €	30 Stück	502,00 €
30 Stück	500,00 €	10 Stück	504,00 €
20 Stück	504,00 €	10 Stück	bestens
40 Stück	billigst	30 Stück	bestens
30 Stück	billigst	40 Stück	bestens

   c) Berechnen Sie den Umsatz in Euro zum Einheitskurs und zeichnen Sie ihn in Ihre Grafik ein. (M17)
   d) In zwei Wochen wird die Dividende (1,34 Euro) auf die Proff-Aktien ausgeschüttet. Welche Kursentwicklung ist zu erwarten? Begründen Sie.

M19 Zur Vertiefung: „Eine Kurve sagt mehr als 1000 Worte" – die Chartanalyse

Von der Aussagekraft einer Kurve sind viele Börsianer, die Charts analysieren, überzeugt. Die Chartanalyse (oder auch Technische Analyse) stützt sich auf die Erkenntnis, dass sich wirtschaftliche Entwicklungen in Wellenbewegungen vollziehen. Wenn man feststellen kann, dass ein Unternehmen sich an einem Wellengipfel befindet, so lässt sich daraus schließen, dass eine Abwärtsbewegung folgt. Genauso wird an einem Tiefpunkt eine bevorstehende Aufwärtsbewegung vermutet. Garantien für die Analysen übernimmt jedoch niemand, zu viele Faktoren spielen eine Rolle bei der Bewertung einer Aktie.

Autorentext

Der Chartanalyst hat nur die Kursentwicklung im Blick.

In der Technischen Analyse kennt man eine ganze Reihe verschiedener Hilfswerte. Dazu zählen insbesondere „gleitende Durchschnitte". Hier wird über einen Zeitraum von meist 38, 100 oder auch 200 Tagen aus dem Kursverlauf eine Durchschnittslinie ermittelt. Durchstößt der aktuelle Kurs diese Durchschnittslinie von unten nach oben, gilt dies als ein Kaufsignal. Umgekehrt drohen nach den Regeln der Charttechnik weitere Kursverluste, wenn die aktuelle Notierung unter den gleitenden Durchschnitt zurückgeht.

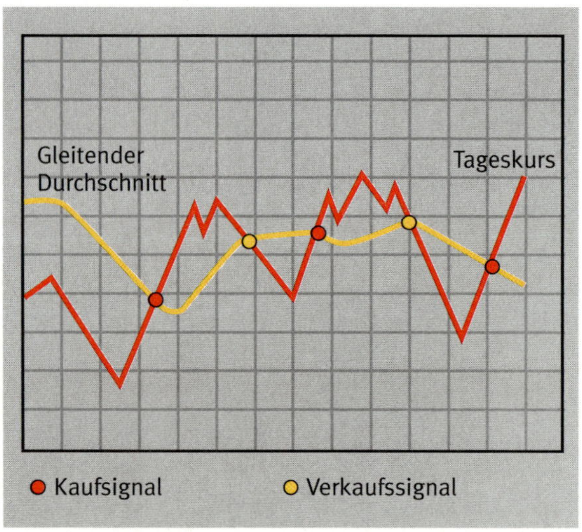

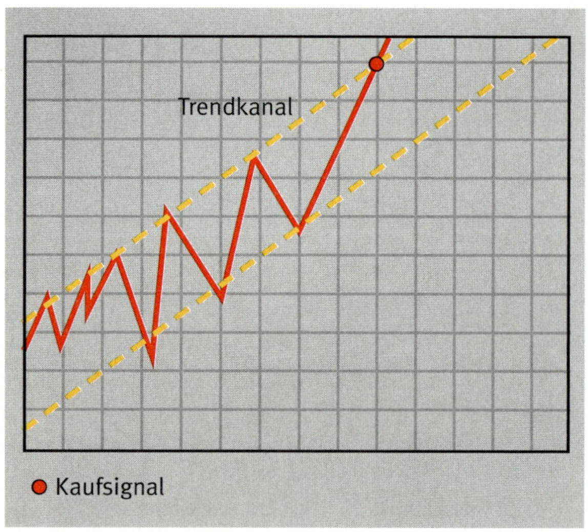

Werden im bisherigen Kursverlauf die Höchstpunkte miteinander verbunden, ergibt sich daraus nicht selten eine Linie, deren Durchbrechen als Kaufsignal gilt. Man spricht dabei von „Widerstandslinien". Umgekehrt kann durch Verbindung der Tiefstpunkte eines Charts eine untere Unterstützungslinie ermittelt werden, von der sich der Kurs erholen sollte. Durchbricht er jedoch diese Linie, gilt dies nach charttechnischen Regeln als Verkaufssignal. Gemeinsam bilden die Widerstandslinien den „Trendkanal". Die Chartanalyse kennt noch eine Vielzahl weiterer Formationen und Indikatoren. Gemeinsam ist ihnen, dass ein Ausbruch aus der Formation weitere Reaktionen in die Ausbruchsrichtung erwarten lässt, während eine Fortsetzung der Formation den bisherigen Trend bestätigt.

Nach: Die Börse. Wissenswertes über Wertpapiere, Stuttgart 1998, S. 34 f.

M20 Wovon hängt der Börsenkurs ab?

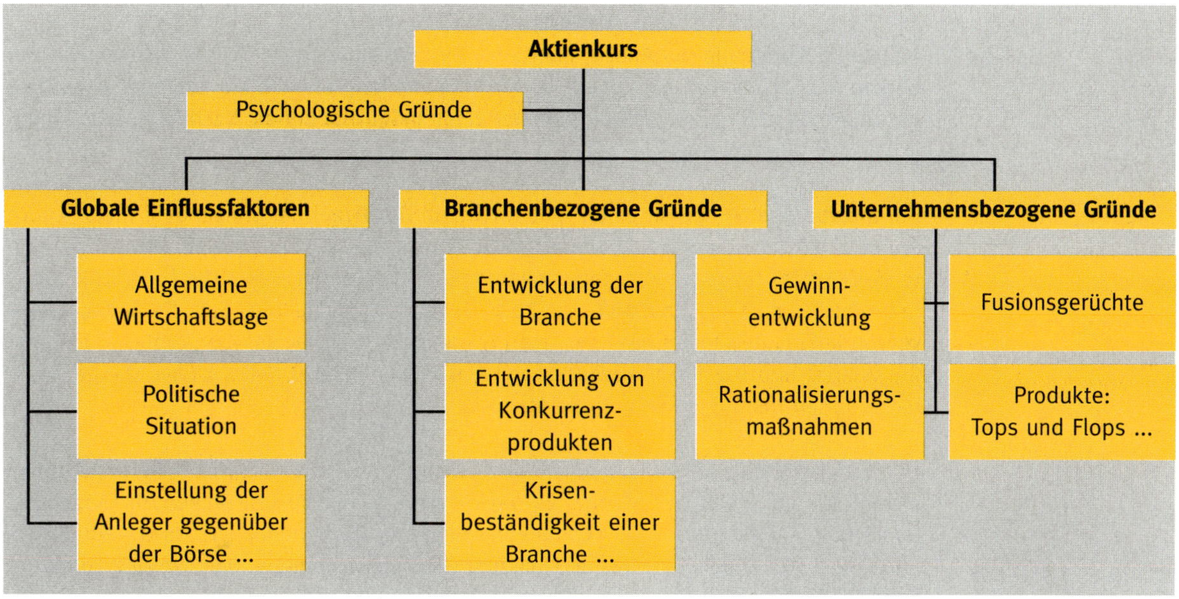

M21 Börsengerüchte: A week on the wild side

Aufgaben zu M19-M21

1. Analysieren Sie die Charts folgender DAX-Unternehmen: Adidas AG, Siemens, BMW und stellen Sie die wichtigsten Kurssprünge im Marktmodell dar. Beziehen Sie sich dabei auf die letzten 12 Monate (52 Wochen). Informationen finden Sie außer im Kursblatt der Tageszeitung zum Beispiel unter www.onvista.de. (M19)
2. Kritiker bezeichnen die Chartanalyse als eine „self-fulfilling prophecy“. Erklären Sie, auf welchen Mechanismus sie sich dabei beziehen. (M19)
3. Ordnen Sie die Börsenschlagzeilen (M14) den Einflussfaktoren auf den Aktienkurs in M20 zu.
4. Beschreiben Sie, wie sich das Geschehen im Cartoon auf den Kurs der betroffenen Aktie auswirkt. (M21)
5. Welche Strategie würden Sie einem Aktionär empfehlen, der Aktien besitzt, während sich an der Börse die Geschichte auf dem Bild abspielt? (M21)

1 Zusammenfassung

Unternehmen und private Haushalte auf dem Markt

Märkte
M2, M3

Märkte entstanden in der Antike, aber auch im Mittelalter zunächst, um Überschüsse der Bauern auszutauschen. Mit zunehmender Arbeitsteilung dienten sie auch der **Verteilung der Güter**. Beim Handeln streben **Anbieter** einen **möglichst hohen, Nachfrager** einen **möglichst niedrigen Preis** an.

Angebot und Nachfrage
M4, M5

Die angebotene Menge an einem Gut wächst in der Regel mit steigendem Preis – auch Anbieter mit höheren **Produktionskosten** können einen Gewinn erzielen. Die nachgefragte Menge sinkt hingegen mit steigendem Preis, hierbei spielt neben der Dringlichkeit des Bedürfnisses auch die **Kaufkraft** eine Rolle. Grafisch dargestellt verläuft die **Angebotskurve** von links unten (niedriger Preis, niedrige Menge) nach rechts oben (hoher Preis, große Menge) und die **Nachfragekurve** von links oben (hoher Preis, kleine Menge) nach rechts unten (niedriger Preis, große Menge).

Der Gleichgewichtspreis
M6, M7, Infobox

Der **Gleichgewichtspreis** räumt den Markt. Zu diesem Preis entspricht die angebotene Menge der nachgefragten Menge. Es liegen weder mehr Verkaufsangebote (Angebotsüberschuss = Nachfragelücke) noch mehr Kaufgebote (Nachfrageüberschuss = Angebotslücke) vor. Meist besteht eine Tendenz zum Gleichgewichtspreis. Dies ist eine Folge der **Koordinationsfunktion** des Preises. Voraussetzung dafür ist **freier Wettbewerb**. In der Realität bestehen für die Marktteilnehmer viele Informationsdefizite, sodass für ein Produkt gleichzeitig viele Preise existieren können. Die **Kosten der Informationsbeschaffung** müssen also berücksichtigt werden.

Angebots- und Nachfrageveränderungen
M9, M10, M11

Die Angebots- und Nachfragekurven verändern sich z. B. aus saisonalen oder politischen Gründen im Zeitablauf. Dies zeigt sich in Verschiebungen der Kurven nach links (Verknappung des Angebots/Rückgang der Nachfrage) oder nach rechts (Vergrößerung des Angebots/Zunahme der Nachfrage). Kurzfristig reagieren die Marktteilnehmer immer mit einer Bewegung entlang ihrer bestehenden Kurve, langfristig verändern sie ihre Gewohnheiten und Bedürfnisse, sodass sich ihre Kurve verschiebt.

Funktion der Marktpreisbildung
M12, M13

Marktpreise sind Anreize, Güter herzustellen und ständig zu verbessern. Gleichzeitig begrenzen sie die Macht der Anbieter. Sie gleichen Angebot und Nachfrage ab (**unsichtbare Hand**). Allerdings sind Marktpreise moralisch nicht immer vertretbar. Um einen **„gerechten" Preis** zu sichern, gibt es Gesetze, die sittenwidrige Preisbildung einschränken.

Die Börse als vollkommener Markt
M15

Die Börse gilt als Beispiel für einen vollkommenen **Markt**. Dessen Kriterien sind ein hohes Maß an **Transparenz,** Anbieter und Nachfrager verfügen demnach über alle relevanten Informationen. Die gehandelten Güter sind **homogen** (gleichartig) und jeder hat **Zugang** zu diesem Markt. Allein der **Preis** ist ausschlaggebend für das Käufer- und Verkäuferverhalten, persönliche Vorlieben spielen keine Rolle.

Börsenkurse – Analyse und Einflüsse
M18, M20

Zur Vertiefung: Börsenkurse bilden sich idealtypisch. Schwieriger sind Prognosen über ihre Entwicklung. Dabei kann man z. B. die wirtschaftlichen Daten der Branche, der Firma und der globalen Wirtschaft betrachten oder eine **Chartanalyse** durchführen, bei der der bisherige Kursverlauf Grundlage für die Prognose ist.

1.2 Unternehmen und private Haushalte in der Gesamtwirtschaft

1.2.1 Die Wertschöpfung und der Wohlstand einer Volkswirtschaft

M1 Das Wohlstandsrennen in Europa

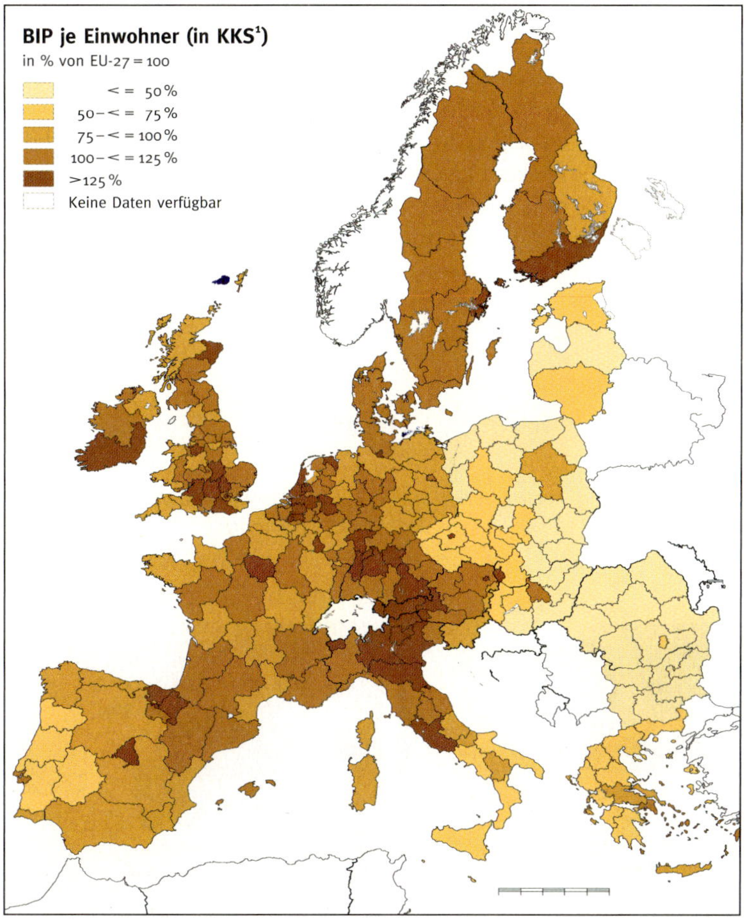

Eurostat. Statistik kurz gefasst. 104/2007, S. 1 ff.

Unter den 15 reichsten EU-Regionen sind gleich vier deutsche Kandidaten vertreten – allerdings kann der Drittplatzierte Darmstadt mit einem kaufkraftbereinigten Pro-Kopf-Bruttoinlandsprodukt von knapp 34.000 Euro im Jahr 2004 nur auf ein rund halb so hohes Niveau wie die Top-Region Inner London. Unter die ersten 15 geschafft hat es das ehemalige Schlusslicht Irland – der Südosten gehört inzwischen zu den wohlhabendsten Gebieten der Union. [...] Insofern gibt es vielleicht auch Hoffnung für die ostdeutschen Regionen, deren ärmste, Dessau und Nordost-Brandenburg, erreichten mit einem kaufkraftbereinigten BIP von rund 16.000 Euro nur ein Viertel des Levels der britischen Hauptstadt. [...] Stehen geblieben ist die Zeit dagegen in vielen südeuropäischen Landesteilen. Sizilien etwa kommt mit einem BIP pro Einwohner von 14.500 Euro trotz der per Regionalfonds verteilten Milliardenzuschüsse nicht aus dem Stiefel.

iwd – Informationsdienst des Instituts der deutschen Wirtschaft Köln, Nr. 30/2007, S. 1

[1] KKS = Kaufkraftstandards sind eine fiktive Währungseinheit, die die Kaufkraftunterschiede, d. h. die verschiedenen Preisniveaus zwischen Ländern ausblendet und damit vergleichende Untersuchungen von Wirtschaftsräumen aussagekräftiger macht. Ein KKS ermöglicht demnach den Erwerb einer gleichen Menge von Waren und Dienstleistungen in allen Ländern.

Aufgaben zu M1

1. Erläutern Sie die Aussage der Karte in M1 insbesondere in Hinblick auf die Situation in Deutschland.
2. Wie reich sind wir? Diskutieren Sie, warum „Reichtum" oder „Wohlstand" und gleichwertige Lebensverhältnisse gesellschaftliche Ziele sind.

M2 Das Bruttoinlandsprodukt: Was zählt zur wirtschaftlichen Leistung?

Das Bruttoinlandsprodukt (BIP) ist die zentrale Größe zur Erfassung der Leistungsfähigkeit einer Volkswirtschaft. Ausgangspunkt für die Berechnung des BIP ist die mit Geld bewertete Produktion in einer Volkswirtschaft.

Addiert man die Produktionswerte der Unternehmen, der privaten Haushalte und des Staates, so erhält man den Produktionswert der Volkswirtschaft. Es wäre falsch, diese Summe als Maßstab für die „letztlich neu produzierten Güter“ des Jahres anzusehen. Würde man die Produktionswerte einfach addieren, so würde man die Güter, die Vorleistungen darstellen, doppelt zählen: einmal bei dem Produktionswert des die Vorleistung produzierenden Unternehmens, zum anderen beim Produktionswert des die Vorleistungen verwendenden Unternehmens.

Besonders klar wird dieser Zusammenhang anhand eines einfachen Beispiels. Wir betrachten den Werdegang eines Brotes unter der vereinfachenden Annahme, dass Mehl der einzige Rohstoff bei der Brotproduktion sei und keine Abschreibungen anfallen. Ein Bauer produziere in einem Zeitabschnitt eine bestimmte Menge Weizen, ohne irgendwelche Vorleistungen in Anspruch zu nehmen. Er verkaufe den Weizen für 100 Geldeinheiten an den Müller, der ihn in der gleichen Periode zu Mehl verarbeite und dieses für 200 Geldeinheiten an den Bäcker weiterverkaufe. Der Bäcker schließlich produziere aus dem Mehl Brot, das er ebenfalls in derselben Periode für 400 Geldeinheiten an die Haushalte weiterverkaufe.

Der Produktionswert sämtlicher Unternehmungen beträgt in dem Beispiel:

100 + 200 + 400 = 700 Geldeinheiten

Ist dies aber der Wert, der in der Volkswirtschaft in dieser Periode neu produzierten Güter? Sicher nicht, denn der Müller musste Weizen im Wert von 100 GE einsetzen, um daraus sein Mehl herzustellen und der Bäcker brauchte Mehl im Werte von 200 GE, um daraus einen Gesamtwert von 400 GE zu produzieren. Der Gesamtwert der neu produzierten Güter sämtlicher Unternehmungen beträgt also nur:

Produktionswert	– Vorleistungen	=	Bruttoinlandsprodukt (BIP)
700 GE	– 300 GE	=	400 GE

Nach: Ulrich Baßeler u. a., Grundlagen und Probleme der Volkswirtschaft, Stuttgart 2002, S. 223 f. (bearbeitet)

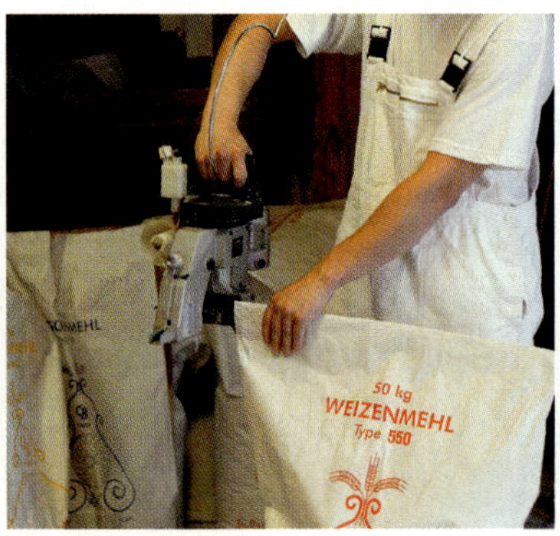

Infobox

Bruttoinlandsprodukt (BIP):

Das BIP ist „der Marktwert aller für den Endverbrauch bestimmten Waren und Dienstleistungen, die in einem Land in einem bestimmten Zeitabschnitt hergestellt werden“.

Mankiw, Gründzüge der Volkswirtschaftslehre, a. a. O., S. 542

▶ M3

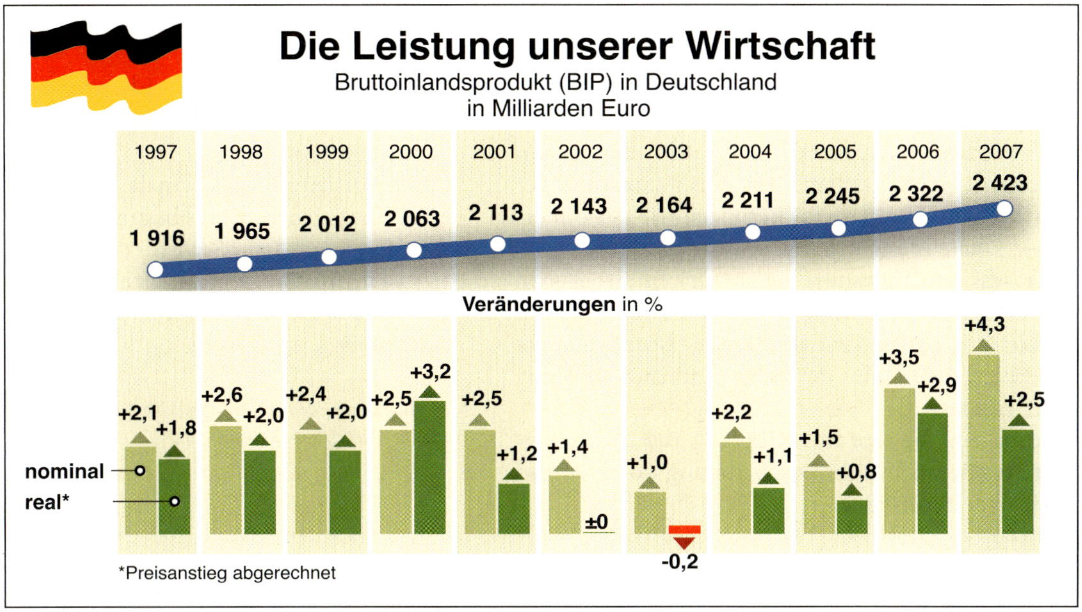

Nach: GlobusGrafik 1861

▶ M4 Wächst unsere Volkswirtschaft oder wird alles nur teurer? Das nominale und das reale Bruttoinlandsprodukt

Bei der Berechnung des nominalen BIP werden in jedem Jahr die in diesem Jahr erzielten Preise angesetzt, also das „BIP in jeweiligen Preisen" berechnet. Bei der Interpretation und dem Vergleich der Zahlen tritt hier allerdings das Problem der jährlichen Preissteigerungen auf. Diese können den Nominalwert erhöhen, ohne dass der Realwert und damit die Güterversorgung entsprechend gestiegen sind.

Im Gegensatz zum nominalen BIP in jeweiligen Preisen wird daher beim realen BIP eine Preisbereinigung vorgenommen […]. Mit diesem Verfahren ist sichergestellt, dass die entsprechende Wertänderung fiktiv die Mengenänderung widerspiegelt. Die Zeitreihe des realen BIP wird in der offiziellen Statistik [nicht in absoluten Zahlen, sondern] nur als Kettenindex ausgewiesen. Zur Ermittlung dieses Kettenindex' wird zunächst jeder preisbereinigte Jahreswert des BIP ins Verhältnis gesetzt zum Vorjahreswert des BIP in laufenden Preisen. Um eine fortlaufende Reihe zu erhalten, werden die so ermittelten Indizes miteinander verkettet.

Nach: Ekkehard von Knorring/Albrecht Bossert, Makroökonomik, Stuttgart/Konstanz 2006

▶ Aufgaben zu M2-M4

1. Begründen Sie, warum im BIP lediglich Waren und Dienstleistungen für den Endverbrauch erfasst werden. (M2)
2. Übertragen Sie das Beispiel mit dem Bäcker aus M2 auf einen Tischler. Welche Vorleistungen dürfen in seinem Fall nicht in das BIP eingehen?
3. Analysieren Sie die Grafik in M3.
4. Erklären Sie den Unterschied zwischen nominalen und realen Werten des BIP. Welche besitzen mehr Aussagekraft? (M3, M4)
5. Recherchieren Sie das aktuelle deutsche Bruttoinlandsprodukt und dessen reale Veränderung im Vergleich zum Vorjahr (www.destatis.de). (M4)
6. Was bedeutet es, wenn die Differenz zwischen realem und nominalem Wachstum des BIP kleiner wird? (M3, M4)
7. Welche Schlussfolgerungen für die Bevölkerung eines Landes lassen sich daraus ziehen, wenn das reale Bruttoinlandsprodukt steigt? (M3, M4)
8. Erläutern Sie, welche Auswirkungen ein negatives Wirtschaftswachstum wie im Jahr 2003 hat. (M1, M3)

M5 Zur Vertiefung: Vision Deutschland – Wachstum und Wohlstand

Die aktuelle Reformdiskussion in Deutschland zeigt auf jeden Fall eines ganz deutlich: Ohne angemessenes Wirtschaftswachstum sind die drängenden Probleme der Wirtschaft, des Arbeitsmarktes, der Renten- und Krankenversicherung sowie der öffentlichen Finanzen nicht zu lösen.

Aber was ist Wachstum eigentlich? Im trockenen Ökonomendeutsch heißt es: Wirtschaftswachstum ist die langfristige Vermehrung des Bruttoinlandsprodukts (BIP) – also der wirtschaftlichen Leistung eines Landes:

- durch eine bessere Ausschöpfung der Produktivkräfte (Beispiel: mehr Beschäftigung durch Abbau der Arbeitslosigkeit);
- durch eine wirksamere Kombination der Produktivkräfte (Beispiel: Umsetzung neuer Technologien mit neuen Maschinen);
- durch vertiefte internationale Arbeitsteilung (Beispiel: Spezialisierung auf bestimmte Produktionen, die dann in größerer Serie für den Weltmarkt gefertigt werden; zugleich Verzicht auf Produktionszweige, auf die sich schon andere Länder spezialisiert haben).

Nach: Institut der deutschen Wirtschaft Köln, Wirtschaft und Unterricht, Nr. 3/2005, S. 1–3 (bearbeitet)

M6 Die Aussagekraft des BIP

Unser Ziel bei der Berechnung des BIP ist es abzuschätzen, wie gut die Gesamtwirtschaft sich entwickelt. Da das reale BIP die Produktion an Gütern einer Volkswirtschaft misst, ist es damit auch ein Spiegel für die Fähigkeit einer Volkswirtschaft, die Bedürfnisse und Wünsche der Bewohner zu befriedigen. Einige Leute bestreiten allerdings die Gültigkeit des BIP als Wohlstandsmaß. Der amerikanische Senator Robert Kennedy lieferte während seines Wahlkampfs im Jahr 1968 eine bewegende Kritik eines solchen ökonomischen Maßstabs:

„Das Bruttoinlandsprodukt sagt nichts aus über die Gesundheit unserer Kinder, die Qualität der Erziehung und Ausbildung oder der Lebensfreude. Es enthält nicht die Schönheit unserer Poesie oder die Stärke unserer Ehen, die Intelligenz unserer öffentlichen Auseinandersetzungen oder die Integrität unserer Staatsbediensteten. Es misst auch weder unseren Mut noch unsere Weisheit oder unsere Hingabe an unser Land. Kurz gesagt, es misst alles, außer den Dingen, die das Leben lebenswert machen, und es kann uns alles über Amerika sagen, außer warum wir stolz darauf sind, Amerikaner zu sein."

Nach: N. Gregory Mankiw, Grundzüge der Volkswirtschaftslehre, Stuttgart 2004, S. 553 ff. (bearbeitet)

2006 belegte die *New Economics Foundation* in ihrem *Happy Planet Index*: In Vanuatu leben die glücklichsten Menschen. Keiner der westlichen Industriestaaten schafft es demnach, seinen Bürgern ein ähnlich großes Wohlgefühl zu sichern. Der Inselstaat wird von Wirbelstürmen und Erdbeben gebeutelt, 200.000 Menschen leben auf den 83 Eilanden zwischen Papua-Neuguinea und Fidschi, das Pro-Kopf-Einkommen beträgt nicht einmal 3.000 Dollar, die Lebenserwartung 68,8 Jahre.
Nach: Vera Sprothen, Die Zeit, 6. 6. 2007, S. 30

Land	Reales BIP pro Kopf (2006 in $)	Lebenserwartung (in Jahren)	Einschulungsquote (in %)
Vereinigte Staaten	44.970	78	92
Deutschland	36.620	79	96
Russland	5.780	65	92
Pakistan	770	65	68
Nigeria	640	47	68

Zahlen: http://web.worldbank.org

Aufgaben zu M5-M6

1. Nennen Sie Gründe, warum es für die deutsche Volkswirtschaft wichtig ist, ein angemessenes Wirtschaftswachstum zu erzielen. (M5)
2. Erläutern Sie, wie ein höheres Wachstum möglich werden könnte. (M5)
3. Erläutern Sie Robert Kennedys Kritikpunkte am BIP als Wohlstandsmaßstab. (M6)
4. Diskutieren Sie, nach welchen Kriterien die *New Economics Foundation* das Wohlbefinden von Nationen untersucht haben könnte.
5. Erörtern Sie anhand der Tabelle in M6, ob das BIP tatsächlich nichts über Gesundheit und Bildungsstand eines Landes aussagt.
6. Nehmen Sie Stellung zur Aussagekraft des BIP als Wohlstandmaß für die folgenden Fälle:
   - Der Schwarzmarkt blüht.
   - Nach einer Naturkatastrophe müssen ganze Landstriche wieder aufgebaut werden.
   - Die Bevölkerung eines Landes ist innerhalb der letzten 30 Jahre um 50 Prozent gestiegen.

1.2.2 Wirtschaftsbereiche und Strukturwandel

M7 Sektoraler Wandel

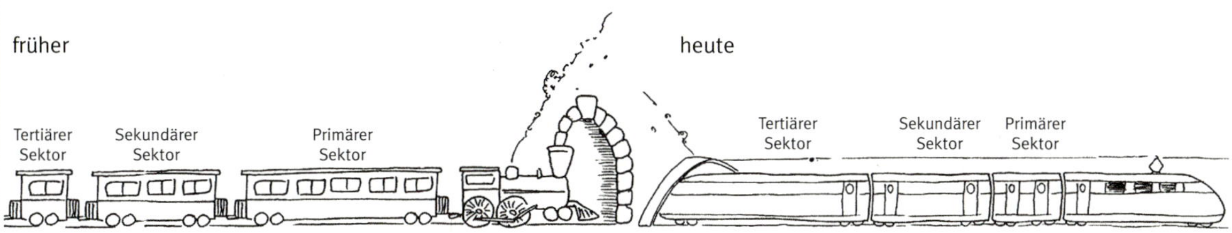

Begriffserklärung:
- Primärer Sektor = Land- und Forstwirtschaft
- Sekundärer Sektor = produzierendes Gewerbe
- Tertiärer Sektor = Dienstleistungen

Hendrik W. Lang, IOS Oldenburg, 2006, in: Michael Koch u. a., Unternehmen und Strukturwandel, S. 67; www.handelsblattmachtschule.de (14. 6. 2007)

M8 Die Entwicklung von Wirtschaftsbereichen

In der Volkswirtschaft können drei klassische Wirtschaftsbereiche (Wirtschaftssektoren) unterschieden werden:

Der **primäre Sektor**, oder auch die „Urproduktion“, beinhaltet die Landwirtschaft, den Bergbau und die Fischerei. In modernen Volkswirtschaften ist der Anteil dieses Sektors sehr gering.

Der **sekundäre Sektor** bezeichnet die weiterverarbeitende Produktion (Be- und Verarbeitung). Industrie und Handwerk werden hierzu gezählt. Während in diesem Sektor zwar die Produktion noch ansteigt, geht aufgrund der fortschreitenden Automatisierung in den Betrieben die Zahl der Beschäftigten zurück.

Der **tertiäre Sektor** umfasst die Dienstleistungen, wie Handel, Verkehr, Staat und freie Berufe. Hier gab es in den letzten Jahrzehnten eine drastische Zunahme an Tätigkeiten.

M9 Der Strukturwandel: Begriffsklärung

Der Begriff Strukturwandel kann auf mehrere Bereiche bezogen werden:

1. auf die Zusammensetzung der Produktion eines Landes nach Wirtschaftszweigen (sektorale Struktur)
2. auf Regionen oder Wirtschaftsräume (regionale Struktur)
3. auf die Änderung der Aufteilung der Beschäftigten (Erwerbsstruktur, Beschäftigungsstruktur) nach Sektoren oder Regionen
4. auf Qualifikation, Alter und Geschlecht der Beteiligten
5. auf Aufteilung des Sachkapitals nach Sektoren, Regionen, Nutzungsdauer.

Nach: Brockhaus Wirtschaft, Leipzig/Mannheim 2004, S. 573

Strukturwandel bezeichnet eine dauerhafte Veränderung der **Wirtschaftsstruktur** einer Branche, Region oder Einkommensschicht, die weder saisonal noch konjunkturell begründet ist. Der Strukturwandel wird durch wissenschaftlich-technische Innovationen, zunehmende Verflechtung nationaler und internationaler Volkswirtschaften und demografische Bedingungen bestimmt.

Duden Paetec. Basiswissen Schule, Wirtschaft, Mannheim u. a. 2003 (CD-ROM)

Infobox

Der Dienstleistungssektor

Die traditionelle Einteilung der Wirtschaftssektoren hat in den letzten Jahren Veränderungen erfahren. So wird der tertiäre Sektor nochmals in primäre und sekundäre Dienstleistungen unterteilt. Zum Ersteren zählen die allgemeinen Dienstleistungen wie Bürotätigkeiten, Handelstätigkeiten, Reinigen oder Bewirten. Als sekundäre Dienstleistungen bezeichnet man heute Tätigkeiten wie Betreuen, Beraten, Lehren, Publizieren, Organisation, Management, Forschung und Entwicklung. Eine weitere bedeutende Veränderung ist die Entstehung eines vierten Wirtschaftssektors, des Informationssektors. Keiner der anderen drei Sektoren könnte heutzutage ohne Informationsdienste auskommen.

Nach: Duden Paetec. Basiswissen Schule, Wirtschaft, Mannheim u. a. 2003 (CD-ROM)

M10 Statistiken zum Strukturwandel

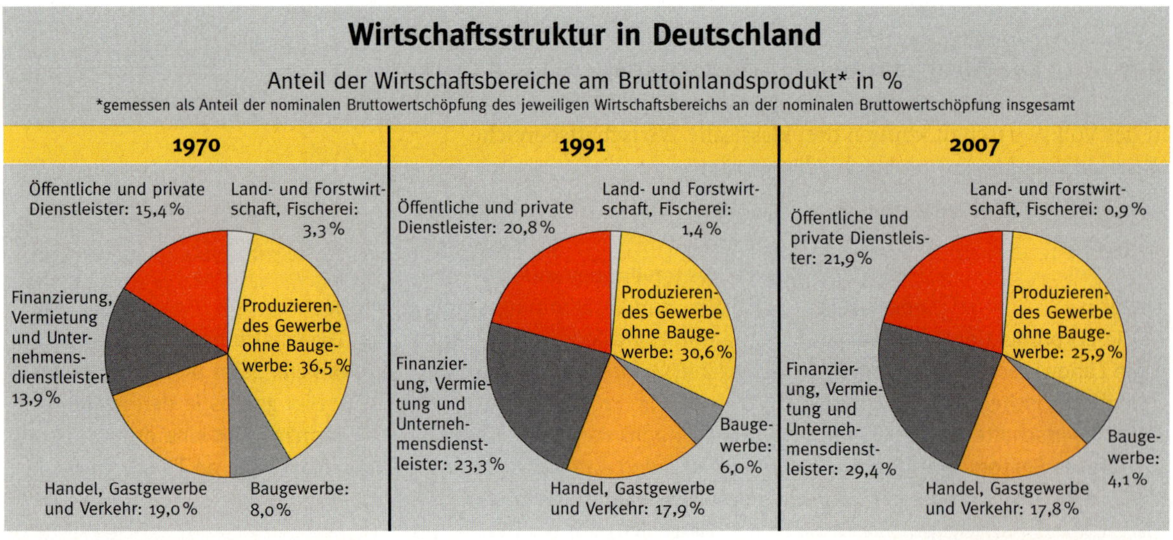

Abbildung 1 *Quelle: Statistisches Bundesamt 2008*

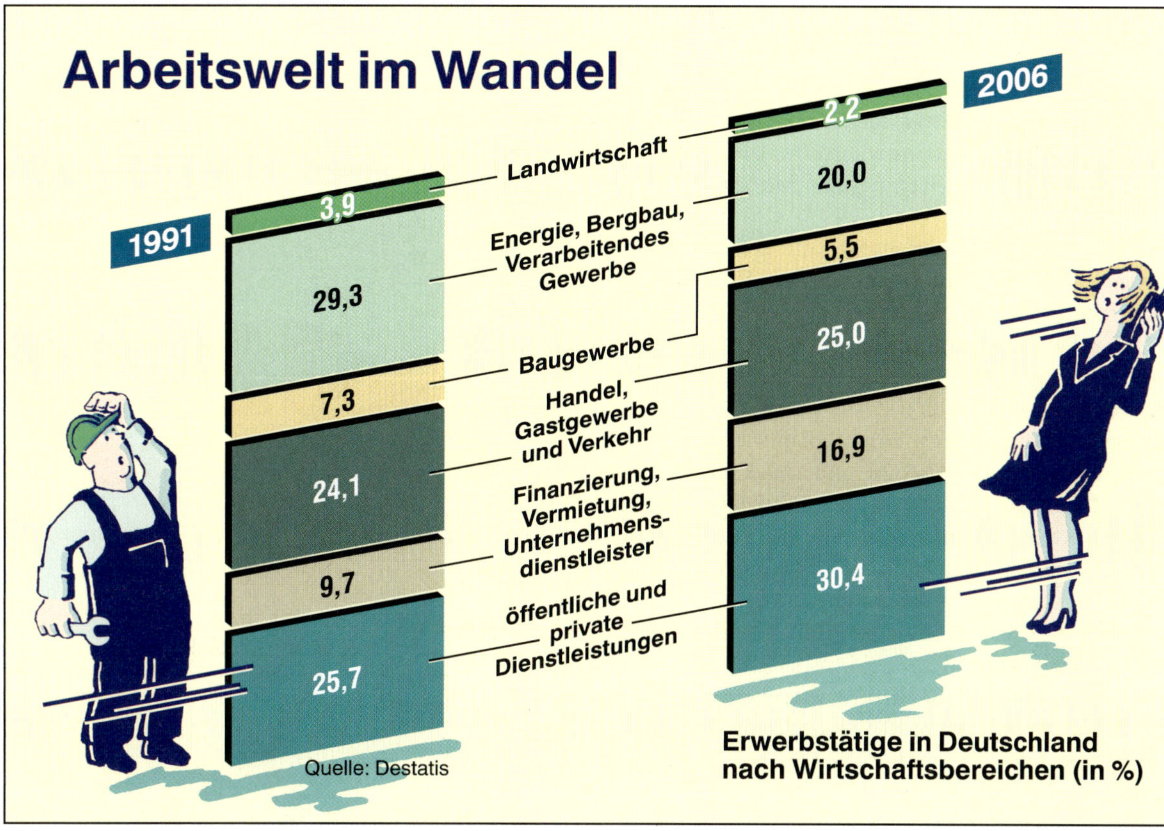

Abbildung 2 *Erich Schmidt Verlag; Zahlenbilder 247131 (08/2007)*

Aufgaben zu M7-M10

1. Beschreiben Sie die Unterschiede zwischen der Darstellung „früher“ und „heute“. Gehen Sie darauf ein, was im Tunnel passiert und welche Auswirkungen dies auf die Passagiere, ihren Lebensstandard und die Umwelt hat. (M7)
2. Ordnen Sie folgende Berufsfelder den einzelnen Sektoren zu: Tierarzt, Zoohändler, Softwareprogrammierer, Physiker, Rechtsanwalt, Einkäufer für eine Großbäckerei. (M8)
3. Nennen Sie Gründe dafür, dass es bei der Betrachtung einer Volkswirtschaft sinnvoll ist, Sektoren zu bilden. (M8, vgl. auch Kap. 1.1.1 zur Modellbildung)
4. Suchen Sie nach Gründen für die beschriebenen Veränderungen in jedem Sektor. (M8, M10, Infobox)
5. Überlegen Sie, wie die Entwicklung der Wirtschaftsbereiche, insbesondere in Deutschland, weitergehen wird.
6. Recherchieren Sie, wie sich die deutsche Wirtschaftsstruktur in Bezug auf Qualifikation, Alter und Geschlecht der Beteiligten verändert. Beziehen Sie dabei Bevölkerungsstatistiken (z. B. auf www.destatis.de) und Erkenntnisse aus dem Geografieunterricht ein. (M9)
7. Erklären Sie die unterschiedlichen Prozentzahlen der Sektoren für 1991 in den beiden Abbildungen. (M10)
8. Beschreiben Sie die beiden Abbildungen in M10 und vergleichen Sie sie miteinander. Begründen Sie, welche der beiden Darstellungsformen in M10 aussagekräftiger ist. (Vgl. auch die Methodenseite zur Auswertung von Statistiken, Kap. 2.3)

M11 Eine Erfolgsgeschichte des Strukturwandels: Nokia

Ex-Nokia-Chef Jorma Ollila sprach zu seinem Abschied aus der Konzernspitze mit dem Handelsblatt über die Geschichte und die Zukunft von Nokia, über das Internet, über die Fähigkeiten eines guten Managers ...

Handelsblatt: Herr Ollila, als Sie Anfang der 90er-Jahre das Ruder übernommen haben, hat Nokia Papier, Gummistiefel und Kabel hergestellt. Sie haben all diese Bereiche abgestoßen und allein auf mobile Kommunikation gesetzt. Hat Ihnen diese Entscheidung damals den Schlaf geraubt?

Ollila: Wenn die Hütte brennt, schläft man nicht gut. Man will das Feuer löschen und sicherstellen, dass jeder, der da ist, zur Lösung des Problems beiträgt. Nach 18 Monaten wussten wir, welche Entscheidungen die richtigen sein könnten, und nach ungefähr zwei Jahren konnte ich wieder gut schlafen.

H: Was hat Sie damals so sicher gemacht, dass Sie richtig lagen?

Ollila: Das ist natürlich ein schwieriger Prozess. Aber es war klar, dass wir nicht alles so weitermachen konnten. Nokia war [...] ein Bündel von potenziell sehr schwachen Sparten, wenn man nichts geändert hätte. Zudem begann damals die Globalisierung – 1992 wurde der europäische Binnenmarkt geöffnet, und die Wettbewerber begannen anzugreifen. Es war deshalb eine sehr rationale Überlegung, sich zu konzentrieren.

H: War es nun Vision oder schlicht und einfach Glück, den enormen Erfolg von Handys vorherzusehen?

Ollila: Etwas Glück braucht man immer. Nokia hat der technologische Wandel sehr geholfen. Die mobile Kommunikation ist stärker eingeschlagen als die meisten erwartet hatten. [...]

H: Die Branche steht im Moment vor einer Umwälzung. Was werden die entscheidenden Entwicklungen sein?

Ollila: Das Internet und die Konvergenz – die Verschmelzung von IT und Multimedia – werden die Landschaft stark verändern. Unternehmen wie Google und Yahoo wollen alle in die mobile Welt hinein.

H: Werden sich durch die Verschmelzung der Dienste nicht ganz neue Geschäftsfelder entwickeln?

Ollila: Die Konvergenz ist ein großes Thema und wird zu vielen neuen Anwendungen wie Musik, E-Mail, Spiele in den Handys führen. Das wissen wir. Aber wir wissen noch nicht, wie das Geschäftsmodell später aussehen wird. Es sind auf jeden Fall diese Bereiche, denen sich Nokia und mein Nachfolger besonders widmen werden [...]

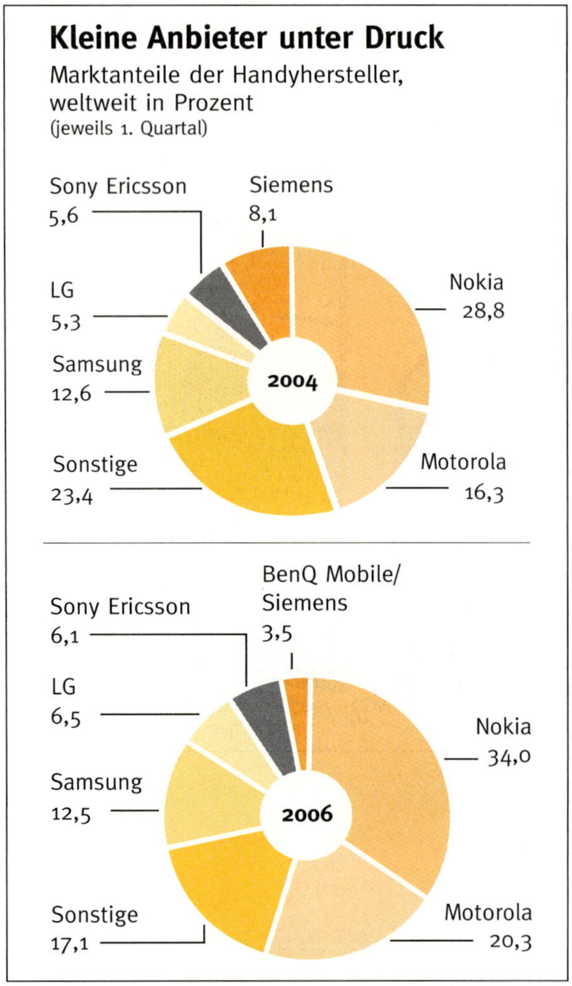

Handelsblatt, 29.9.2006 (Nr. 189), S. 1

H: Wie sehen Sie angesichts dieser Entwicklung die Zukunft für die klassischen Medien wie Fernsehen und Radio?

Ollila: Sie stehen durch die Konvergenz vor ihrer eigenen Herausforderung. Sie müssen Inhalte liefern. Viele Medienkonzerne wie die BBC sind sehr gute Lieferanten von Inhalten. Aber Sie müssen verstehen, dass Inhalte künftig nicht nur über ihr eigenes Netz vertrieben werden können. Sie werden also wirklich neue Partnerschaften eingehen und viel enger mit verschiedenen Partnern zusammenarbeiten müssen. Darüber hinaus wird das Internet sie sehr stark beeinflussen. Die traditionellen Sender, die an den bisherigen Vertriebsformen festhalten, werden ins Hintertreffen geraten.

Handelsblatt, 6.6.2006 (Nr. 107), S. 2

M12 Quo vadis, Deutschland? Prognosen für 2030

Fahrzeugbau

Die Autoindustrie wird sich mit einer jährlichen Wachstumsrate von 1,2 Prozent bis 2030 nur unterdurchschnittlich entwickeln. Wesentlich stärker wächst – mit einem Plus von 3,7 Prozent – der sonstige Fahrzeugbau (u. a. Luft- und Raumfahrt, Schiffbau, Schienenfahrzeuge).

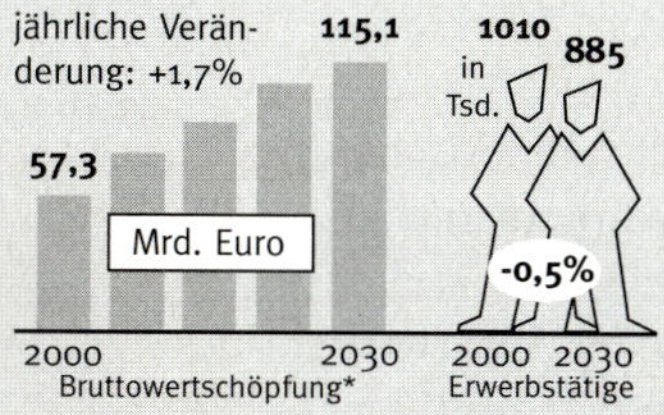

Chemie

Die Chemie hat gute Wachstumsperspektiven. Die Bedeutung der Grundstoffchemie wird zwar langfristig sinken. In anderen Bereichen wie pharmazeutischen Erzeugnissen, Farben oder Reinigungsmitteln winken dagegen überdurchschnittliche Zuwachsraten.

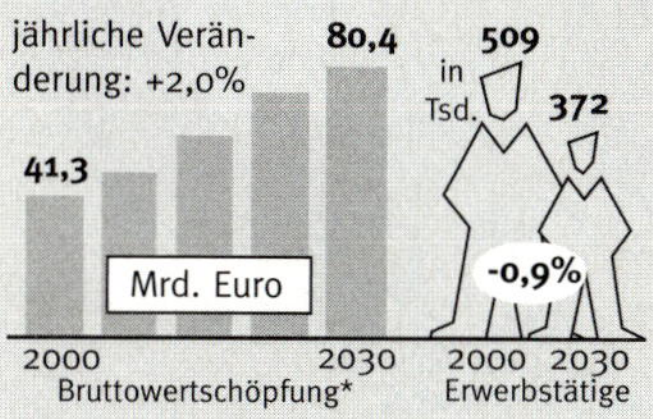

Textilbranche und Bekleidungsgewerbe

Textil und Bekleidung gehören zu den Verlierern in der Industrie. Große Teile der Fertigung werden ins Ausland verlagert, die Beschäftigung wird sich mehr als halbieren. In Deutschland bleiben fast nur noch dienstleistungsorientierte Unternehmensteile.

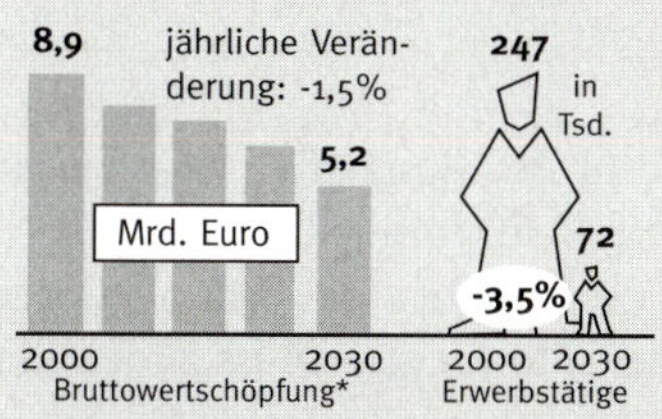

Datenverarbeitung und Datenbanken

Die Branche verzeichnet überdurchschnittliche Wachstumsraten bei Wertschöpfung und Beschäftigung. Softwareentwicklung und EDV-Dienste sind für die übrigen Wirtschaftszweige ein zentraler Faktor, um die Produktivität zu steigern.

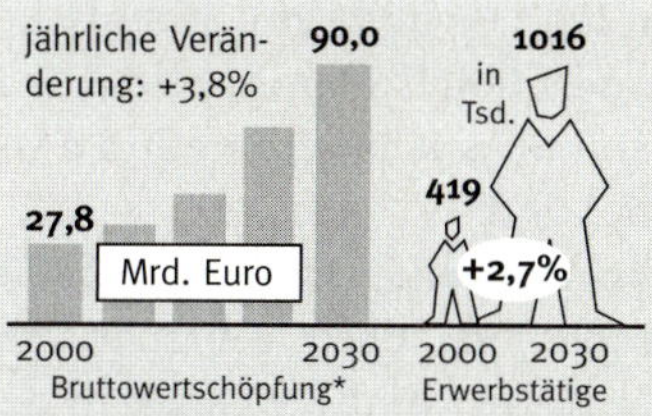

Handelsblatt, 22. 6. 2006 (Nr. 118), S. 16

* Bruttowertschöpfung = Umsatz ohne Vorleistung in Mrd. Euro.

Aufgaben zu M11-M12

1. Beschreiben Sie, mit welchen Maßnahmen sich die Firma Nokia dem Strukturwandel gestellt hat. (M11)
2. Analysieren Sie die Grafik in M11. Welche Übereinstimmungen zu den Aussagen im Interview lassen sich zuordnen?
3. Recherchieren Sie, aus welchen Ländern die Handyhersteller in der Statistik stammen. Welche Rückschlüsse lässt das auf den geografischen Strukturwandel in der Branche zu? (M11)
4. Erklären Sie mit eigenen Worten, warum die TV- und die Radio-Branche vor großen Herausforderungen stehen. (M11)
5. Beschreiben Sie die erwartete Entwicklung der einzelnen Branchen in M12 im Hinblick auf ihre Bruttowertschöpfung und das Beschäftigungspotenzial.
6. Erklären Sie, wie es zu der entgegengesetzten Entwicklung von Bruttowertschöpfung und Beschäftigung in einigen Branchen kommen kann. (M12)
7. Nehmen Sie differenziert zu der folgenden Aussage Stellung: „Deutschlands Stärken liegen in der Chemischen Industrie und im Fahrzeugbau." (M12)
8. Bilden Sie Arbeitsgruppen und recherchieren Sie im Internet zu den aufgeführten Branchen nach Beschäftigungsdaten und Beschäftigungschancen, die dort zurzeit bestehen (z. B. auf www.destatis.de, www.arbeitsagentur.de). Präsentieren Sie Ihre Ergebnisse als Experten in gemischten Gruppen.

M13 Zur Vertiefung: China: Strukturwandel im Zeitraffer – eine Situationsbeschreibung

Das Reich der Mitte konnte in den vergangenen Jahren mit hohen Wachstumsraten glänzen. Zu verdanken war dies vor allem dem stark expandierenden Außenhandel. Die Exporterfolge der chinesischen Industrie werden allerdings in den boomenden städtischen Provinzen erwirtschaftet, während andere Regionen mehr schlecht als recht von der Agrarwirtschaft leben. Die daraus resultierende Landflucht verschärft das Problem der Arbeitslosigkeit. [...]
Seit 1980 hat sich die chinesische Wirtschaftsleistung fast verzehnfacht, während sich das BIP in den Industrieländern im Schnitt nur verdoppelte. Dennoch ist der chinesische Drache ökonomisch betrachtet bislang eher eine kleine Echse. In Kaufkraftparitäten gerechnet, erreichte das Pro-Kopf-Einkommen 2005 schätzungsweise 6.200 Dollar. Im Vergleich dazu erwirtschaftete jeder Einwohner in den G-7-Ländern durchschnittlich rund 31.000 Dollar.

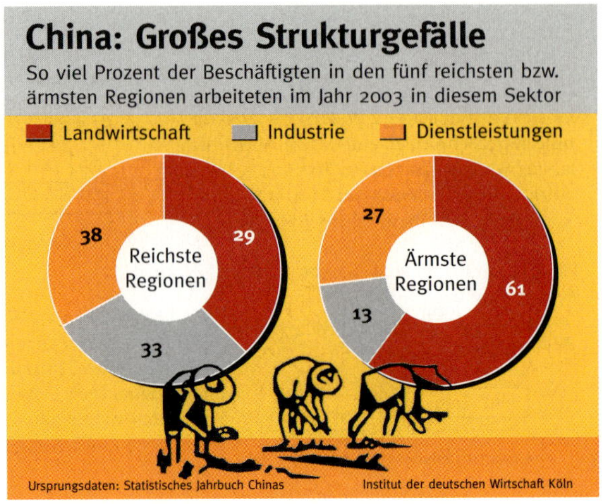

Tritt China auf den globalen Märkten schon wie ein Industriestaat auf, weist es im Inneren noch typische Strukturen eines Entwicklungslandes auf. Die Tatsache, dass nur einzelne Provinzen auf Marktwirtschaft getrimmt wurden, hat zu einem starken Wohlstandsgefälle geführt. So belief sich das *nominale Pro-Kopf-Einkommen* in Shanghai im Jahr 2003 auf 5.600 Dollar – gegenüber 1.100 Dollar im Landesdurchschnitt und nur 435 Dollar in der ärmsten Region Guizhou. In dieser südchinesischen Provinz wurde je Einwohner kaum mehr erwirtschaftet als in den afrikanischen Gebieten südlich der Sahara, die zu den ärmsten Gegenden der Welt zählen. Die Konzentration der Wirtschaftspolitik auf bestimmte Vorzeigeregionen schlägt sich auch in der Beschäftigungsstruktur nieder (vgl. Grafik zum Strukturgefälle). [...]
Neben den großen regionalen Wohlstandsunterschieden prägt das Land am Jangtse-Fluss zudem das für Entwicklungsländer ebenfalls typische Stadt-Land-Gefälle. Im Jahr 2003 verfügte ein chinesischer Stadtbewohner mit rund 1.000 Dollar im Mittel über ein mehr als dreimal so hohes Jahreseinkommen wie ein Mitbürger auf dem Land.
Diese extreme Schieflage hat zwischen 1990 und 2000 etwa 80 Millionen Menschen dazu gebracht, ihre ländliche Heimat zu verlassen und ihr Glück in den boomenden Zentren Chinas zu suchen (vgl. Grafik zum Städteboom).

Nach: iwd – Informationsdienst des Instituts der deutschen Wirtschaft Köln, Nr. 8/2006 (bearbeitet)

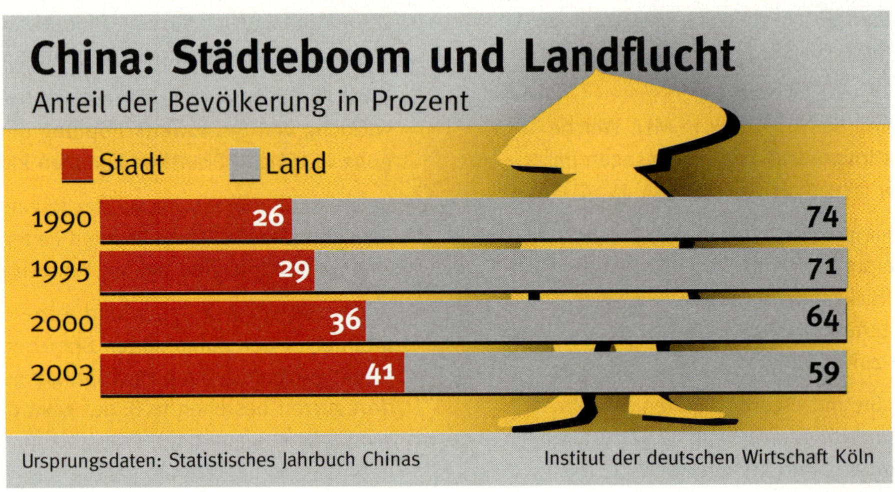

M14 Zur Vertiefung: Chancen und Risiken des Strukturwandels in China

Die *Landflucht* kann sich durchaus positiv auswirken. Werden z. B. aus Bauern Industriearbeiter, dürfte dies den Strukturwandel und das Wirtschaftswachstum beschleunigen, da die Produktivität im Verarbeitenden Gewerbe höher ist als in der Landwirtschaft. Zudem handelt es sich bei den abwandernden Kräften oft um Familienangehörige, die in den bäuerlichen Betrieben [...] nicht unbedingt benötigt werden. [...] Damit ist allerdings noch nicht gesagt, dass die in die Städte drängenden Menschen auch alle in der regulären Wirtschaft unterkommen. Viele drohen ohne festen Job zu bleiben und müssen als Tagelöhner ihr Dasein fristen.

Darauf deuten Daten aus der chinesischen Statistik hin, wonach fast 40 % der Erwerbstätigen in den Städten keiner Unternehmensform zugeordnet werden können. [...] Dies lässt eine deutliche Ausweitung des sogenannten *informellen Sektors* vermuten – das sind etwa Kleinstbetriebe, die an staatlichen Regelungen vorbeiproduzieren. Hinzu kommt, dass der internationale Wettbewerbsdruck das Land zwingt, die Staatsbetriebe effizienter zu machen oder sogar aufzulösen. Bereits zwischen 1995 und 2003 entließen diese insgesamt 6,8 Millionen Arbeitskräfte. [...] Zusammen mit der Bevölkerungswanderung könnte diese Steigerung der Arbeitslosigkeit die sozialen Spannungen erhöhen.

Nach: iwd – Informationsdienst des Instituts der deutschen Wirtschaft Köln, Nr. 8/2006 (bearbeitet)

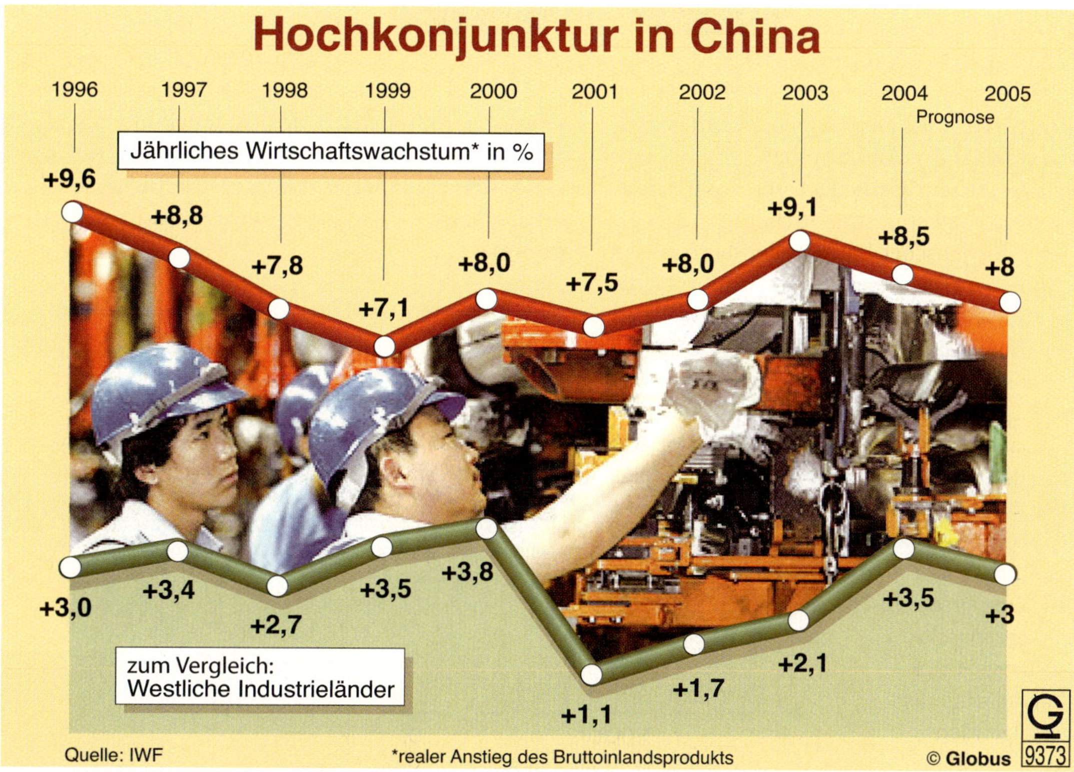

Aufgaben zu M13-M14

1. Erklären Sie die folgenden Begriffe:
   a) nominales Pro-Kopf-Einkommen
   b) Landflucht
   c) informeller Sektor (M13, M14)
2. Begründen Sie anhand von Beispielen aus dem Text, warum China ein „gespaltenes Land“ ist. (M13, M14)
3. Welche Chancen und Risiken birgt die Landflucht in China für den Einzelnen und für die Gesellschaft? (M13, M14)
4. Vergleichen Sie das Wirtschaftswachstum in den G-7-Ländern mit dem in China. Arbeiten Sie aus dem Text und den Grafiken die Erklärungen für den Unterschied heraus. (M13, M14)

1.2.3 Das Kreislaufmodell

M15 Francois Quesnay – Begründer der volkswirtschaftlichen Kreislauftheorie

Grundlegend für jede makroökomische[1] Analyse ist die Idee des Wirtschaftskreislaufes. Dahinter steht die einfache Überlegung, dass die Ausgaben des Käufers eines Gutes immer gleichzeitig auch die Einnahmen des Verkäufers darstellen. Auch in der Natur geht die Materie niemals wirklich unter, sondern sie wird immer nur umgewandelt. Ähnlich geht in der Ökonomie das Geld beim Kaufakt offenbar nicht verloren, sondern es wechselt nur den Besitzer. Damit hat eine Geldausgabe gesamtwirtschaftlich offensichtlich ganz andere Konsequenzen, als es aus der Sicht des einzelnen Wirtschaftssubjektes den Anschein hat.

François Quesnay (1694–1774)

Der erste, der diesen Gedanken in Form eines Geldkreislaufes darstellte, war Richard Cantillon (1680–1734), ein englischer Bankier, der das traurige Schicksal hatte, von seinem Diener ermordet zu werden. Auch wissenschaftlich hatte er Pech, denn weitaus berühmter als seine Darstellung wurde das Tableau Economique von Francois Quesnay (1694–1774), dem Begründer der sogenannten physiokratischen Schule der Ökonomie. Quesnay war Leibarzt der Marquise de Pompadour, einer Mätresse Ludwigs XV. Vielfach wurde deshalb vermutet, er habe den Gedanken des Geldkreislaufes aus dem menschlichen Blutkreislauf abgeleitet. Wahrscheinlicher ist aber, dass er dabei eine physikalische Analogie im Hinterkopf hatte, denn er selbst bevorzugte eine zickzackförmige Darstellung der aufeinanderfolgenden Tauschakte.

In Quesnays Tableau wird die Volkswirtschaft entsprechend den damaligen Verhältnissen in drei Sektoren unterteilt: Das Land gehört der Klasse der Eigentümer („classe propriétaire"), die es aber nicht selbst bewirtschaften, sondern verpachten. Ihre Pachteinnahmen verwenden sie für den Kauf sowohl landwirtschaftlicher als auch gewerblicher Produkte. Die Pächter („classe productive") besorgen die landwirtschaftliche Produktion. Sie benötigen dafür u.a. auch handwerkliche Erzeugnisse, die sie bei der Klasse der Gewerbetreibenden („classe stérile") kaufen. Umgekehrt kaufen die Gewerbetreibenden wiederum landwirtschaftliche Produkte bei den Pächtern. Die Pächter erwirtschaften als einzige Klasse einen Überschuss („produit net"), den sie am Ende des Jahres als Pacht an die Eigentümer überweisen. Auf diese Weise schließt sich der volkswirtschaftliche Kreislauf des Geldes, und der ganze Prozess kann von Neuem beginnen.

Nach: Ulrich van Suntum, Die unsichtbare Hand des Marktes, Berlin 1999, S. 92 ff.

[1] Die Makroökonomie untersucht gesamtwirtschaftliche Phänomene auf aggregierter Ebene, insbesondere Inflation, Arbeitslosigkeit und Wirtschaftswachstum, im Gegensatz zur Mikroökonomie, die die Entscheidungen der Haushalte und der Unternehmen sowie das Zusammentreffen der Aktivitäten auf Märkten untersucht. (Mankiw, a.a.O. S. 30)

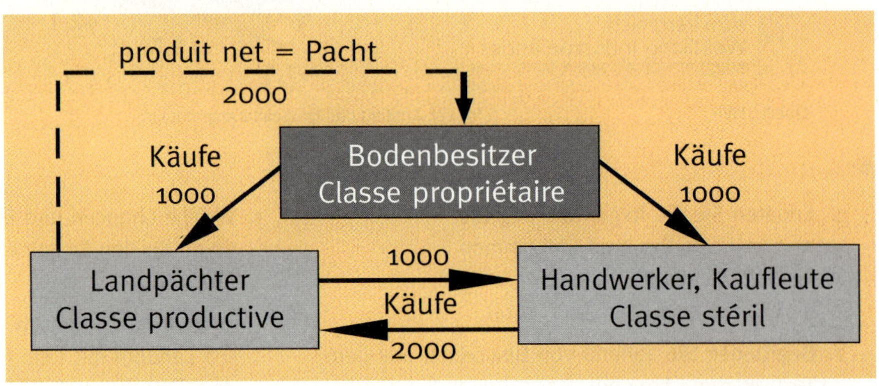

Vereinfachte Darstellung des Tableau Economique

M16 Grafische Darstellung: der einfache Wirtschaftskreislauf

Wären wir alle Selbstversorger, so würden keine Güter getauscht werden, es gäbe keinen Wirtschaftskreislauf. Mit der in modernen Industriegesellschaften zunehmenden Arbeitsteilung wächst mit der Menge der wirtschaftlichen Transaktionen auch der Umfang des Wirtschaftskreislaufs. Dieser Kreislauf umfasst die Gesamtheit aller wirtschaftlichen Beziehungen, bei denen Wirtschaftsobjekte (Güter, Forderungen) mit (Tausch) oder ohne Gegenleistung (Transfer, Schenkung) von einem Wirtschaftssubjekt (z. B. Unternehmen, private Haushalte) auf ein anderes übergehen.
Um diese Vorgänge zu erfassen und darzustellen, nutzt man seit den Zeiten von François Quesnay das Modell des Wirtschaftskreislaufs.
Gleichartige Wirtschaftseinheiten werden zu Sektoren zusammengefasst, die auch Pole genannt werden. Dieses Verfahren entspricht der Aggregation, also der Zusammenfassung gleichartiger Einzelgrößen, um die Fülle der wirtschaftlichen Vorgänge für die wirtschaftstheoretische Analyse zu ordnen.
Ein erster Sektor besteht aus den Wirtschaftseinheiten, die Waren und Dienstleistungen produzieren bzw. erbringen und gegen Entgelt verkaufen, aber auch Produktionsfaktoren (Arbeit, Kapital und Boden) nachfragen, also den Unternehmen.
Den zweiten Sektor bilden die privaten Haushalte, die den Unternehmen Produktionsfaktoren (am deutlichsten sichtbar: Arbeit) zur Verfügung stellen und ihr Einkommen für Konsumgüterkäufe verwenden. Dabei erzielen sie nicht nur Arbeitseinkommen, sondern auch Miet- und Pachteinnahmen sowie Kapitalerträge (Zinsen), also für jeden Produktionsfaktor eine Einkommensart (Faktoreinkommen).
Zwischen diesen Sektoren fließen in einer arbeitsteiligen Wirtschaft zwei Arten von Werteströmen:

- Güterströme (Arbeitsleistungen, Waren, Dienstleistungen), oft auch Realströme genannt, und
- Geldströme. Dabei verlaufen die Geldströme in entgegengesetzter Richtung zu den Güterströmen, da Güter mit Geld bezahlt werden.

Dabei gilt für jeden Sektor, dass die Summe der Zuflüsse immer der Summe der Abflüsse entspricht.

Autorentext/-grafik

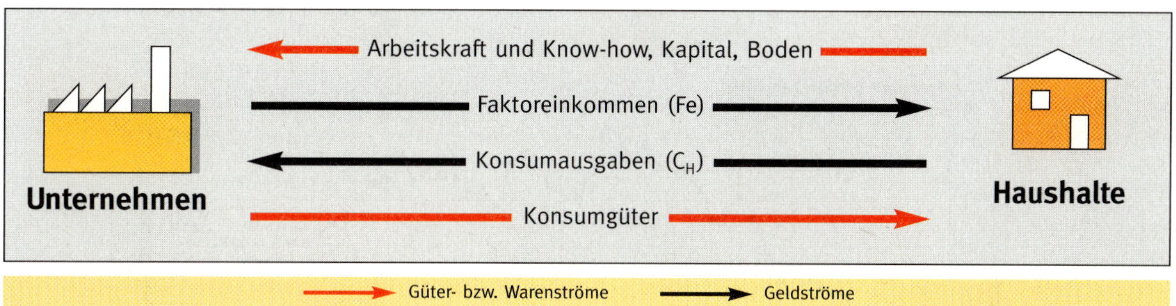

Aufgaben zu M15-M16

1. Quesnay ist davon ausgegangen, dass Industrie und Handel keine Werte schaffen, sondern diese nur umverteilen oder umwandeln. Nehmen Sie Stellung zu dieser Aussage. (M2, M15)
2. Überlegen Sie, welche Menschen in unserer Gesellschaft die Entsprechung für die „classe propriétaire“ in M16 wären. Worin besteht ihr Beitrag zum Wirtschaftskreislauf?
3. Erklären Sie, wofür das Modell des Wirtschaftskreislaufs erforderlich ist. (M16, Methode Kap. 1.1.1)
4. Ordnen Sie die folgenden Wirtschaftsgrößen den Sektoren und Strömen aus M16 zu:
   a) Oma Grünspan kauft 300 Gramm Wolle ein.
   b) Für ihren Enkel Philipp häkelt sie daraus einen Ringelpullover.
   c) Oma Grünspans Sohn, der selbstständige Schreinermeister Felix Grünspan, isst in seiner Mittagspause eine Leberkässemmel.
   d) Nach der Mittagspause arbeitet Felix mit seinem Lehrling Kurt weiter an dem Schrank für einen Kunden.
5. Nennen Sie wirtschaftliche Vorgänge, die in dem Modell nicht erfasst werden. (M16)
6. Fertigen Sie eine eigene Darstellung mit einer Gliederung für unsere Wirtschaft an. Berücksichtigen Sie dabei, dass wir nicht mehr – wie Quesnay – in einer agrarisch geprägten Volkswirtschaft leben (vgl. auch Kap. 1.2.2). (M15)

▶M17 Robinsons Fangnetz: die Rolle von Sparen und Investieren

Robinson Crusoe wird als einziger Überlebender nach einem Schiffsunglück auf eine einsame, unbewohnte Insel verschlagen. Er verfügt zunächst nur über die beiden Produktionsfaktoren Boden und Arbeit. Um seinen Lebensunterhalt zu sichern, fängt er Fische mit der Hand, eine Arbeit, die mithilfe eines Fangnetzes ergiebiger wäre. Dies weiß er aufgrund seiner Lebenserfahrung. Deshalb beschließt er, eine Zeitlang weniger zu essen und einen Teil der Nahrungsmittel aufzubewahren, um über sie verfügen zu können, wenn er seine Arbeitskraft zur Herstellung des Fangnetzes einsetzt.

Volkswirtschaftlich entsteht durch die Herstellung des Fangnetzes ein Produktionsgut, es wird Realkapital gebildet. Robinson Crusoe leistet vorübergehend Konsumverzicht (= Sparen), weil er weiß, dass er durch den Einsatz des Fangnetzes (= Investieren) in Zukunft weniger Zeit benötigt, um seinen Lebensunterhalt sicherzustellen. Dies gestattet ihm bei gleichbleibendem Zeitaufwand die Herstellung von weiteren Konsum- oder Produktionsgütern. Die Wirtschaft auf Robinsons Insel beginnt zu wachsen, man spricht nun von einer evolutorischen Wirtschaft.

Nach: Hans-Jürgen Albers u. a., Volkswirtschaftslehre, Haan-Gruiten 1997, S. 21 f.

▶M18 Einflussfaktoren auf die Höhe des Sparens

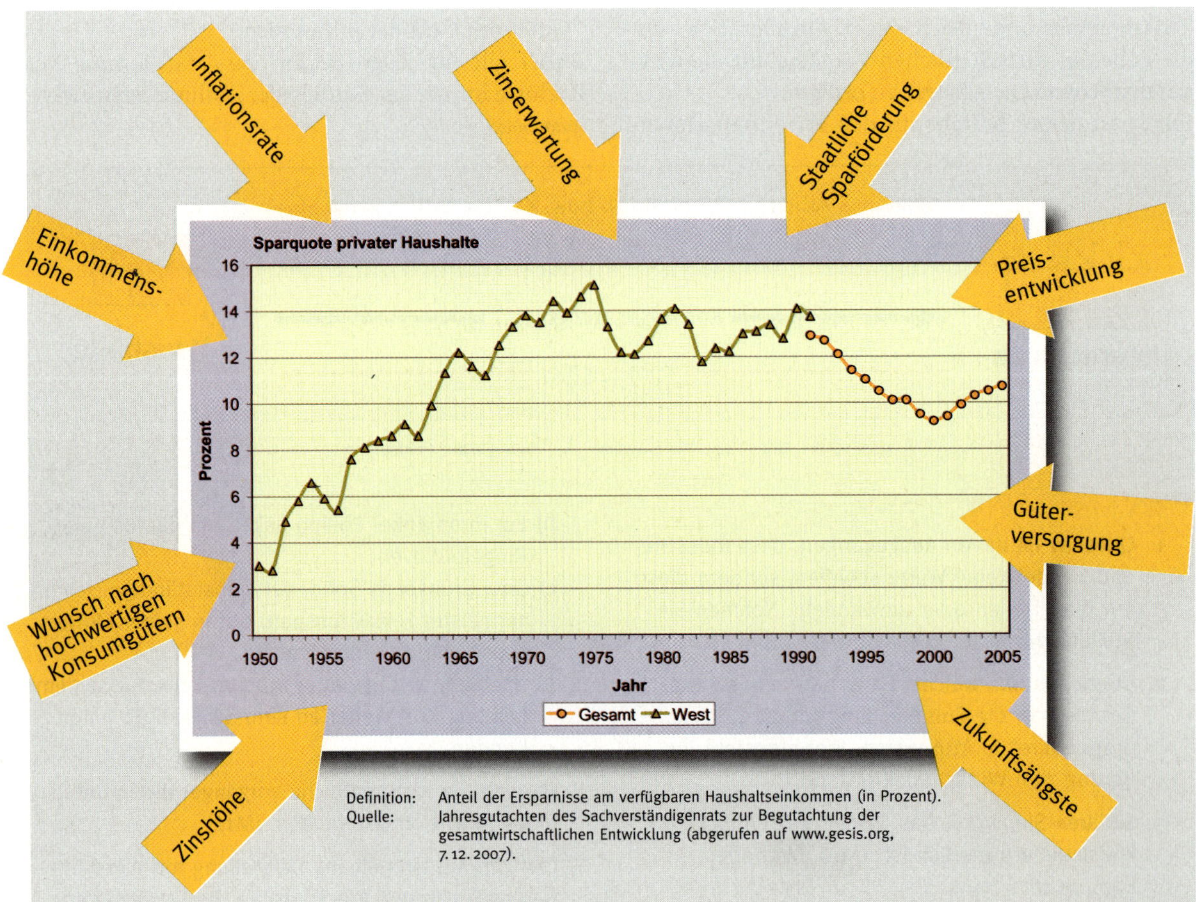

Definition: Anteil der Ersparnisse am verfügbaren Haushaltseinkommen (in Prozent).
Quelle: Jahresgutachten des Sachverständigenrats zur Begutachtung der gesamtwirtschaftlichen Entwicklung (abgerufen auf www.gesis.org, 7.12.2007).

Autorengrafik

M19 „Nur wer konsumiert, nützt der Wirtschaft?" – Irrtum!

Das Denken vieler Politiker und auch vieler Ökonomen kreist um die Frage: Wie sorgen wir für eine möglichst hohe Nachfrage? Gewerkschafter argumentieren gerne, die Löhne müssten steigen, damit die Nachfrage gestärkt würde – Löhne rauf für den Aufschwung. [...]

Eine sehr einseitige – und daher falsche – Sicht der Wirtschaft. Wenn die These stimmte, dass der Konsum der Motor des Wachstums sei, dann müssten die asiatischen Volkswirtschaften die am langsamsten wachsenden der Welt sein, denn dort sparen die Bürger einen Großteil ihrer Einkommen. Lateinamerika und Afrika hingegen müssten wahre Boomregionen sein, denn dort sparen die Bürger wenig. Tatsächlich ist es umgekehrt: Asien (wichtige Ausnahme: Japan) boomt seit Jahrzehnten, Lateinamerika und erst recht Afrika liegen in weiten Teilen ökonomisch am Boden. Irgendetwas stimmt also nicht mit der Konsumthese. Wo liegt der Denkfehler?

Wer spart, lässt sein Geld in aller Regel nicht unproduktiv herumliegen, sondern er sammelt es als Bankeinlage, zahlt Versicherungsprämien, kauft Aktien, Anleihen oder Fondsanteile. Er überträgt sein Geld somit den Banken, Versicherungsunternehmen und Fondsgesellschaften, die es an Unternehmen, an Staatshaushalte oder an private Bauherren weiterreichen – an Wirtschaftseinheiten also, die sich verschulden, um investieren zu können. Oder er stellt sein Geld Unternehmen und Staat direkt zur Verfügung, indem er an der Börse Wertpapiere kauft.

Mit anderen Worten: Das Geld, das die Bürger sparen, wird zum großen Teil an anderer Stelle wieder investiert. Spart eine Gesellschaft viel Geld, dann ist sie in der Lage, viel zu investieren. Spart sie wenig, kann sie sich entsprechend weniger Investitionen leisten. Da aber Investitionen eine der wichtigsten Quellen des Wachstums sind, begrenzt die gesamtwirtschaftliche Ersparnis die langfristigen Entwicklungsmöglichkeiten einer Volkswirtschaft und den Wohlstand ihrer Bürger. [...] Während hohe Ersparnisbildung langfristig das Wachstum anregt, dämpft es kurzfristig die Wirtschaftsentwicklung, wenn die Bürger beginnen, mehr Geld zurückzulegen. Vorübergehend geht die Nachfrage nach Konsumgütern zurück – die kurzfristigen Aussichten trüben sich ein. Die langfristigen Entwicklungsperspektiven hingegen verbessern sich.

Nach: Henrik Müller, Wirtschaftsirrtümer, München 2006 (Piper), S. 44 f.

M20 Investitionstätigkeit als Motor einer Volkswirtschaft

Investitionen sind für die Entwicklung einer Volkswirtschaft von entscheidender Bedeutung, denn sie schaffen die Grundlage für die Produktion von morgen und damit für ein größeres Güterangebot, für Arbeitsplätze und höhere Einkommen. [...]

Bruttoinvestitionen	
Nettoinvestitionen dienen der Erweiterung des Kapitalstocks	**Ersatzinvestitionen** entsprechen wertmäßig den Abschreibungen

Blickt man zurück auf die wirtschaftliche Entwicklung der Bundesrepublik Deutschland, so war die Investitionstätigkeit in den fünfziger und sechziger Jahren durch ein kräftiges und nahezu kontinuierliches Wachstum gekennzeichnet. Auf diese Weise überwand die westdeutsche Wirtschaft nicht nur durch Wiederaufbau die unmittelbaren Kriegsschäden, sondern holte zum Teil auch die Wachstumsschritte und strukturellen Veränderungen nach, die in den Kriegs- und Nachkriegszeiten unterblieben waren. Bis 1972/1973 hielt die Investitionsdynamik an. Mit der ersten Ölkrise erfolgte jedoch ein deutlicher Einbruch, der erst gegen Ende des Jahrzehnts überwunden werden konnte, obwohl der Staat mit hohen öffentlichen Investitionen in die Bresche sprang. Auch nach der Rezession von 1981/1982 blieb die Investitionsneigung der Unternehmen auf Jahre hinaus ausgesprochen schwach. Der dadurch aufgestaute Nachholbedarf entlud sich dann jedoch in einem wahren Investitionsboom, der durch die deutsche Einigung Anfang der neunziger Jahre zusätzlich angekurbelt wurde. Parallel dazu begann der wirtschaftliche Neuaufbau in Ostdeutschland, in dem die öffentliche Hand mit Investitionen zur Erneuerung der Infrastruktur voranging.

Nach: Erich Schmidt Verlag; Zahlenbilder 479701 (11/2003)

M21 Die Bedeutung von Sparen und Investieren für eine evolutorische Wirtschaft

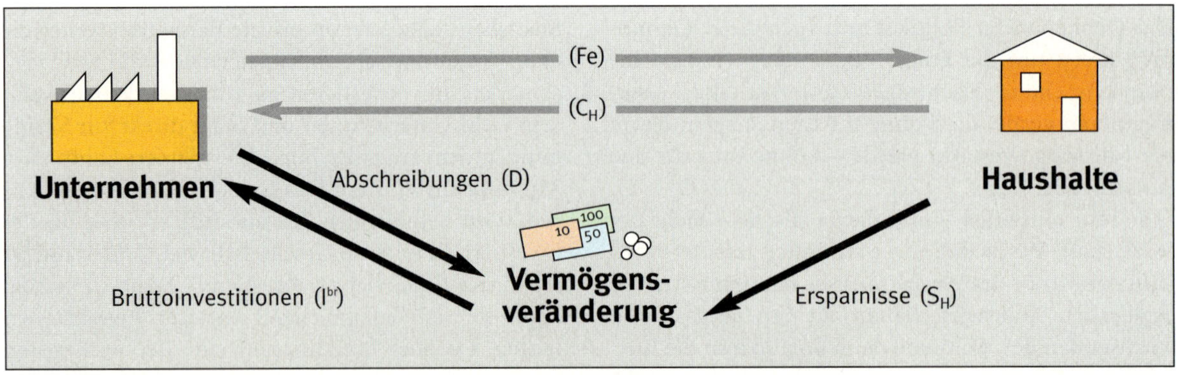

Fe = Faktoreinkommen C_H = Komsumausgaben der Haushalte

Im Modell des Wirtschaftskreislaufs stellt der Sektor „Vermögensveränderung" das Reservoir dar, aus dem sich die Investitionen (I^{br}) speisen. Dabei sind die Zuströme einerseits die Ersparnisse der Haushalte (S_H), andererseits die Abschreibungen der Unternehmen (D). Sie dienen dazu, über einen „Verbrauch" an Anlagen und Maschinen schon während der Nutzungsdauer Rücklagen für ihre Erneuerung zu schaffen. Auch für den Sektor Vermögensveränderung gilt: Die Summe der Zuflüsse in einer Periode entspricht der Summe der Abflüsse.

Aus Gründen der Übersichtlichkeit wurde im evolutorischen Kreislaufmodell auf die Güterströme verzichtet. Da die Geldströme ihnen wertmäßig entsprechen, führt dies innerhalb des Modells zu keinem Informationsverlust.

Autorentext/-grafik

Aufgaben zu M17-M21

1. Max Sauer beschließt, nicht mit seinen Freunden zum Oktoberfest zu gehen, sondern stattdessen eine Extrastunde Mathematik bei seinem Nachhilfelehrer zu nehmen. Erläutern Sie den Zusammenhang zwischen Sparen und Investieren in diesem Beispiel und bewerten Sie Max' Entscheidung kurz- wie langfristig. (M17, M18)
2. Beschreiben Sie die Entwicklung der Sparquote in Deutschland seit 1950. (M18)
3. Formulieren Sie Beispiele für die einzelnen Sparmotive in M18. Begründen Sie, welche auch Sie zum Sparen anregen könnten.
4. Erklären Sie, was für und was gegen hohen Konsum spricht, wenn das Ziel ein angemessenes Wirtschaftswachstum ist. Unterscheiden Sie dabei kurz- und langfristige Auswirkungen von Konsum und Ersparnisbildung. (M19)
5. Beschreiben Sie die Entwicklung der Investitionstätigkeit in Deutschland. (M20)
6. Erläutern Sie den volkswirtschaftlichen Nutzen von Investieren und Sparen anhand der in M17, M18 und M20 genannten Argumente.
7. Nehmen Sie an, dass sich die Absatzerwartungen der Unternehmen verbessern. Beschreiben Sie, wie sich das im Kreislaufmodell auswirkt. (M20, M21)
8. Leiten Sie die Bezeichnung „evolutorisch" für den erweiterten Kreislauf in M21 mithilfe eines Fremdwörterlexikons her. Welche Aussage lässt diese Bezeichnung im Gegensatz zum einfachen Wirtschaftskreislauf (M16) zu?

M22 Fallstudie: Sparen und Investieren anhand des Kreislaufmodells

Investitionsstimmung im Mittelstand

Die Stimmung in der mittelständischen Industrie hellt sich spürbar auf. Dies ergab die Herbst-Umfrage des Bundesverbandes der Deutschen Industrie. Während im Frühjahr noch 67 Prozent der befragten Unternehmen die Rahmenbedingungen als schlecht oder sehr schlecht einschätzten, sank dieser Wert zuletzt auf 39 Prozent, so das Ergebnis der Befragung von knapp 1.400 Industrieunternehmen. Danach wollen die Firmen 2006 deutlich mehr investieren, auch in Kapazitätserweiterungen. 80 Prozent der geplanten Investitionen entfallen auf den Standort Deutschland.

www.faz-net.de, 8.12.2005

Sparneigung der Deutschen nimmt ab

Im Jahresdurchschnitt 2006 haben nur noch 49 Prozent der Deutschen für einen bestimmten Zweck gespart. Dieser Wert unterschreitet damit erstmalig die 50 Prozent-Marke. Nachdem sich der durchschnittliche Anteil der Befragten, die sparen, von 2001 bis einschließlich 2004 kontinuierlich von 58 Prozent auf 52 Prozent verringert hat, konnte der negative Trend in 2005 mit gut 51 Prozent gestoppt werden, allerdings nur kurzfristig, 2006 ging es wieder abwärts. Dies ergaben die 2006 im Auftrag des Verbandes der Privaten Bausparkassen durchgeführten repräsentativen Umfragen zum Sparverhalten der Bundesbürger, die der Verband dreimal im Jahr in Auftrag gibt. Dabei werden mehr als 2.000 Bundesbürger im Alter von 14 und mehr Jahren befragt.
Steigende Lebenshaltungskosten und fehlende Einkommenssteigerungen seien von den Befragten am häufigsten für die zurückgehende Sparneigung genannt worden.

Pressemeldung 13.12.06, www.bausparkassen.de

Aufgaben zu M22

1. Beschreiben Sie die Entwicklung hinsichtlich der Investitionsneigung der Unternehmen und vergleichen Sie sie mit der der Haushalte. Welches Problem muss gelöst werden?
2. Formulieren Sie einen Lösungsvorschlag für den Konflikt, indem Sie auf Ihre Kenntnisse über den Marktmechanismus zurückgreifen.
3. „Im Nachhinein, also ex post, ist jeder Sektor immer ausgeglichen, d.h. dass die Zuflüsse jeweils den Abflüssen entsprechen." Begründen Sie diese Aussage mithilfe des Kreislaufmodells.
4. Sortieren Sie die möglichen Reaktionen (a–g) auf ein Ungleichgewicht zwischen den Investitionsplänen der Unternehmen und den Sparabsichten der Haushalte in einer logischen Abfolge.
   a) Die Unternehmen bauen Lagerbestände ab.
   b) Die Haushalte konsumieren mehr.
   c) Die Zinsen am Kapitalmarkt steigen.
   d) Die Unternehmen reduzieren ihre Investitionsvorhaben wegen gestiegener Zinsen.
   e) Die Haushalte erhöhen ihre Sparneigung wegen gestiegener Zinsen.
   f) Die Unternehmen erhöhen ihre Preise.
   g) Die Haushalte reduzieren aufgrund der Preissteigerung ihren Konsum (Zwangssparen).
5. Erstellen Sie in Partnerarbeit ein Flussdiagramm für den Fall, dass die Sparneigung der Haushalte höher ist als die Investitionsneigung der Unternehmen. Welche Reaktionen sind zu erwarten?
6. Diskutieren Sie in der Klasse, wie sich rückläufige Investitionen über einen längeren Zeitraum auf die Volkswirtschaft und insbesondere auf die Haushalte auswirken können. Berücksichtigen Sie dabei sämtliche Ströme des Kreislaufmodells.

1 Zusammenfassung

Unternehmen und private Haushalte in der Gesamtwirtschaft

Das Bruttoinlandsprodukt (BIP)
M2, M4, M6

Nicht nur zwischen europäischen Ländern, auch innerhalb Deutschlands existiert ein erhebliches Wohlstandsgefälle, wenn man als Maßgröße das **Bruttoinlandsprodukt pro Kopf** heranzieht. Dies entspricht dem durchschnittlichen Marktwert aller für den Endverbrauch bestimmten Waren und Dienstleistungen in einem Land in einem Jahr je Bürger. Vorprodukte werden nicht erfasst, da sie über die Endprodukte im Produktionsergebnis schon enthalten sind. Das deutsche BIP steigt **real**, also um die Preissteigerung bereinigt, wie **nominal** mit wenigen Ausnahmen kontinuierlich. Als **Wohlstandsmesser** ist das BIP nur begrenzt aussagefähig, obwohl es wiedergibt, wie gut die Versorgung der Bevölkerung durchschnittlich ist.

Wirtschaftsbereiche und Strukturwandel
M8, M9

Eine Volkswirtschaft kann in verschiedene Sektoren (Pole) eingeteilt werden. Seit der Industrialisierung ist es zu einer Verlagerung der Beschäftigten und der Wertschöpfung vom **primären Sektor** (Landwirtschaft, Fischerei) in den **sekundären Sektor** (Industrie, Handwerk) und dann in den **tertiären Sektor** (Dienstleistungen, freie Berufe) gekommen. Letzterer gewinnt zunehmend an Bedeutung. Auch wird inzwischen teilweise von einem vierten Sektor gesprochen, dem **Informationssektor**.

Als **Strukturwandel** bezeichnet man Veränderungen in der Zusammensetzung der Produktion eines Landes nach Wirtschaftszweigen (sektorale Struktur), nach Regionen (regionale Struktur) oder nach der Aufteilung der Beschäftigten, z. B. nach Sektoren oder Alter (Erwerbsstruktur).

Prognosen von Zukunftsforschern weisen darauf hin, dass sich die bestehenden **Trends** des Strukturwandels fortsetzen und zum Teil beschleunigen werden. Dabei kann durch Rationalisierungen im Industriebereich der Anteil am BIP in einigen Bereichen gesteigert werden, die Zahl der Beschäftigten sinkt jedoch. So bringt Strukturwandel regelmäßig auch ein zunächst größeres Wohlstandsgefälle und sozialen Sprengstoff in einem Land mit sich (vgl. China).

Das Kreislaufmodell
M16, M21

Das Kreislaufmodell ermöglicht es, eine Volkswirtschaft mit vielfältigen ökonomischen Transaktionen übersichtlich darzustellen.

Im einfachen Wirtschaftskreislauf werden zunächst alle **Geld- und Güterströme** aggregiert sowie alle Wirtschaftssubjekte zusammengefasst als **Sektoren Haushalt** und **Unternehmen** dargestellt. Den Unternehmen fließen die **Produktionsfaktoren** und die **Konsumausgaben** der Haushalte zu, den Haushalten wiederum die **Konsumgüter** und die **Faktoreinkommen** (Gehälter, Zinsen, Pacht).

Wenn man berücksichtigt, dass nicht das gesamte Einkommen für Konsumausgaben verwendet wird, muss man das Modell zum evolutorischen Kreislauf um den Sektor Vermögensveränderung erweitern. Die Ersparnisse der Haushalte und die Abschreibungen der Unternehmen fließen (als Vermögensbildung) zu diesem Sektor hin, die Bruttoinvestitionen fließen (als Vermögensverwendung) von dem Sektor ab.

Sparen und Investieren
M19

Erst durch das **Sparen** und **Investieren** wird Wirtschaftswachstum möglich, da durch Konsumverzicht Kapital geschaffen werden kann, welches zu einem späteren Wohlstandszuwachs führt. Langfristig zeigt sich, dass nur ein Land, in dem ausreichend investiert wird, Arbeitsplätze und ein hohes Versorgungsniveau gewährleistet.

Die Wirtschafts- und Rechtsordnung der Bundesrepublik Deutschland

ADAM SMITH

„Nicht vom Wohlwollen des Metzgers, Brauers oder Bäckers erwarten wir unser Nachtmahl, sondern von deren Bedacht auf ihre eigenen Interessen."

gewerbefreiheit

vertragsfreiheit

sozialstaat

sozialstaatlichkeit

unternehmensfreiheit

2.1 Die Wirtschaftsordnung der sozialen Marktwirtschaft

2.1.1 Gesamtwirtschaftliche Lenkung durch Markt und Preis

M1 „Reif für die Insel …“ – eine Gedankenreise

Immer wieder haben Menschen davon geträumt, einfach auszusteigen und den Alltag – ganz besonders die Zwänge des Wirtschaftslebens – hinter sich zu lassen. Ziel dieser Träume ist oft die einsame Südseeinsel, auf der man glaubt, ein paradiesisches Einsiedlerleben verwirklichen zu können. In der Literatur befassen sich viele Romane mit der Frage, wie sich Menschen verhalten, wenn sie ganz auf sich gestellt ihr Leben meistern sollen, z. B. in Daniel Defoes Roman „Robinson Crusoe“. Auch die Volkswirtschaftslehre hat sich oft das „Robinson-Beispiel“ zunutze gemacht, um das wirtschaftliche Verhalten der Menschen in einem überschaubaren Rahmen (modellhaft) zu untersuchen. Versetzen wir uns also in folgende Situation …

Wir schreiben das Jahr 2015. Aufgrund eines Softwarefehlers musste das Flugzeug, das die Klasse 10c des Will-Jates-Gymnasiums zu einem Sprachkurs nach Florida bringen sollte, auf einer menschenleeren Insel in der Karibik notlanden. Glücklicherweise ist niemand verletzt. Die Gruppe ist also auf sich gestellt, was zunächst völlig unproblematisch erscheint. Das Klima ist mild, sodass man selbst in der Nacht nicht friert. Hier im nördlichen Teil der Insel gibt es ausreichend Wasser (dafür regnet es aber manchmal recht heftig), hoch auf den Palmen wachsen Kokosnüsse und in der flachen Lagune im kargen Süden der Insel tummeln sich Fische. Auch verwilderte Ziegen springen durch die Wälder – der Wald ist allerdings etwas unheimlich, weil man aus ihm in der Nacht bisweilen ein dumpfes Brüllen hört. Neben dem Erste-Hilfe-Koffer finden die Jugendlichen im Flugzeugwrack zu ihrem Erstaunen – aber auch zu ihrer Freude – fünf Angeln, drei Gewehre mit 20 Schuss Munition, drei Äxte und zehn Säcke Mais. Aber zunächst gehen alle erst einmal baden …

Autorentext

▶▶M2 Gesamtwirtschaftliche Koordinationsaufgaben vor dem Hintergrund von Güterknappheit und Spezialisierung

Die Knappheit der Güter und Unbeschränktheit der Bedürfnisse zwingen die Menschen zum Wirtschaften. Die wirtschaftlichste Methode zur Verbesserung der Güterversorgung ist die arbeitsteilige Produktion. Allerdings macht es der Übergang von der Selbstversorgungswirtschaft zur Spezialisierung auch erforderlich, die Güter einzutauschen, die man nicht selbst benötigt. Also müssen die Produktions- und Konsumpläne der einzelnen Wirtschaftssubjekte aufeinander abgestimmt werden. In arbeitsteiligen Wirtschaften ist dabei die Koordination der gesamtwirtschaftlichen Grundfragen erforderlich, nämlich „wer (z.B. welches Unternehmen) produziert was (welche Güter) wie (d.h. auch wie viel) für wen (Verteilung)". Die Regelung dieser Fragen ist Aufgabe der Wirtschaftsordnung.

Autorentext/-grafik

▶Aufgaben zu M1-M2

1. Diskutieren Sie in Gruppen, welche Güter Sie auf einer einsamen Insel benötigen (M1) bzw. Sie sich wünschen würden. Ordnen Sie die Ergebnisse nach ihrer Priorität.
2. Besprechen Sie in der Gruppe das weitere Vorgehen, um die bestmögliche Versorgung zu sichern. (Welche organisatorischen Fragen sind zu lösen? Wie soll die Organisation/Koordination gewährleistet werden?)
   Stellen Sie Ihre Ergebnisse der Klasse vor.
3. Erläutern Sie an Beispielen aus dem einleitenden „Inselszenario" (M1) die vier Koordinationsaufgaben („Wer produziert was wie für wen?"). (M2)
4. Diskutieren Sie, welche Gruppe der Klasse im Inselszenario (M1) die Koordinationsaufgaben am besten gelöst hat.
   Beurteilen Sie, welche Gruppe am wirtschaftlichsten mit den knappen Ressourcen umgeht.

M3 Die Lösung des Koordinationsproblems: Wirtschaftsordnungen

In jeder Volkswirtschaft sind infolge der nur begrenzt verfügbaren Produktionsmöglichkeiten vier Grundfragen zu beantworten:

Wer soll die Produktion übernehmen?

Was soll produziert werden? (Welche Arten von Gütern sollen in welchen Mengen hergestellt werden?)

Wie soll produziert werden? (Welche Produktionsmittel, d.h. Maschinen, Arbeitskräfte, etc. sollen in welchem Umfang eingesetzt werden? Wo, an welchen Standorten soll produziert werden?)

Für wen soll produziert werden? (Wer erhält wie viel des Produktionsergebnisses? Welcher Teil der Produktion soll sofort konsumiert, welcher Teil soll investiert werden?)

In der DDR wurde die Wirtschaft mithilfe von 5-Jahr-Plänen organisiert. (Werbung um 1953)

Die auf die Lösung dieser vier Kernprobleme gerichteten Entscheidungen können von einer zentralen Planungsbehörde (oder von mehreren Behörden) getroffen werden. Das ist eine Möglichkeit. Gewöhnlich setzt sie voraus, dass auch die Produktionsmittel – das „Kapital“ – dieser Behörde unterstellt, also vergesellschaftet sind oder dem Staat gehören. Man spricht dann von sozialistischer Zentralverwaltungswirtschaft. In der Regel werden in einer solchen Wirtschaftsordnung auch die Preise für die produzierten Güter sowie die Löhne etc. staatlich festgelegt. Die Erfahrungen mit dieser Organisationsform einer Volkswirtschaft sind aber wenig ermutigend. Man denke etwa an die Hinterlassenschaft der ehemaligen UdSSR: verseuchte Seen und Flüsse, veraltete oder funktionsunfähige Maschinen, heruntergekommene Fabrikgebäude und teilweise bittere Armut. Viele Produkte waren nur am „Schwarzmarkt“ zu erhalten, und Korruption schien eine große Rolle zu spielen. Die Kernprobleme einer Volkswirtschaft sind mit dieser Strategie offenbar nicht zufriedenstellend zu bewältigen.

Auf der anderen Seite steht die kapitalistische Marktwirtschaft, in der Millionen von Privathaushalten und Unternehmen eigenverantwortlich (dezentral) darüber entscheiden, was wie und für wen produziert wird. Die Produktionsmittel befinden sich hier in privater Hand. Die Lenkung der Güterherstellung in die „richtigen“ (das heißt von den Käufern gewünschten) Verwendungsbereiche geschieht über Angebot und Nachfrage bzw. die auf dem Markt erzielbaren Preise und Gewinne. Als typische Beispiele dieses Systems gelten die USA, Hongkong oder Monaco. Der in diesen Ländern erreichte materielle Wohlstand lässt die marktwirtschaftliche Lösung als haushoch überlegen erscheinen. Aber auch sie hat ihre Schwächen (siehe Kapitel 2.1.2).

Die meisten heutigen Wirtschaftsordnungen kombinieren Elemente der Marktwirtschaft und der Zentralverwaltungswirtschaft. Hierzu gehören etwa die französische „Planification“, in der bestimmte gesamtwirtschaftliche Größen, vor allem die Ansiedlung von Industrien, zentral vorgeplant werden, oder das „schwedische Modell“, welches der Vollbeschäftigung und sozialen Sicherung oberste Priorität einräumt. Auch die unter der Verantwortung von Ludwig Erhard (1897–1977) in Deutschland etablierte soziale Marktwirtschaft bildet eine Mischform, in der dem Staat die Aufgabe zukommt, lenkend einzugreifen und als negativ empfundene Wirkungen der freien Marktwirtschaft abzumildern.

Nach: Herbert Sperber, Wirtschaft verstehen – nutzen – ändern, Stuttgart 2002, S. 14 (bearbeitet)

▶▶M4 Unterscheidung von Wirtschaftsordnungen: ein Problem, zwei Lösungen

Je nachdem, wie die **Koordination** (wer produziert was wie für wen) geleistet wird, lassen sich die **Wirtschaftsordnungen unterscheiden**

EXTREMFORMEN:

Alle wirtschaftlichen Entscheidungen werden **„zentral“** getroffen, z. B. durch eine zentrale Planungsbehörde.

Zentralverwaltungswirtschaft (Planwirtschaft)

Die Wirtschaftssubjekte (Haushalte und Unternehmen) entscheiden **„dezentral“** mit ihrer individuellen Nachfrage bzw. ihrem individuellen Angebot auf freien Märkten, wer was wie für wen produziert.

Freie Marktwirtschaft

MISCHFORMEN:

In den real existierenden Wirtschaftsordnungen werden niemals alle wirtschaftlichen Entscheidungen ausschließlich zentral vom Staat bzw. ausschließlich dezentral auf Märkten getroffen. Real existierende Wirtschaftordnungen lassen sich entlang eines Kontinuums einordnen: Ein bestimmter Teil der wirtschaftlichen Aktivität wird vom Staat gelenkt, während andere wirtschaftliche Entscheidungen dezentral auf mehr oder weniger freien Märkten erfolgen.

Bei dieser Wirtschaftsordnung würden ca. 30 % der Entscheidungen durch den Staat getroffen; ca. 70 % der Entscheidungen fallen auf freien Märkten („mixed economy“).

Autorentext/-grafik

▶Aufgaben zu M3-M4

1. Fassen Sie zentrale Merkmale der Zentralverwaltungs- bzw. Marktwirtschaft zusammen. (M3, M4)
2. Ordnen Sie – ausgehend von Ihren Kenntnissen aus der Geografie – die Wirtschaftsordnungen folgender Staaten in das Kontinuum ein: China, Indien, USA, Nord-Korea. (M4)
3. Erläuteren Sie, ob Sie im „Inselszenario“ (M1) eine eher planwirtschaftliche oder eine marktwirtschaftliche Ordnung gewählt haben. Warum haben Sie diese Wahl getroffen?
4. Stellen Sie sich vor, Sie wären für die Planung der Versorgung in der Schulmensa verantwortlich. Welche Informationen würden benötigt? Welche Probleme könnten entstehen?

M5 Probleme einer zentralen Planung

Sowohl in der ehemaligen Sowjetunion als auch in der ehemaligen DDR existierten bis 1990 stark planwirtschaftlich orientierte Wirtschaftsordnungen. Die folgenden Materialen beschreiben die Produktions- und Versorgungssituation in diesen Wirtschaftsordnungen.

Bieten komplett eingerichteten
Bungalow (10 Plätze)

Suchen
Kran T174 oder zwei W 50

LPG (T)
2401 Zurow, Kreis Wismar
PSF 5, Telefon: Neukloster 9 27

Bieten
Endlospapier, Leporello
300 mm x 8 Zoll, 1lagig
und
210 mm x 12 Zoll, 1lagig
ohne Randlochung

zum Tausch gegen
EDV-Endlospapier, Leporello
gleiches oder ähnliches Format, 1lagig
mit Randlochung links und rechts

Angebot an:
Institut für Elektro-Anlagen
Bereich Information
und Rechentechnik
1136 Berlin,

Sowjetunion 1982:

Die Produktion der privaten Gärten der Kolchosbauern[1] (4 % der gesamten Agrarfläche):

deckte vom Bedarf der gesamten Sowjetunion

61 % bei Kartoffeln, **33 %** bei Obst, Fleisch, Eiern und Gemüse.

„Den Leuten wurde ein Arbeitsplatz zugewiesen, insbesondere auch in schlecht entwickelten Gebieten. Mein Onkel durfte erst nach drei Jahren aus einem Ort in Sibirien wegziehen. Auch den Beruf durfte man nicht frei wählen. Dafür gab es keine Arbeitslosigkeit."

„Es gab große Preisunterschiede. Brot war relativ billig, genauso wie ein Liter Milch. Schuhe kosteten hingegen bis zu 30 Rubel, ein Auto 3000 Rubel, und das bei einem monatlichen Durchschnittseinkommen von ca. 100 Rubel."

Schülerreferat

Die DDR-Führung konnte niemals den wirklichen Bedarf an privaten Kraftfahrzeugen stillen. Wer ein Auto kaufen wollte, musste sich auf lange Wartezeiten einstellen. Sie schwankten zwischen zwölfeinhalb Jahren für die einfachste Ausführung des „Trabant" und siebzehn Jahren für einen aus der Sowjetunion importierten „Lada 2107".

Ein Trabant auf leerer Straße bei Greifswald.

[1] „Kolchosbauern" waren landwirtschaftliche Arbeiter, die auf den staatseigenen Gütern („Kolchosen") arbeiteten. In ihrer Freizeit durften sie Gärten rund um ihre Häuser bewirtschaften und die Produkte selbst verkaufen.

M6 Übersicht: Strukturmerkmale und Wirkungsschwächen der Zentralverwaltungswirtschaft

Alle wirtschaftlichen Entscheidungen („4 Ws") werden **„zentral"** getroffen, z. B. durch eine zentrale Planungsbehörde

das bedeutet:

- **Kollektiveigentum** (kein Privateigentum an Produktionsfaktoren)
- Zentrale Festlegung der **Preise**
- Zentrale Festlegung der produzierten **Mengen**

PROBLEME:

Mangel an **Motivation**		Mangel an **Information**
Die Produktionsfaktoren gehören nicht den Bürokraten, die über sie verfügen. Produktionsfaktoren (z. B. Maschinen) werden daher nicht optimal genutzt.	Planungsbehörde	Die Planungsbehörde kann nicht an steigenden Preisen erkennen, wenn erhöhte Nachfrage oder zu wenig Angebot bei einem Gut besteht.
Die Leiter von Staatsbetrieben können bei steigender Nachfrage nicht die Preise erhöhen. Den entstehenen Gewinn bei höherem Umsatz dürfen sie nicht behalten. Sie sehen also keinen Grund, auf die Nachfrage zu reagieren.	Unternehmen	Die Leiter einzelner Staatsbetriebe kennen nur die festgesetzte Menge des Plans und nicht die tatsächliche Nachfrage nach einem Gut.
Haushalte haben keine Motivation, mit knappen Gütern sparsam umzugehen, wenn Preise (z. B. für Grundnahrungsmittel) sehr niedrig festgesetzt werden.	Haushalte	Haushalte erkennen nicht, wenn Güter knapp sind, weil die Preise gleich bleiben.

ERGEBNIS:

Versorgungsengpässe
keine optimale Nutzung der Produktionsfaktoren, Verschwendung von Ressourcen
Einschränkung der persönlichen Freiheit
keine Entfaltung individueller Initiativen

Aufgaben zu M5-M6

1 a) Beschreiben Sie, was die einzelnen Materialien in M5 über die Produktion und die Versorgungssituation in der Zentralverwaltungswirtschaft aussagen.
b) Erläutern Sie, welche der vier Koordinationsaufgaben („4 Ws") bei den in M5 angeführten Beispielen nicht optimal gelöst werden.
c) Erörtern Sie mögliche Gründe für diese Funktionsmängel.

2. Begründen Sie, warum die Kolchosbauern auf nur 4 % der landwirtschaftlichen Nutzfläche so effizient wirtschaften konnten. (M5)

3. Beschreiben Sie anhand der Übersicht in M6, wie sich die Funktionsmängel der Zentralverwaltungswirtschaft aus ihren zentralen Strukturmerkmalen ergeben.

4. Zur Vertiefung: In der Schule wird ein wichtiges Gut für den Einzelnen, aber auch für die Gesellschaft „produziert" – Bildung. Die Produktion dieses Gutes nimmt viele Jahre in Anspruch. Auch hier muss entschieden werden, wer was wie für wen produziert.
a) Erläutern Sie, wo bzw. von wem die vier Koordinationsaufgaben beim Gut „schulische Bildung" gelöst werden. Werden die „4 Ws" bei der „Produktion" von Bildung Ihrer Meinung nach optimal gelöst?
b) Wie könnte eine „marktwirtschaftliche" Lösung für das Bildungsangebot aussehen?
c) Diskutieren Sie Vor- und Nachteile einer „marktwirtschaftlichen" Organisation des Bildungswesens.

M7 Vorteile der dezentralen Lenkung durch den Markt

Heutzutage haben die meisten ehemaligen planwirtschaftlichen Systeme den Versuch unternommen, Marktwirtschaften zu werden. In einer Marktwirtschaft werden die Entscheidungen der zentralen Planungsbehörden durch Millionen Einzelentscheidungen von Unternehmen und Haushalten ersetzt.

Unternehmen entscheiden, welche Leute sie einstellen und was sie produzieren. Haushalte oder Familien entscheiden darüber, wo sie arbeiten und was sie mit ihren Einkommen kaufen wollen. Diese Unternehmen und Haushalte wirken auf den Märkten zusammen, wobei sie durch Preise und Eigeninteressen bei ihren Entscheidungen geleitet werden. [...]

Auf den ersten Blick ist der Erfolg von Marktwirtschaften rätselhaft. Man hat zunächst den Eindruck, die dezentralen Entscheidungen von Millionen von Haushalten und Unternehmungen würden im Chaos enden. Dies ist jedoch nicht der Fall. Marktwirtschaften haben sich als bemerkenswert erfolgreich bei der Aufgabe erwiesen, Volkswirtschaften zu organisieren und zugleich die soziale Wohlfahrt zu fördern.

In seinem 1776 erschienenen Buch „The Wealth of Nations" machte Adam Smith die berühmte und höchst bedeutsame Aussage: Haushalte und Unternehmungen wirken auf Märkten zusammen, als ob sie von einer „unsichtbaren Hand" zu guten Marktergebnissen geführt würden. Die Preise sind das Instrument, mit dem die unsichtbare Hand die wirtschaftliche Aktivität dirigiert. Die Preise spiegeln beides: den gesellschaftlichen Wert eines Gutes und die sozialen Kosten der Produktion. Weil Unternehmungen und Haushalte bei ihren Kauf- und Verkaufsentscheidungen auf die Preise sehen, berücksichtigen sie bei ihren Entscheidungen unbewusst sozialen Nutzen und Kosten ihrer Aktivitäten. Preise führen die individuellen Entscheidungsträger zu Ergebnissen, die in vielen Fällen auch die soziale Wohlfahrt maximieren.

Es gibt eine logische Folgerung aus der Leistungsfähigkeit der unsichtbaren Hand bei der Selbststeuerung der Volkswirtschaft: Wenn die Regierung die Preise daran hindert, sich auf natürliche Weise an Nachfrage und Angebot anzupassen, behindert sie die Koordination der Millionen Einzelentscheidungen von Haushalten und Unternehmungen, die eine Volkswirtschaft ausmachen.

Nach: N. Gregory Mankiw, Grundzüge der Volkswirtschaftslehre, Stuttgart 2004, S. 10 ff. (bearbeitet)

M8 Lösung des Koordinationsproblems über den Markt

Es ist Frühling. Auf dem Wochenmarkt wird Spargel angeboten. Um die Marktstände drängen sich heute besonders viele potenzielle Käufer, denn erstens steht das Wochenende vor der Tür und außerdem war der Preis von 5 Euro für ein Kilo Spargel bester Qualität gestern recht günstig. Durch einen Kälteeinbruch ist das Angebot an Spargel jedoch zurückgegangen. Jetzt ist nicht mehr genug Spargel für alle da. Wer soll jetzt noch Spargel bekommen? Wer soll diesen Spargel produzieren und wie viel?

Anbieter:	Nachfrager:
Anton ist selbst Spargelbauer und kann daher das Kilo recht günstig um 5 Euro anbieten. Allerdings hat er heute nur 100 Kilo zum Markt gebracht. Zusätzlich könnte er noch von seinem Bruder kurzfristig 100 Kilo bekommen. Dieser verlangt aber 6 Euro für das Kilo.	„Schnäppchenjäger“: Diese Kunden haben gehört, dass Spargel heute billig ist. Sie mögen dieses Gemüse gar nicht besonders. Aber bei einem Preis von höchstens 5 Euro das Kilo wollen sie schon mal zuschlagen. Insgesamt würden diese Kunden zu diesem Preis 200 Kilo kaufen.
Berta ist Gemüsehändlerin. Auch sie bezieht Spargel beim Hersteller. Sie kann 100 Kilo für je 7 Euro anbieten.	Spargelliebhaber: Echte Spargelliebhaber, aber mehr als 7 Euro für das Kilo wollen sie nicht hinlegen. Zu diesem Preis würden sie insgesamt 200 Kilo kaufen.
Claus kommt nur gelegentlich auf den Wochenmarkt. Er bezieht seine Ware im Großmarkt, wo der Spargel relativ teuer ist. Er muss seine 100 Kilo um 8 Euro anbieten.	Maitre J. Mexcuse leitet ein Gourmetrestaurant. Für eine Party des monegassischen Thronfolgers benötigt er heute Abend unbedingt 100 Kilo Spargel. Der Preis spielt für ihn keine Rolle.

Was geschieht jetzt auf dem Markt und im Modell?

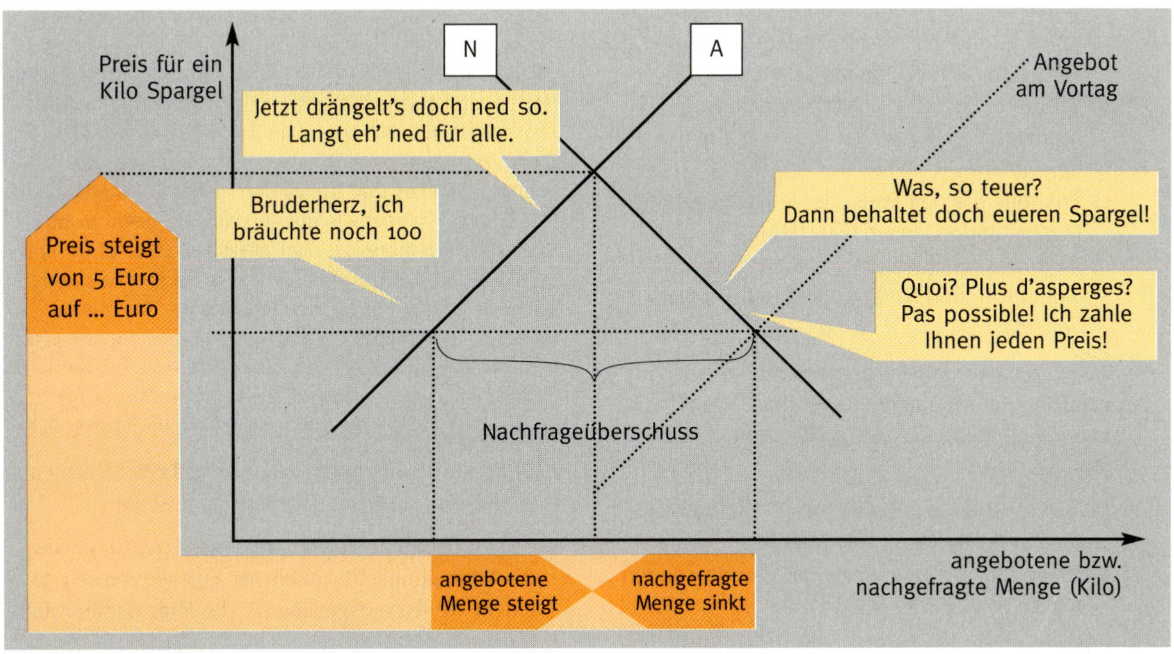

Autorentext/-grafik

M9 Übersicht: Regelung der „4 Ws" durch Markt und Preis

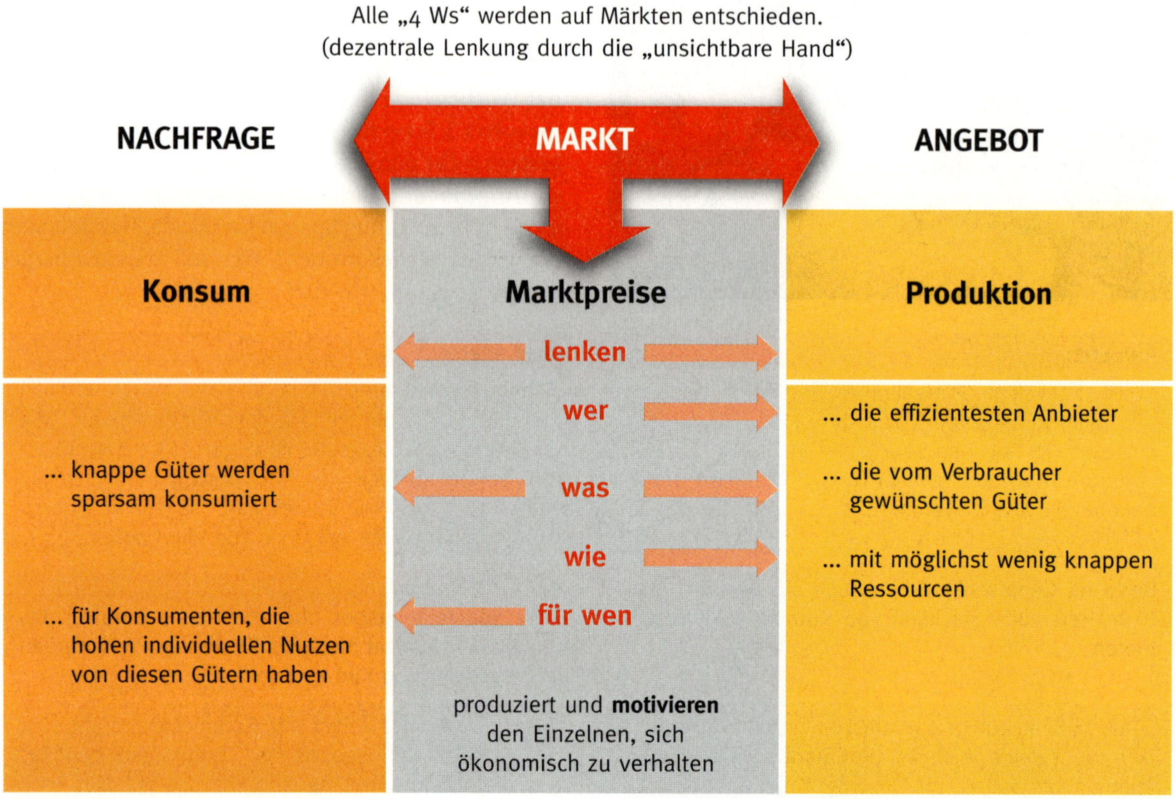

Autorengrafik

Aufgaben zu M7-M9

1. a) Begründen Sie, warum zum Beginn des Markttages niemand so recht mit dem Preis von 5 Euro für Spargel zufrieden sein wird. (M8)
   b) Erläutern Sie, wie sich die verschiedenen Anbieter und Nachfrager jetzt verhalten werden. (M8)
   c) Ermitteln Sie den Preis, der in der gegebenen Marktsituation sinnvoll ist. (M8)
   d) Begründen Sie, warum Claus an diesem Tag wohl nicht zum Markt kommt. Ist das sinnvoll? (M8)
2. Zeigen Sie, wie in dem Spargelbeispiel der Markt bzw. der Preis wie eine „unsichtbare Hand" die Entscheidungen über die „4 Ws" trifft. (M7, M8, M9)
3. Fallbeispiel: Steuerung von Güter- und Arbeitsmarkt durch den Markt (M7, M9)
   a) Fügen Sie folgende Wörter an den passenden Stellen in den Text ein:
   profits, losses, meat, jobs, potatoes, wages

> Suppose we begin to get rich enough to afford meat every day and no longer have to fill up on potatoes. What politicians do we tell? What orders do they give to farmers? How will the farmers be given the necessary land? How will they plan the right amount of lamb, pork and beef? Who will get the best parts? Everyone knows that things don't work out that way at all. What happens is this: Consumers begin to buy fewer (1) and more (2). That raises the price of (3) and cuts the price of (4). This will cause (5) for the potato growers and higher (6) for the ranchers. Ranch workers will earn higher (7) and many potato diggers give up their (8) for better work elsewhere. In time, the higher meat prices cause a larger production of (9).
>
> *P. Samuelson, Economics, McGraw Hill 1980, S. 53*

   b) Erläutern Sie, wo der Autor des Textes Bezug auf die Zentralverwaltungswirtschaft nimmt.
4. Zeigen Sie an Beispielen aus Ihrer Erfahrung, wie die Verfolgung wirtschaftlicher Eigeninteressen zu einem Wohlstandsgewinn für die Allgemeinheit führen kann. (M7)

2.1.2 Grenzen und Risiken der Lenkung durch den Markt

M10 Kann die unsichtbare Hand des Marktes versagen?

Bisher wurde davon ausgegangen, dass die Marktkräfte – d.h. Angebot, Nachfrage und Preise – die Wirtschaft so steuern können, dass die knappen ökonomischen Ressourcen optimal genutzt werden und für alle Beteiligten ein optimales Ergebnis erzielt wird. In der Realität der Marktwirtschaft lassen sich jedoch Ergebnisse beobachten, die keineswegs als optimal empfunden werden. Beispielsweise entstehen soziale Probleme: Menschen, die auf dem Markt nur das Gut „Arbeit" anbieten können, oder eine Art von Arbeit anbieten, die gerade nicht bzw. wenig „nachgefragt" wird, haben ein Problem: Sie werden von der „unsichtbaren Hand" des Marktes oft nicht so versorgt, dass dies zum Überleben reicht. Noch schlimmer ergeht es denen, die zu krank oder zu alt sind, um überhaupt Arbeit anzubieten, und keine anderen Einkommensquellen haben.

Außerdem kann der Preismechanismus nur bei Gütern funktionieren, die auch Preise haben: Die Nutzung der Umwelt (z.B. Luft, Erholungsraum, z.T. Wasser) ist für den Einzelnen meist kostenlos bzw. sehr billig. Der Marktmechanismus verursacht hier ein Verhalten, das ökonomisch nicht sinnvoll ist: Güter die kostenlos oder sehr billig sind, werden sehr stark genutzt – zu stark. Es kommt zu einer Übernutzung der Umwelt (Umweltprobleme). Die Nutzung der Umwelt ist natürlich nicht wirklich umsonst; die Kosten entstehen nur nicht beim Einzelnen, sondern werden von anderen getragen, die durch die Umweltprobleme geschädigt werden (externe Kosten).

Auch auf der Angebotsseite gibt es bei Gütern, die keine Preise haben, ein Problem. Warum sollte ein Unternehmen Güter anbieten, für die es auf dem Markt keinen Preis erzielen kann? Solche Güter würden also in der freien Marktwirtschaft gar nicht bereitgestellt, obwohl diese sogenannten öffentlichen Güter durchaus benötigt werden.

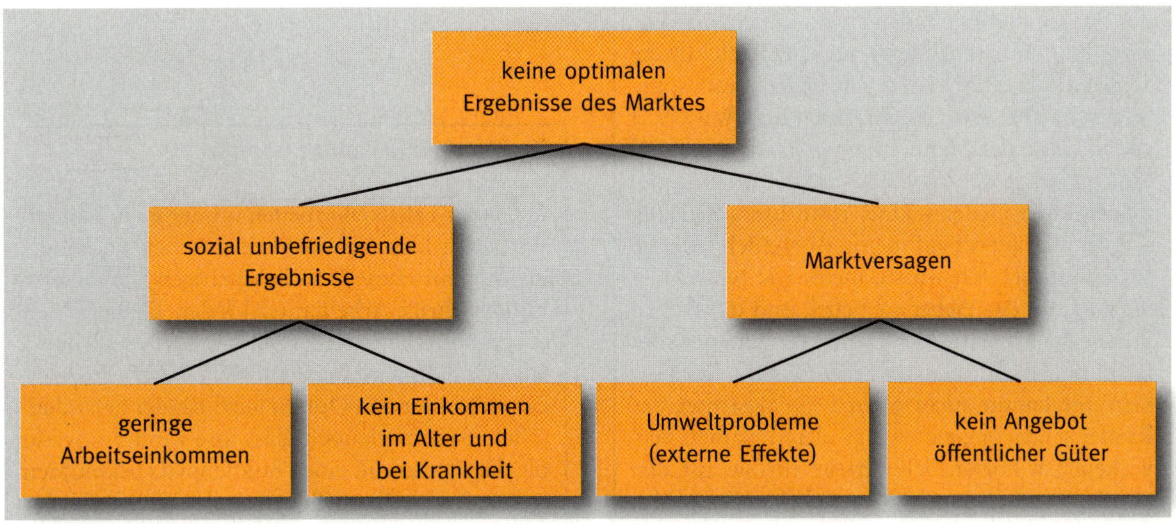

Autorentext/-grafik

M11 Soziale Missstände in der freien Marktwirtschaft

Kinderarbeit in einer Ziegelei, England 1871.

Es gab kein Feuer in der Stube, aber ein Mann hockte aus Gewohnheit an dem leeren Kachelofen. In der Ecke waren ein paar zerlumpte Kinder, und in einem kleinen Verschlag gegenüber der Tür lag auf dem Boden etwas, mit einer Decke verhüllt. Oliver schauderte, als sein Blick auf die Stelle fiel, denn obgleich das da bedeckt war, spürte der Knabe, dass es ein Leichnam war. […] „Ach!", sagte der Mann, brach in Tränen aus und sank zu Füßen der toten Frau auf die Knie. „Kniet nieder, kniet nieder – kniet rund um sie nieder, ihr alle, und merkt auf meine Worte! Ich sage, sie ist verhungert. Ich wusste nicht, wie schlecht es ihr ging, bis das Fieber sie befiel, und da stachen ihr die Knochen aus der Haut. Wir hatten weder Feuer noch Licht, sie starb im Dunkeln – im Dunkeln! Sie konnte nicht einmal die Gesichter der Kinder sehen, obgleich wir sie deren Namen hervorkeuchen hörten. Ich bettelte für sie auf den Straßen, und man schickte mich ins Gefängnis. Als ich zurückkam, lag sie im Sterben. Ich schwöre vor Gott, der es sah! Sie haben sie verhungern lassen."

Charles Dickens, Oliver Twist, Berlin 2005, S. 55

Kinderarbeit in China nimmt zu

In Chinas Fabriken arbeiten immer mehr Kinder. Vor allem kleinere Fabriken und private Unternehmen im Hinterland beschäftigen zunehmend minderjährige Arbeiter. […] Jeden Tag berichten die chinesischen Medien über tödliche Fabrikunfälle. Und oft wird in einem Nebensatz vermeldet, das sich unter den Opfern auch Kinder befänden. „Viele Bauern glauben, dass ihre Kinder sowieso nie die Chance auf einen Studienplatz bekommen werden", sagte Jiang Zhencheng, Schulleiter in der südchinesischen Stadt Leining. „Die Eltern sehen es als die bessere Investition an, wenn die Kinder sofort Geld verdienen." Jiangs Schulleitergehalt beträgt 1467 Yuan im Monat, umgerechnet etwa 140 Euro. „Viele Kinder können in der Fabrik mehr verdienen", sagte er.

Süddeutsche Zeitung, 12. 4. 2007, S. 23

M12 Warum der Marktpreis für Arbeit oft so niedrig ist

Das Angebotsverhalten eines Arbeitnehmers kann von dem Verhalten des Anbieters eines anderen Gutes abweichen. Die Anbieter eines „normalen“ Gutes werden bei sinkenden Preisen weniger anbieten. Dies ist im oberen Bereich der Kurve der Fall. Ist das Angebot an Arbeit jedoch groß und sinkt der Preis für das „Gut“ Arbeit (z. B. der Stundenlohn) daher unter ein gewisses Niveau, so müssen die privaten Haushalte mehr Arbeit anbieten, um überhaupt das Existenzminimum zu sichern. Dies ist einer der ökonomischen Gründe für Kinderarbeit und hohe Arbeitszeiten bei Löhnen unter dem Existenzminimum – in der industriellen Revolution, aber auch in vielen Entwicklungs- und Schwellenländern unserer Zeit.

In Deutschland wird im Jahr 2007 über die Einführung eines Mindestlohns diskutiert. Dieser soll das Existenzminimum sichern. Strittig ist, ob der gesetzliche Eingriff in den Arbeitsmarkt notwendig und gerechtfertigt ist.

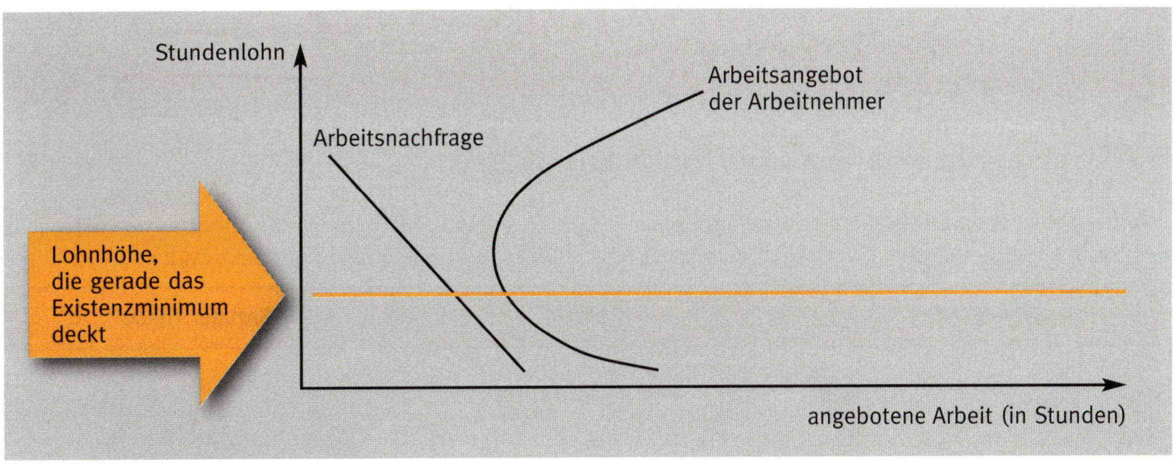

Autorentext/-grafik

M13 Die Folge: Sozialkritik und politische Forderungen

Das Verhältnis des Fabrikanten zum Arbeiter ist kein menschliches, sondern ein rein ökonomisches. Der Fabrikant ist das „Kapital“, der Arbeiter ist die „Arbeit“. [...] Wenn er behauptet, dass er nicht „die Arbeit“ sondern ein Mensch ist, [...] wenn er sich einfallen lässt zu glauben, er brauche sich nicht als „die Arbeit“, als Ware im Markte kaufen und verkaufen lassen, so steht dem Bourgeois [der bürgerlichen Klasse] der Verstand still.

Friedrich Engels,
Die Lage der arbeitenden Klassen in England, 1845

Mögen die herrschenden Klassen vor einer kommunistischen Revolution zittern. Die Proletarier haben nichts zu verlieren als ihre Ketten. Sie haben eine Welt zu gewinnen. Proletarier aller Länder, vereinigt euch!

Friedrich Engels/Karl Marx,
Manifest der kommunistischen Partei, 1848

Folgende Pflichten gehen den Besitz und das Arbeitgebertum an: Man soll den Arbeiter nicht wie einen Hörigen ansehen; man soll in ihm jene persönliche Würde achten, die ihm als Christen eignet; [...] Allerdings ist schändlich und spricht jedem Menschentum Hohn, wenn man anstatt des toten Kapitals den Menschen im Erwerbstrieb verbraucht und ihn nicht höher wertet, als seine Nerven und Muskeln hergeben. Der Arbeitgeber soll den Arbeiter auch nicht über seine Gebühr belasten und ihm nicht Arbeiten geben, die entweder zu seinem Alter oder zu seinem Geschlecht nicht passen. Zu den wichtigsten Verpflichtungen des Arbeitgebers gehört es aber, jedem ein gerechtes Entgelt zu geben. [...] Es ist also eine Forderung der Billigkeit, dass man sich seitens der öffentlichen Gewalt des Arbeiters annehme, damit er an dem, was er zum allgemeinen Nutzen beiträgt, Anteil hat und so hinsichtlich Wohnung, Kleidung und Nahrung gesichert ist, um ein weniger schweres Leben führen zu können.

Papst Leo XII., Enzyklika Rerum Novarum, 1891

Seit fünfzig Jahren sprechen wir von einer sozialen Frage. [...] Ich bin nicht der Meinung, dass das „laissez faire, laissez aller“, [...] „jeder sehe, wie er´s treibe, jeder sehe, wo er bleibe“ [...] dass das im Staat, namentlich in dem monarchischen, landesväterlich regierten Staat Anwendung finden könne. [...] Ob man den Beitrag [für Bismarcks geplante Unfallversicherung der Arbeiter] auf die Arbeiter oder auf die Unternehmer legt, das halte ich für ganz gleichgültig. Die Industrie hat ihn in beiden Fällen zu tragen, und was der Arbeiter beiträgt, das ist doch notwendig schließlich zulasten des ganzen Geschäfts. Es wird allgemein geklagt, dass der Lohn der Arbeiter im Ganzen keinen Überschuss und keine Ersparnis gestatte. Will man also dem Arbeiter noch eine Last auferlegen, ja, dann muss der Unternehmer diese Mittel zulegen, damit der Arbeiter diese Last tragen kann.

Otto von Bismarck, in der Beratung des ersten Unfallversicherungsgesetzes im Reichstag am 2. April 1881

M14 Gesellschafts- und wirtschaftspolitische Ziele

Die übergeordneten gesellschaftspolitischen Ziele eines Staates lassen sich nur verwirklichen, wenn auf der wirtschaftlichen Ebene bestimmte materielle Grundvoraussetzungen gegeben sind:

Gerechtigkeit	Freiheit	Sozialer Friede
	Gesellschaftspolitische Ziele	
	Wirtschaftspolitische Ziele	
Gerechte Einkommensverteilung	Wohlstand	Soziale Sicherheit

Aufgaben zu M10-M14

1. Beschreiben Sie die sozialen Missstände, die in M11 bis M13 deutlich werden, und analysieren Sie deren Gründe.
2. Welche gesellschafts- und wirtschaftspolitischen Ziele werden in den Texten aus M13 formuliert und sind durch die Missstände gefährdet?
3. Fassen Sie die sozialen Forderungen zusammen, die sich aus den beschriebenen Missständen ergeben. (M13)
4. Vergleichen Sie die Aussagen der Texte miteinander. Welche Lösungsansätze der „sozialen Frage“ erscheinen Ihnen am sinnvollsten? (M13)
5. Zeigen Sie, wie sich gesellschafts- und wirtschaftspolitische Ziele gegenseitig bedingen. (M14)

M15 Öffentliche Sicherheit ohne Staat – ginge das?

M16 Notwendigkeit der Bereitstellung öffentlicher Güter

„The best things in life are free", wird in einem amerikanischen Volkslied behauptet. Bei kurzem Nachdenken fallen jedem eine Reihe von Sachen ein, die der Dichter dabei im Kopf gehabt haben könnte. Einige davon stellt die Natur bereit, wie etwa Flüsse, Berge, Strände, Seen und Meere. Wenn ein Gut keinen speziellen Preis hat, können die Märkte nicht gewährleisten, dass das Gut produziert und in bestimmten Mengen konsumiert wird. In solchen Fällen kann staatliche Politik das Marktversagen beheben und die ökonomische Wohlfahrt steigern.

Um den Unterschied zwischen diesen sogenannten öffentlichen Gütern und anderen Gütern zu verstehen und die besonderen damit verbundenen gesellschaftlichen Fragen zu illustrieren, betrachten wir die Straßenbeleuchtung als Beispiel. Das Gut „Straßenbeleuchtung" unterliegt nicht dem Ausschlussprinzip, weil es unmöglich ist, jemanden von der Nutzung dieses Gutes abzuhalten. Die Güternutzung ist auch nicht konkurrierend, weil unbegrenzt viele Menschen zugleich von den hellen Straßen profitieren können, ohne dass einer weniger Nutzen von der Beleuchtung hätte.

Die Bürger einer erdachten Kleinstadt wollen nicht durch dunkle Straßen gehen. Die Einwohner legen großen Wert auf Beleuchtung: Jedem der 500 Einwohner ist es mindestens 10 Euro wert, wenn er einen Monat lang durch beleuchtete Straßen gehen kann. Die Kosten der Beleuchtung belaufen sich auf 5.000 Euro. Also erhebt die Gemeinde mit den Gemeindesteuern 10 Euro von jedem Bürger für die Beleuchtung, sodass die Kosten voll durch die Einnahmen gedeckt werden können. Die Bürger haben beleuchtete Straßen und alle sind zufrieden.

Würde der freie Markt zum selben Ergebnis gelangen? Vermutlich nicht. Angenommen, ein privates Unternehmen würde die Beleuchtung bereitstellen wollen und „Tickets" für die Nutzung der Beleuchtung verkaufen. Mit dem Kartenverkauf käme es in Schwierigkeiten: Ihre potentiellen Kunden würden rasch begreifen, dass sie die Straßenbeleuchung auch ohne Ticket nutzen können. Straßenbeleuchtung unterliegt nicht dem Ausschlussprinzip und es bestehen für die Leute Anreize, als Trittbrettfahrer dabei zu sein. Ein Trittbrettfahrer ist jemand, der den Nutzen eines Gutes erlangt, ohne dafür zu bezahlen.

Obwohl die Beleuchtung volkswirtschaftlich nützlich und wünschenswert sein mag, bringt sie unternehmerisch keinen Profit. Damit käme das Unternehmen zu der volkswirtschaftlich ineffizienten Entscheidung, die Straßenbeleuchtung nicht zu übernehmen. Auf einem freien Markt würde das Gut „Straßenbeleuchtung" also gar nicht angeboten. Solche „öffentlichen Güter" müssen daher vom Staat angeboten und über Zwangsabgaben finanziert werden.

In Anlehnung an: N. Gregory Mankiw, Grundzüge der Volkswirtschaftslehre, Stuttgart 2004, S. 245 ff. (bearbeitet)

M17 Führt das Marktgeschehen immer zu einer ökonomischen Nutzung von Ressourcen?

Preise sind in der Marktwirtschaft ein Indikator für die Knappheit von Gütern und helfen den am Wirtschaftsgeschehen Beteiligten, ökonomisch sinnvolle Entscheidungen zu treffen: Niemand, der ökonomisch denkt, wird ein Konsum- oder Produktionsgut verschwenden, wenn er für dieses Gut bezahlen muss. Allerdings versagt der Preismechanismus bei vermeintlich freien Gütern aus der Natur. Denn natürliche Ressourcen wie Luft und Wasser stehen dem einzelnen Unternehmen bzw. Haushalt oft kostenlos zur Verfügung, z. B. wird das Gut „Luft" in der Produktion für die Entsorgung von Schadstoffen genutzt. Für die Gesellschaft als Ganzes ist die Nutzung dieser Ressourcen jedoch mit erheblichen Kosten verbunden. Das Versagen des Preismechanismus kann damit als ein Hauptgrund für Umweltverschmutzung gesehen werden.

Die tatsächlichen Kosten der Umweltverschmutzung – z. B. Gesundheitsschäden, Lärm, geringere Immobilienpreise an Hauptverkehrsstraßen, Waldsterben, Schäden durch Klimawandel – müssen oft nicht vom Verursacher getragen werden. Sie können in der Regel auch gar nicht exakt einem Verursacher zugeordnet werden (z. B. trägt jeder Autofahrer in einem bestimmten – wenn auch nicht exakt bestimmbaren – Maße zum Klimawandel und damit zur Zerstörung eines Hauses in einem tropischen Sturm bei). Diese Kosten gehen daher nicht in die Kalkulation des einzelnen Unternehmens bzw. Haushalts ein und bleiben damit für das ökonomische Verhalten dieser Wirtschaftssubjekte irrelevant. Die Güter werden zu stark genutzt („übernutzt"), z. B. wird die Luft in einem Ausmaß zur Entsorgung von Schadstoffen genutzt, dass die Lebensqualität stark beeinträchtigt wird.
Man bezeichnet dies auch als externe Kosten bzw. als negative externe Effekte.

Autorentext

Aufgaben zu M15-M17

1. Erklären Sie anhand der Aussagen aus M16, warum Erna Zyska in M15 der Meinung ist, man solle den Beitrag zur inneren Sicherheit nicht leisten.
2. Fassen Sie die Kriterien für die Definition öffentlicher Güter zusammen.
3. a) Erörtern Sie, ob es sich nach den im Text genannten Kriterien bei folgenden Gütern um „öffentliche Güter" handelt: Landesverteidigung, Bildung, Baden an den bayerischen Flüssen und Seen. (M16)
   b) Erörtern Sie, ob der Staat die in Aufgabe 3a) genannten Güter anbieten sollte, oder ob sie auch zufriedenstellend auf freien Märkten angeboten werden könnten.
4. Erläutern Sie mögliche positive externe Effekte des Gutes „Bildung" bzw. „Kultur".
5. Beschreiben Sie die externen Effekte, die bei der Produktion bzw. beim Konsum folgender Güter entstehen: Autofahrten zum Arbeitsplatz, Mountainbikefahren, Fernreisen. (M17)
6. Diskutieren Sie Möglichkeiten der Besteuerung, um die externen Effekte der oben genannten Güter zu internalisieren. Nennen Sie Beispiele, wie die Nutzung des Gutes Umwelt bereits besteuert wird. (M17)

2.1.3 Grundelemente der sozialen Marktwirtschaft

▶▶M18 Historische Hintergründe unserer Wirtschaftsordnung: Neuanfang und „Dritter Weg“

Ludwig Erhard mit seinem Buch, in dem er die Ideen einer sozialen Marktwirtschaft ausführt.

Dass die Marktwirtschaft dem Sozialismus überlegen ist, glaubten 1945 in Deutschland die wenigsten. Der Zweite Weltkrieg war zu Ende. Deutschland hatte unabsehbare Schuld und Schande auf sich geladen. Das Land war besiegt und besetzt, die Städte lagen in Trümmern. Die Wirtschaft lag am Boden, die Menschen hungerten und froren, die Geschäfte waren leer, und wer etwas mehr als das Allernötigste haben wollte, der musste auf dem verbotenen Schwarzmarkt einkaufen, sein Tafelsilber bei Bauern gegen Fleisch eintauschen oder sogar stehlen. Wie war da an einen Wiederaufbau zu denken, wenn er nicht von einem starken Staat gelenkt wurde.

Diesem Ruf nach einer Staatswirtschaft widersprachen einige Ökonomen heftig. Aus der Katastrophe Deutschlands zogen sie genau den gegenteiligen Schluss: Deutschland musste zu einer echten Marktwirtschaft werden und der Staat hatte sich auf dieses Ziel zu konzentrieren. Er sollte sich nicht mehr in die Wirtschaft einmischen, sondern nur verhindern, dass einzelne Unternehmer wie in Deutschland vor 1933 Monopole und Kartelle errichteten.

Von diesen Ökonomen beeinflusst war auch ein bislang völlig unbekannter Wirtschaftsprofessor aus Fürth mit Namen Ludwig Erhard. Nach 1945 war Erhard zunächst ein paar Monate Wirtschaftsminister in Bayern, ohne sich dabei mit größeren Erfolgen hervorgetan zu haben. Dann machten ihn die Briten und Amerikaner zum Wirtschaftsdirektor ihrer gemeinsamen Zonenverwaltung. Sie beauftragten ihn mit der Vorbereitung eines wichtigen Projekts, der Währungsreform in den westlichen Besatzungszonen Deutschlands.

Als die Westdeutschen am Morgen des 21. Juni 1948, dem ersten Geltungstag des neuen Geldes, aufwachten, trauten sie ihren Augen nicht. Die Geschäfte, in denen am Abend zuvor gähnende Leere geherrscht hatte, waren plötzlich voll. Es gab alles, was man jahrelang vermisst hatte: Schinken, Schuhe, gutes Mehl, Anzüge, Kleider, Strümpfe.

Das Geld war wieder etwas wert, also ließen sich auch wieder Geschäfte machen. Dass sich die Regale so wundersam gefüllt hatten, lag aber nicht nur an dem neuen Geld. Erhard war zu der Überzeugung gekommen, dass Deutschland sich nur erholen konnte, wenn es möglichst schnell auf alle Methoden der Plan-, Zwangs- und Kriegswirtschaft verzichtete. Deshalb setzte er am Tage der Währungsreform fast alle Vorschriften über die staatliche Zuteilung von Nahrungsmitteln und Energie außer Kraft und hob die meisten Preisvorschriften auf. Deutschland sollte nicht durch Planung, sondern durch Wettbewerb wiederaufgebaut werden.

Im Grunde baute Erhard nur auf die Aussagen, die Adam Smith fast 200 Jahre zuvor in seinem Buch vom „Wohlstand der Nationen“ gemacht hatte: Der freie Wettbewerb sorgt mit „unsichtbarer Hand“ dafür, dass das Gewinnstreben der Einzelnen letztlich der ganzen Gesellschaft nützt. Erhard setzte seine Vorstellung von der richtigen Wirtschaftsordnung durch. Bald nannten sie alle die soziale Marktwirtschaft. Es ging schnell aufwärts; man konnte sich etwas leisten: Den Westdeutschen erschien dies, wenige Jahre nach dem verlorenen Krieg, einfach wunderbar. Deshalb sprachen sie vom deutschen Wirtschaftswunder. Ludwig Erhard allerdings widersprach immer, wenn von diesem Wirtschaftswunder die Rede war. Für ihn handelte es sich nicht um ein Wunder – der wachsende Wohlstand war ein Ergebnis des Wettbewerbs, dem sich die junge Bundesrepublik öffnete.

Nach: Nikolaus Piper, Geschichte der Wirtschaft, Weinheim, Basel 2002, S. 152 ff.

M19 Einschränkung des freien Marktes in der sozialen Marktwirtschaft

Warnstreiks bei Tarifverhandlungen in der Metallindustrie.

Die Marktfreiheit soll durch den Staat dort beschränkt werden, wo sie die soziale Gerechtigkeit und die soziale Sicherheit gefährdet. So ist es etwa Aufgabe der Wirtschaftspolitik, die negativen Folgen von Konjunkturschwankungen (Arbeitslosigkeit, Inflation) zu dämpfen. Die Einkommens- und Vermögensverteilung soll zugunsten der leistungsschwächeren Bevölkerungsgruppen staatlich korrigiert werden, es findet eine Umverteilung statt.

Instrumente der Wirtschaftspolitik in einer sozialen Marktwirtschaft sind z. B. Einkommens- und Vermögenssteuern, die die Steuerpflichtigen gemäß ihrer Leistungsfähigkeit belasten. In der Lohnpolitik üben Gewerkschaften und Arbeitgeberverbände als Tarifpartner einen bedeutenden Einfluss aus. Sozial Schwächere werden durch ein soziales Netz (z. B. durch die Arbeitslosenversicherung) abgesichert. Der Staat übernimmt die Aufgaben, die der Markt nicht oder nur sehr eingeschränkt erfüllen kann.

Ein schönes Bild für das Leitbild der sozialen Marktwirtschaft ist ein von Pferden gezogener Wagen. Der Weg wird durch die Bedürfnisse der Konsumenten vorgezeichnet. Der Wettbewerb auf dem Markt hält die Pferde in Trab. Falls die Pferde Gefahr laufen, sich zu verirren, bringt der wirtschaftspolitische Lenker auf dem Kutschbock des Wagens sie durch die Zügel wieder auf den richtigen Weg zurück. Für alle Bürger, die ganz oder teilweise nicht mithalten können, werden dauerhaft Sitzplätze in der Kutsche bereitgehalten.

Bundeszentrale für politische Bildung, Wirtschaft heute, Bonn 2006, S. 30 (bearbeitet)

M20 Strukturmerkmale der sozialen Marktwirtschaft im Grundgesetz

Das Funktionieren einer Marktwirtschaft hängt wesentlich davon ab, ob die Wirtschaftssubjekte ihre Entscheidungen entsprechend den jeweiligen ökonomischen Erfordernissen frei treffen können. Dem Staat obliegt in der sozialen Marktwirtschaft daher die Aufgabe, diese Freiheitsrechte zu garantieren. Wichtige Rechtsquelle für diese Rechte ist das Grundgesetz (GG). Dieses trifft wichtige Aussagen zur Wirtschafts-, Eigentums-, Arbeits- und Sozialordnung.

1. Ökonomische Handlungsfreiheit
(z. B. Konsum- und Gewerbefreiheit, Wettbewerbs- und Vertragsfreiheit)

Aus dem Grundrecht auf freie Entfaltung der Persönlichkeit (Art 2 I GG) lassen sich verschiedene wirtschaftliche Freiheitsrechte ableiten. Die Haushalte können selbst entscheiden, wofür sie ihr Einkommen ausgeben. Die Unternehmen können frei entscheiden, welche Produkte sie herstellen, wie diese produziert werden, wem sie diese verkaufen und welche Preise sie festsetzen. Die ökonomische Entscheidungsfreiheit beinhaltet ebenso die Verantwortung des Einzelnen, für sein materielles Auskommen zu sorgen.

2. Privateigentum

Eigentum ist ein Stück „greifbarer" Freiheit. Das Privateigentum an Produktionsmitteln ermöglicht den Unternehmern, frei über diese Güter zu verfügen. Gleichzeitig beinhaltet das Privateigentum das Recht an dem mit einem Gut erwirtschafteten Gewinn. Privateigentum motiviert zum ökonomischen Umgang mit Ressourcen, da auch eventuelle Kosten bzw. Verluste vom Eigentümer getragen werden müssen. Das Eigentum wird in Artikel 14 I GG garantiert.
Andererseits ist in der sozialen Marktwirtschaft das Eigentum eingeschränkt. Artikel 14 II GG besagt,

dass „Eigentum verpflichtet“, also soziale Verpflichtungen beinhaltet.

3. Freie Wahl von Beruf, Arbeitsplatz und Ausbildungsstätte
Artikel 12 I GG gewährleistet die freie Wahl von Beruf und Arbeitsplatz. Damit kann jeder die ökonomischen Aktivitäten entwickeln, die ihm – aber auch der Gesamtwirtschaft – den größten Nutzen bringen.

4. Freizügigkeit, Niederlassungsfreiheit
Das in Artikel 11 GG festgelegte Recht auf Freizügigkeit beinhaltet das Recht eines Unternehmers, den Standort seines Unternehmens frei festzulegen, und gestattet dem Arbeitnehmer, den Ort seines Arbeitsplatzes frei zu wählen.

5. Vereinigungs- und Koalitionsfreiheit
Das Recht, Vereine und Gesellschaften, z. B. zur Förderung der Arbeits- und Wirtschaftsbedingungen, zu bilden (Artikel 9 GG), ist wirtschaftlich vor allem für die Gründung von Gewerkschaften bedeutsam. Dieses Recht war Arbeitnehmern lange verwehrt und ist auch heute in vielen Ländern nicht selbstverständlich. Organisiert in Gewerkschaften können die Arbeitnehmer in Tarifverhandlungen gegenüber den Arbeitgeberverbänden Lohnforderungen leichter durchsetzen. Die Vereinigungsfreiheit ist somit ein wichtiger sozialer Baustein unserer Wirtschaftsordnung.

6. „Sozialstaatsklausel“
Die Bundesrepublik Deutschland ist ein „sozialer Bundesstaat“ (Artikel 20 I GG). Ist der einzelne Bürger nicht mehr in der Lage, durch eigene ökonomische Aktivität sich ein menschenwürdiges Auskommen zu sichern, so ist der Staat zur Fürsorge verpflichtet.

Autorentext

M21 Übersicht: Rolle des Staates in der sozialen Marktwirtschaft

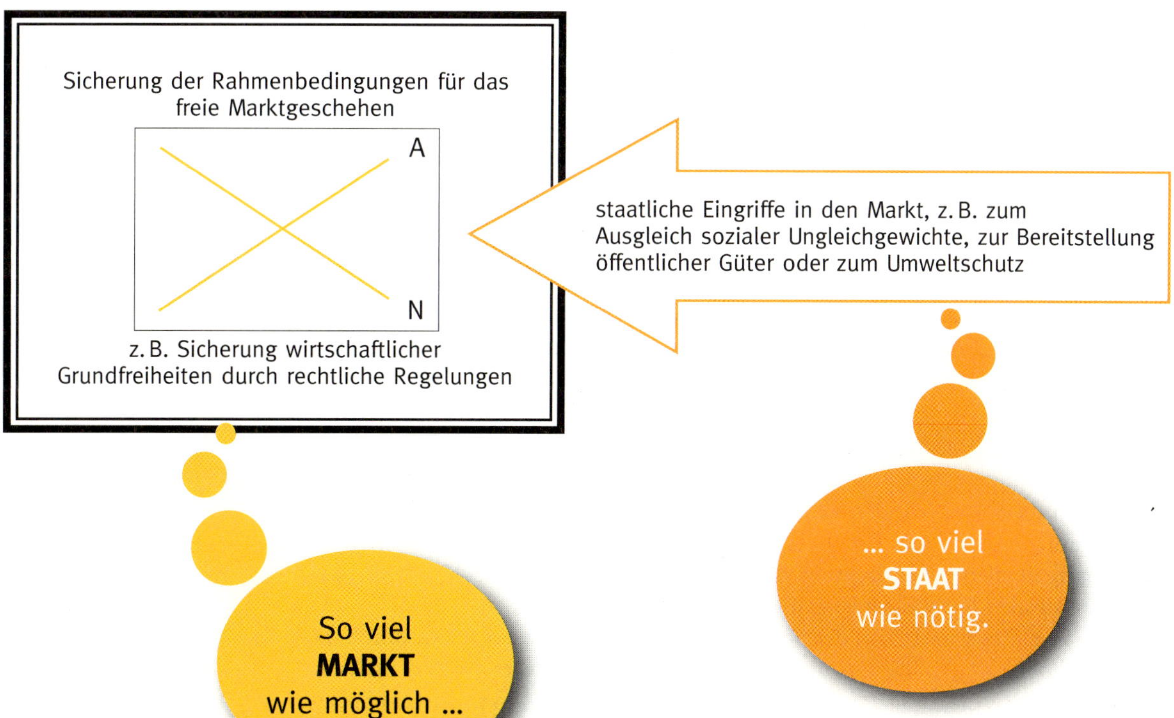

Autorengrafik

Aufgaben zu M18-M21

1. Fassen Sie wichtige Strukturmerkmale der sozialen Marktwirtschaft zusammen. (M18-M21) Thematisieren Sie dabei folgende Aspekte: Steuerung der Wirtschaft, Triebkraft der Wirtschaft, Zuteilung von Konsumgütern, Eingriffe des Staates, Eigentum.
2. Erläutern Sie, inwiefern sich die Wirtschaftsordnung der sozialen Marktwirtschaft mit dem Satz „So viel Markt wie möglich, so viel Staat wie nötig" beschreiben lässt. (M18-M21)
3. a) Erklären Sie das Bild des Pferdewagens in M19.
   b) Das Bild des Pferdewagens wird erstmals von Platon für die Erklärung menschlichen Handelns herangezogen:
   Bei Platon wird der Seelenwagen von zwei wilden Pferden, dem Mut und der Begierde, gezogen. Beim vernunftbegabten Menschen werden diese Pferde jedoch durch die Vernunft gelenkt. Beschreiben Sie unternehmerisches Handeln in der sozialen Marktwirtschaft mithilfe des Bildes des Seelenwagens: Worauf beziehen sich Mut und Begierde beim unternehmerischen Handeln? Warum wäre es falsch, in dem „vernünftigen" Lenker nur den Staat zu sehen?
4. Diskutieren Sie in der Gruppe das Thema: „Für die Verwirklichung von sozialer Gerechtigkeit ist in der sozialen Marktwirtschaft der Staat verantwortlich."
5. Diskutieren Sie, inwiefern folgende Maßnahmen den Prinzipien der sozialen Marktwirtschaft entsprechen (M18-M21): Bereitstellung eines kostenlosen öffentlichen Bildungssektors, das Verbot von Monopolen, erhöhte Steuern für umweltschädliche Fahrzeuge, Verbindlichkeit von Tariflöhnen (Mindestlöhnen) für eine Branche.
6. Fassen Sie zusammen, wie das Grundgesetz sowohl individuelle Freiheit als auch sozialen Ausgleich gewährleistet. (M20)

M22 Aktuelle Herausforderungen: soziale Marktwirtschaft ist kein Wohlfahrtsstaat

Schon Ende der sechziger Jahre stellte sich heraus, dass auch eine sehr erfolgreiche soziale Marktwirtschaft kein Selbstläufer ist. Es zeigte sich eine Entwicklung, die von wichtigen marktwirtschaftlichen Leitlinien wie der Leistungsorientierung wegführte hin zum Sozialstaat. Dessen Bedeutung wurde mehr und mehr darin gesehen, mit einer ständig wachsenden bürokratischen Gesetzes-, Verordnungs-, und Regelmaschinerie für allgemeine Umverteilung zu sorgen. Wo es in früheren Generationen darum ging, durch Sozialleistungen Kriegsfolgen zu bewältigen oder Probleme von Industrialisierung und Strukturwandel abzumildern, spricht man im modernen Sprachgebrauch von einer „umfassenden sozialen Abfederung".

Wo auch immer irgendwer auf irgendein Problem stößt – hohe Mieten, teure Kultur, unverkäufliche Produkte –, wird der soziale Puffer verlangt, der eine weiche Landung sichern soll. Die garantierte Rundum-Versorgung in allen Lebenslagen ist das gefragte Ziel. Aus dem sozialen Rechtsstaat ist erst der rechtlich garantierte Sozialstaat und dann der Sozialversorgungsstaat geworden.

Im Wohlfahrtsstaat geht man von der Annahme aus, dass im Prinzip alle in der Gesellschaft vorhandenen Unterschiede kompensiert werden können. Dabei geht es nicht mehr nur um allgemeine Mindeststandards in bestimmten Bereichen, sondern um die Anhebung dieses Standards und die Entdeckung immer neuer Probleme als öffentliche Angelegenheiten. Um wiedergewählt zu werden, liegt es für Politiker nahe, die Bevölkerung in ihren Interessen anzusprechen, Verbesserungen in Aussicht zu stellen, auf Probleme hinzuweisen, um sich dann als Problemlöser zu profilieren. Folge: Die soziale Vor- und Fürsorge wurde immer weiter auf Kosten der Gesamtheit zugunsten einzelner, nicht wirklich bedürftiger Interessengruppen ausgedehnt.

Die öffentliche Fürsorge hat das Land indessen keineswegs „gerechter" gemacht. Denn „sozial" kann nicht sein,
- wenn so viele Menschen, die gerne erwerbstätig sein wollen, keine Arbeit finden,
- wenn Leistung sich nicht lohnt und Arbeitslosigkeit für den Einzelnen zum Teil rentabler ist als Berufstätigkeit,
- wenn Arbeit durch staatlich verordnete Belastungen so teuer und unflexibel gemacht wird, dass sie am Markt nicht mehr bezahlbar ist und deshalb in die Schattenwirtschaft („Schwarzarbeit") abwandert.

Institut der deutschen Wirtschaft Köln, Wirtschaft und Unterricht Nr. 9/2005, S. 5 (bearbeitet)

M23 Aktuelle Herausforderungen: „Man sieht den Menschen die Armut wieder an!“

Immer mehr Menschen, die auf Sozialhilfe oder Arbeitslosengeld II angewiesen sind, stehen vor gravierenden existenziellen Problemen. Das Geld reicht nicht, um eine defekte Waschmaschine zu ersetzen, den dringend benötigten Zahnersatz oder die Strom-Jahresrechnung zu bezahlen. Die SZ sprach mit dem Sozialreferenten der Stadt München, Friedrich Graffe, über die neue Situation.

SZ: Worauf führen Sie es zurück, dass die Probleme zugenommen haben?

Graffe: Es war der erklärte Wille des Gesetzgebers, beim Arbeitslosengeld II und der Sozialhilfe die Leistungen zu pauschalieren. Das heißt, alle Einzelleistungen, die auf besondere Sachverhalte Rücksicht nehmen, zu streichen und durch einen einheitlichen Regelsatz in Höhe von 345 Euro monatlich abzugelten. Die Waschmaschine, die früher bei Bedarf eigens bezahlt wurde, ist nun aus diesem Regelsatz zu bezahlen. Dazu soll monatlich Geld zurückgelegt werden, genauso wie für den Zahnersatz.

SZ: Bei vielen Familien reicht das Geld trotz Arbeit kaum zum Leben.

Graffe: Wir haben durch die permanenten Lohnsenkungen in vielen Branchen ein wachsendes Potenzial an Bedürftigen erhalten. Im Niedriglohnsektor sind auch voll erwerbstätige Haushalte bedürftig. Wir werden uns entscheiden müssen, ob wir das wirklich wollen – dann nähern wir uns amerikanischen Verhältnissen, wo viele Menschen nur mit mehreren Jobs überleben. [...] Der Gesetzgeber wollte mit der Pauschale mehr Selbstverantwortung ins System bringen. Aber das funktioniert nicht, im Gegenteil: Man sieht wieder die Armut, etwa an den Zähnen.

Ein Mann sucht Pfandflaschen in einem Mülleimer.

SZ: Da hilft nur noch Armutsbekämpfung wie in Amerika.

Graffe: Ich will keine amerikanischen Verhältnisse, wo die Leute dankbar dafür sein müssen, dass sie eine Suppe bekommen, ihnen irgendjemand noch einen Pullover gibt, sie aber keine Ansprüche auf eine Existenzsicherung an die Gesellschaft haben dürfen. Als Ergänzung sind Spenden sicher gut, aber es ist der wesentliche Fortschritt des Sozialstaats, dass er Ansprüche statt Almosen gibt. Das ist ein so hohes Gut, dass wir es um keinen Preis opfern sollten.

Süddeutsche Zeitung, 18. 12. 2006

Aufgaben zu M22-M23

1. Fassen Sie die Unterscheidung zwischen „sozialer Marktwirtschaft“ und „Sozial- bzw. Wohlfahrtsstaat“, wie sie in M22 vorgenommen wird, zusammen.
2. Zu welchen Problemen führt die beschriebene Entwicklung laut Aussage des Textes? (M22)
3. Vergleichen Sie die Aussagen in M22 mit den Beobachtungen der sozialen Situation in M23. Welche Widersprüche ergeben sich?
4. Warum spricht sich Graffe gegen eine Armutsbekämpfung ausschließlich auf der Basis privater Spenden aus? (M23)
5. Referieren Sie zu einem Thema aus der aktuellen wirtschaftspolitischen Diskussion, bei dem es um das Problem „Mehr oder weniger staatliches Eingreifen“ geht.

2 Zusammenfassung

Die Wirtschaftsordnung der sozialen Marktwirtschaft

Koordinationsaufgaben einer Wirtschaftsordnung
M2, M3

Arbeitsteilung führt zu komplexen volkswirtschaftlichen Systemen. Um die ökonomischen Aktivitäten der Wirtschaftssubjekte zu koordinieren, muss in einer Wirtschaftsordnung geregelt werden, **wer was wie für wen** produziert („4 Ws").

Zentrale oder dezentrale Lenkung
M4

Die Entscheidung über die „4 Ws" kann grundsätzlich durch eine zentrale Planungsbehörde (**Zentralverwaltungswirtschaft**) oder dezentral durch Anbieter und Nachfrager auf Märkten erfolgen (**Marktwirtschaft**).

Probleme zentraler Planung
M6

Zentralverwaltungswirtschaften haben das grundsätzliche Problem, dass die zentrale Planungsbehörde weder die erforderlichen **Informationen** noch die ausreichende **Motivation** hat, um die ökonomischen Ressourcen optimal einzusetzen und die Bevölkerung zufriedenstellend zu versorgen.

Vorteile dezentraler Lenkung
M8, M9

In einer Marktwirtschaft entscheiden die einzelnen Anbieter und Nachfrager selbst, was wie für wen produziert werden soll. Die **Marktpreise** geben ihnen dabei die Information, welches Verhalten sinnvoll ist. Insbesondere zeigen steigende Preise, ob Güter knapp sind (**Knappheitsindikator**). Gleichzeitig beinhalten steigende Preise die Motivation, zusätzliche Güter anzubieten bzw. knappe Güter sparsam zu konsumieren.

Grenzen marktwirtschaftlicher Lenkung
M10, M12, M14, M16, M17

Einkommen werden in der Marktwirtschaft nur auf Märkten erzielt. Bei Arbeitseinkommen besteht dabei die Gefahr großer **Einkommensunterschiede** je nach Angebot und Nachfrage auf den Arbeitsmärkten. Wer keine Arbeitsleistung erbringen kann bzw. wessen Leistung nicht nachgefragt wird, kann kein Einkommen erzielen (**soziale Probleme**).
Die marktwirtschaftliche Lenkung versagt, wenn der Preisindikator nicht funktioniert. Dies ist der Fall bei Gütern, die von allen genutzt werden können, ohne dass der Einzelne hierfür bezahlen müsste. Güter wie die öffentliche Sicherheit würden daher gar nicht angeboten. Für Unternehmen lohnt es sich nicht, Güter zu produzieren, für die keine individuelle Nachfrage besteht (**öffentliche Güter**). Auch für die Nutzung der Umwelt muss in der Regel nicht vom einzelnen Haushalt oder Unternehmen bezahlt werden. Weil diese Nutzung als freies Gut erscheint, werden die ökologischen Ressourcen zu stark ausgebeutet, obwohl die Kosten der Nutzung von der Allgemeinheit getragen werden müssen (**externe Kosten**).

Grundelemente der sozialen Marktwirtschaft
M18, M19, M20, M21

Das Konzept der sozialen Marktwirtschaft geht davon aus, dass das **freie Spiel der Marktkräfte** von sich aus zu Wohlstand und damit auch zu sozial verträglichen Ergebnissen führt. Wichtigste Aufgabe des Staates ist es daher, wirtschaftliche Grundfreiheiten (z. B. **ökonomische Handlungsfreiheit, Privateigentum, Freiheit der Berufswahl** etc.) zu gewährleisten und die **Rahmenbedingungen** für funktionierende Märkte zu schaffen. Gleichzeitig hat der Staat die Aufgabe, bei sozial unbefriedigenden Ergebnissen des Marktes sowie bei Marktversagen **in den Markt einzugreifen** und dem Einzelnen ein menschenwürdiges Auskommen zu sichern.

Die soziale Marktwirtschaft soll das **Prinzip der Freiheit mit dem des sozialen Ausgleichs verbinden** („so viel Markt wie möglich, so viel Staat wie nötig").

2.2 Steuern und soziale Gerechtigkeit

2.2.1 Belastung eines privaten Haushalts mit Steuern und Beiträgen

M1 Leider ist brutto nicht gleich netto ...

Hurra! Maya ist überglücklich. Endlich hat sie wieder einen Job gefunden. Ein großer bayerischer Sender hatte in der Zeitung eine Anzeige geschaltet, weil er Kamerafrauen und Kameramänner suchte. Maya schrieb sofort eine Bewerbung – und hatte Glück. Seit ein paar Wochen filmt sie jetzt wieder regelmäßig für die Nachrichten und für eine Casting-Show.
Jetzt hat Maya auch wieder genügend Geld, um ihre Freunde zum Pizza-Essen einzuladen. Schließlich zahlt der Sender gut. 3.000 Euro brutto verdient Maya jeden Monat. Das klingt nach ziemlich viel – und schon beim Vorstellungsgespräch hat sie sich darüber gefreut.
Als der erste Arbeitsmonat vorüber ist, sitzt Maya aufgeregt vor dem Computer, um im Internet ihren Kontostand anzuschauen. [...] Mayas Konto bei der Bank sieht auch schon viel praller gefüllt aus als zuvor. Besonders viel aber ist vom Bruttolohn nicht übrig geblieben. Nur etwas mehr als 1.700 Euro stehen auf der Haben-Seite mit dem Hinweis „Gehalt“. Netto fällt Mayas Arbeitslohn viel geringer aus.
Und das kommt so: Zum einen hat der Fernsehsender von Mayas Bruttolohn ihre Beiträge für die Sozialversicherung abgezogen. Mehr als 600 Euro macht das insgesamt aus. Jeden Monat muss Maya nämlich – wie jeder andere Arbeitnehmer auch – Geld in einen Topf einzahlen. Als Absicherung. Wer kein Geld verdienen kann, weil er arbeitslos, alt oder krank wird, bekommt Geld aus diesem Topf. So muss niemand in Not geraten.
Zum anderen hat der Fernsehsender automatisch schon alles Geld weitergeleitet, das Maya beim Finanzminister abliefern muss: die Steuern. Auch sie machen insgesamt mehr als 600 Euro aus. Und damit Maya die Steuern nicht selber beim Finanzamt einzahlen muss, überweist Mayas Arbeitgeber ihre Steuern direkt an das Finanzamt.
So kommt es also, dass von Mayas Bruttolohn nur etwas mehr als 1.700 Euro übrig geblieben sind. Natürlich findet Maya das schade. Sie weiß aber auch, dass Steuern zum Staat dazugehören wie die Kamera zur Kamerafrau.

Nach: Cornelia Schmergal, Wirtschaftspolitik. Was geht mich das an?, München 2005, S. 77 ff.

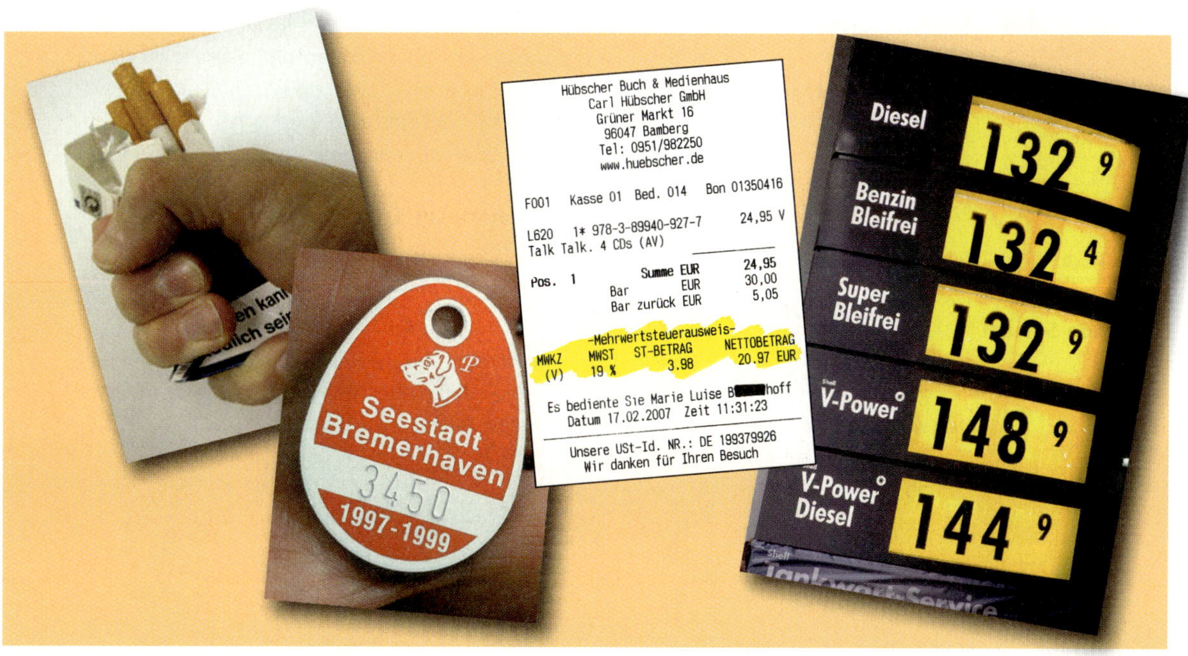

Weitere Belastungen für private Haushalte.

M2 Die Gehaltsabrechnung

Gehaltsabrechnung

Bruttogehalt		**1.828,50**
Lohnsteuer	–210,16	
Solidaritätszuschlag	–11,55	
Kirchensteuer	–16,81	
Summe steuerrechtlicher Abzüge		*–238,52*
Krankenversicherung	–143,54	
Pflegeversicherung	–20,11	
Rentenversicherung	–181,94	
Arbeitslosenversicherung	–30,17	
Summe sozialversicherungsrechtlicher Abzüge		*–375,76*
Nettoverdienst		**1.214,22**

Gehaltsberechnung von Konstanze Hegel. Nach dreijährigem Wirtschaftsstudium in den USA hat sie ihre erste Stelle in der Marketingabteilung einer Hotelkette angetreten.

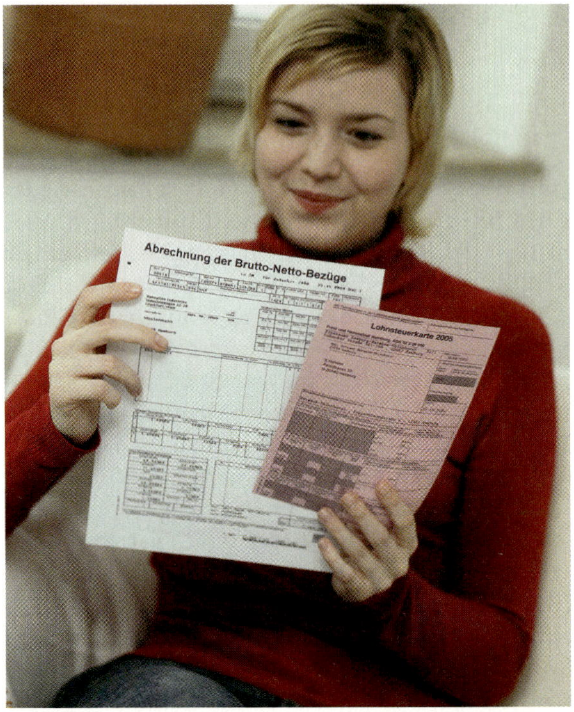

M3 Steuerarten

Direkte Steuern	Werden direkt vom Steuerpflichtigen an das Finanzamt abgeführt	Zum Beispiel: Einkommensteuer natürlicher Personen (Lohnsteuer ist dabei die Einkommensteuer, die bei abhängig Beschäftigten direkt vom Arbeitgeber ans Finanzamt abgeführt wird) Körperschaftsteuer („Einkommensteuer“ juristischer Personen wie AG oder GmbH) Gewerbesteuer, Grundsteuer, Erbschaftssteuer …
Indirekte Steuern	Werden zwar vom Endverbraucher getragen, jedoch vom Verkäufer an das Finanzamt abgeführt	Zum Beispiel: Umsatzsteuer (Mehrwertsteuer), Biersteuer, Branntweinsteuer, Kraftfahrzeugsteuer, Tabaksteuer, Mineralölsteuer, Grunderwerbssteuer, Versicherungssteuer …

Autorentext

M4 Steuerspirale 2006

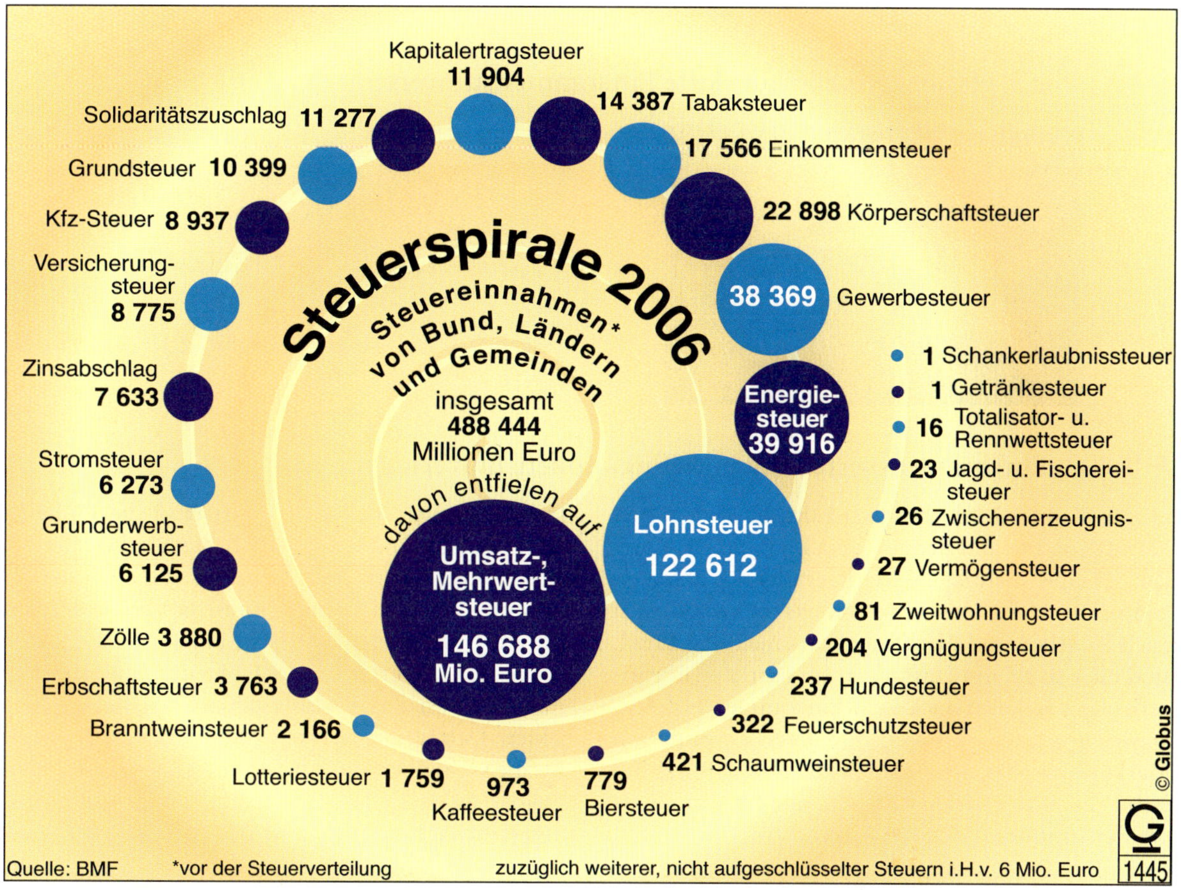

Aufgaben zu M1-M4

1. Fassen Sie die genannten Belastungen eines privaten Haushalts in einer Übersicht zusammen. (M1, M2)
2. Wie hoch ist der Betrag und der prozentuale Anteil an Sozialabgaben, der in M2 insgesamt an die Sozialversicherung abgeführt wird?
3. Stellen Sie fest, welche der in der „Steuerspirale“ (M4) aufgeführten Steuern in M1 angesprochen werden.
4. a) Schätzen Sie Ihre persönliche Belastung mit indirekten Steuern innerhalb einer Woche.
   b) Diskutieren Sie, ob Ihre geschätzten Belastungen (Aufgabe 4a) gerecht sind.
5. Erörtern Sie, ob die Erhebung der in M3 genannten Steuern den Grundprinzipien der sozialen Marktwirtschaft entspricht.

Infobox

Steuern, Gebühren, Beiträge

Die Steuern sind nur ein Teil der Abgaben an den Staat. Hinzu kommen noch Gebühren, d. h. Vergütungen für Verwaltungshandlungen (z. B. Passausstellung, Kanalgebühren) und Beiträge (Abgaben zur Abgeltung besonderer Vorteile, z. B. Sozialversicherungsbeiträge, Straßenanliegerbeiträge). Steuern unterscheiden sich von den anderen Abgaben dadurch, dass sie vom Staat ohne unmittelbare Gegenleistung erhoben werden.

2.2.2 Die Einkommensumverteilung des Staates im Kreislaufmodell

M5 Robin Hood: Privat organisierte Einkommensumverteilung

M6 Einkommensverteilung und Einkommensumverteilung

Wie in Kapitel 2.2.1 erläutert, kann in einer freien Marktwirtschaft nur derjenige ein Einkommen erzielen, der eine Leistung am Markt erfolgreich anbieten kann. Die Höhe des Einkommens bestimmt sich nach Angebot und Nachfrage. Personen, die krank sind oder zu alt, um Leistungen am Markt zu erbringen, können somit auch kein Einkommen erzielen. Dasselbe gilt für Personen, für deren Leistung am Markt keine oder nur unzureichende Nachfrage besteht – auch sie erzielen kein bzw. nur ein sehr geringes Einkommen.

In der sozialen Marktwirtschaft wird die Einkommensverteilung, die sich durch die Marktkräfte ergibt, teilweise korrigiert. Vor allem soll auch für die Personen das Existenzminimum gesichert werden, die auf dem freien Markt kein Einkommen erzielen könnten. Dazu erhebt der Staat Steuern und sonstige Abgaben von den leistungsfähigen Wirtschaftssubjekten. Damit finanziert er Unterstützungsleistungen für die nicht oder weniger Leistungsfähigen bzw. kostenlose staatliche Leistungen wie Schulen und Straßen (Umverteilung).

Autorentext/-grafik

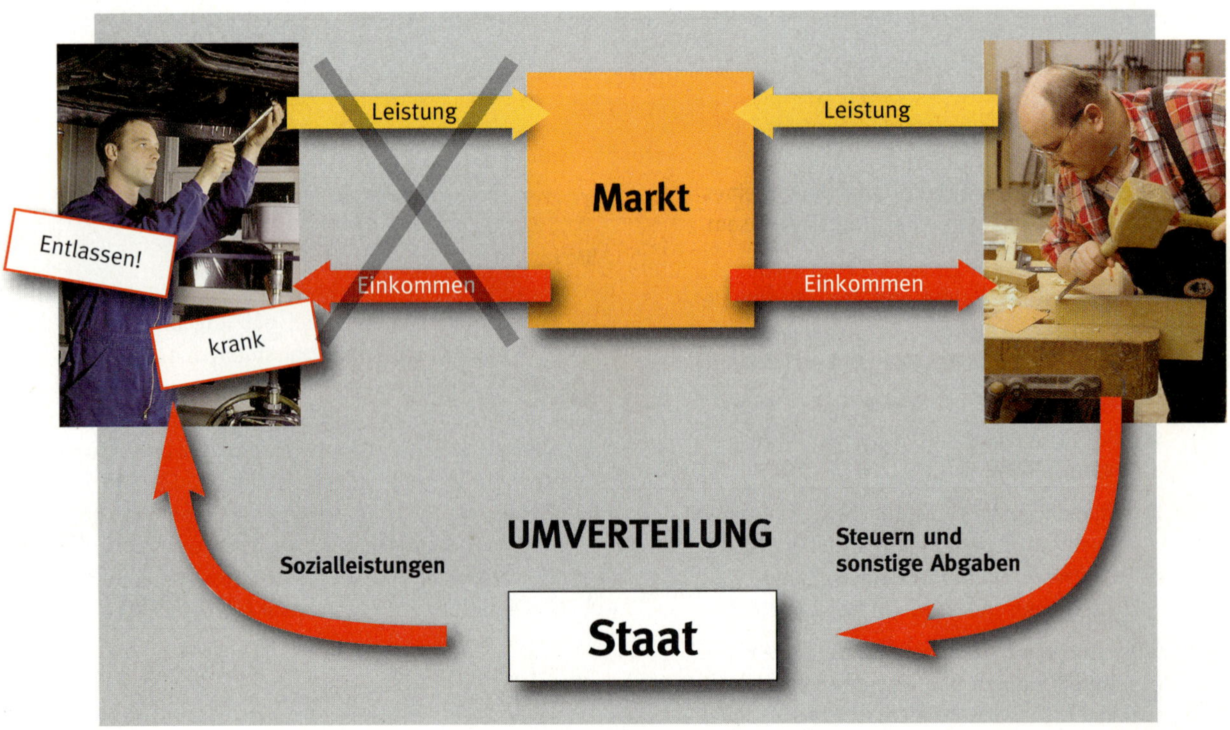

M7 Erweiterung des Kreislaufmodells um den Sektor Staat und Darstellung der Einkommensumverteilung

Im Wirtschaftskreislauf spielt auch der Sektor Staat eine wichtige Rolle. Er umfasst Bund, Länder, Gemeinden und Sozialversicherungsträger. Zur Erfüllung seiner Aufgaben ist der Staat durch vielfältige Einnahmen und Ausgaben mit den Haushalten und Unternehmen verbunden. Die Ausgaben umfassen den *Konsum des Staates* (C_{ST}), das heißt die laufenden Sach- und Personalausgaben. In Deutschland stehen ca. 6,5 Millionen Personen beim Staat auf der Gehaltsliste. Auch die Investitionen des Staates, z. B. für den Straßenbau, sind bei dieser Modelldarstellung im Staatskonsum enthalten. Hinzu treten Transferzahlungen, also *Zuschüsse* (ohne Gegenleistung), in Form von Sozialleistungen an die Haushalte (Z_H) und Subventionen an die Unternehmen (Z_U)(z. B. an die Landwirtschaft). Zur Finanzierung der Ausgaben erhebt der Staat Steuern bzw. Sozialversicherungsabgaben. Im Strom der *direkten Steuern* (T^{dir}) sind vor allem die Einkommensteuer und die Beiträge zur Sozialversicherung enthalten. Da die *indirekten Steuern* (T^{ind}) zwar von den Haushalten getragen, jedoch von den Unternehmen abgeführt werden (z. B. die Umsatzsteuer), verläuft dieser Strom von den Unternehmen zum Staat. Ein mögliches Finanzierungsdefizit muss der Staat – wie die Unternehmen – am Kapitalmarkt finanzieren, die Kreditaufnahme des Staates (Kr_{ST}) erfolgt also beim Sektor Vermögensveränderungen.

Autorentext/-grafik

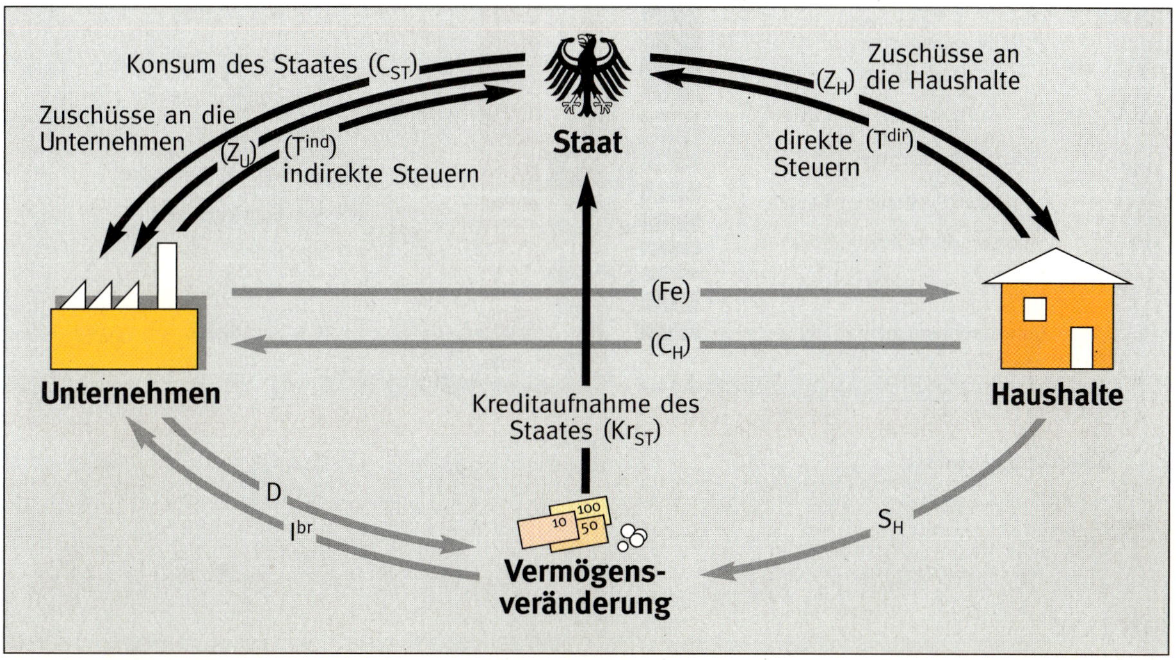

Fe = Faktoreinkommen	I^{br} = Bruttoinvestitionen	D = Abschreibungen
C_H = Konsumausgaben der Haushalte	S_H = Ersparnis der Haushalte	

Aufgaben zu M5-M7

1. Beschreiben Sie mithilfe des Kreislaufmodells mögliche Auswirkungen einer Erhöhung der direkten Steuern auf den Konsum der Haushalte. (M6, M7)
2. Erklären Sie mithilfe des Kreislaufmodells, warum die Steuereinnahmen in Zeiten des wirtschaftlichen Aufschwungs steigen. (M7)
3. Stellen Sie die Auswirkungen einer Erhöhung der indirekten bzw. direkten Steuern in Verbindung mit einer Erhöhung der öffentlichen Investitionen mithilfe der Ströme des Kreislaufmodells dar. Ziehen Sie zur Erklärung der steuerbedingten Verhaltensveränderungen auch das Marktmodell heran. (M7)

2.2.3 Der Staatshaushalt

M8 Struktur des Bundeshaushalts

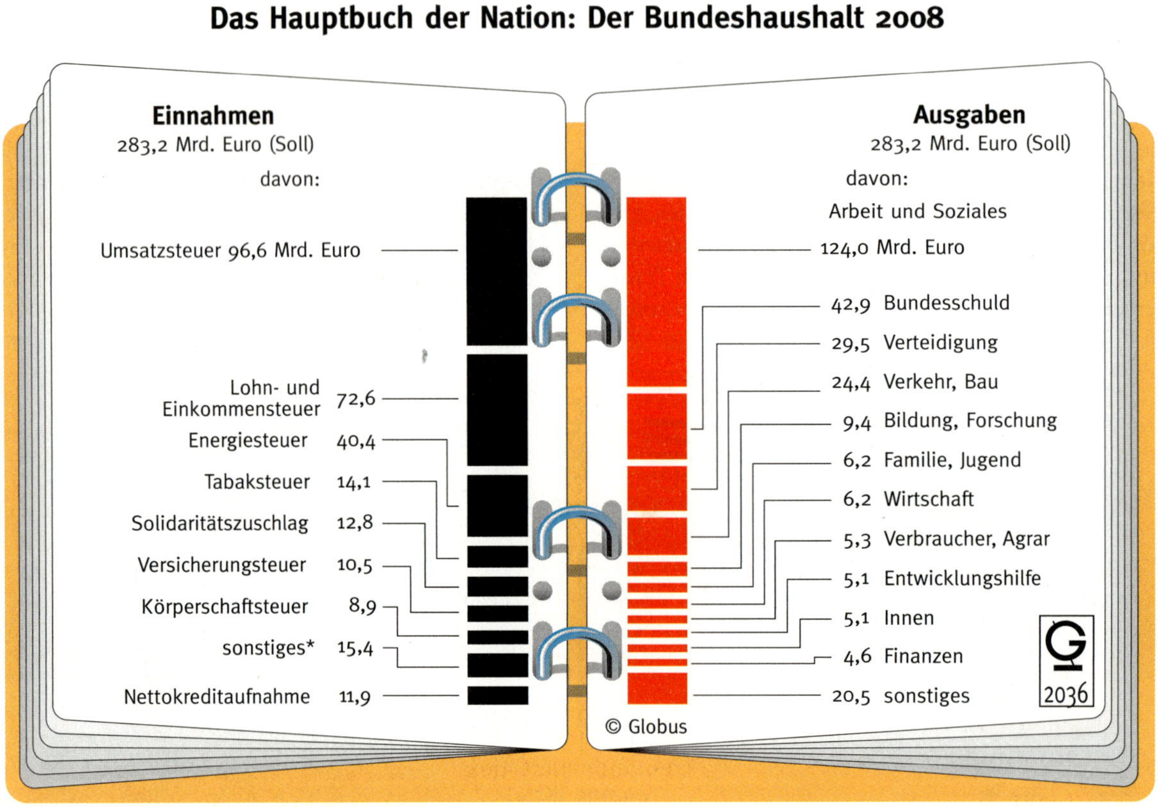

*Zuweisungen abgerechnet

Quelle: BMF

Infobox

Der Fiskus

Als Fiskus, von lat. „fiscus" Weidenkorb, bezeichnet man heute den Staat. Umgangssprachlich sagt man häufig, dass Steuern, „an den Fiskus" gezahlt werden. Man kann sich also den Staatshaushalt, die Aufstellung der Einkommens- und Ausgabenposten des Staates, als Korb vorstellen, in den Beiträge zum Gemeinwesen geleistet, aber auch Mittel entnommen werden. Die größte Einnahmequelle des Staates sind die Steuern, daneben ist der Staat z. B. an Unternehmen und deren Gewinnen beteiligt und kann seine Unternehmensanteile veräußern.

M9 Struktur des Landeshaushalts Bayern

Einnahmeart	in Mio. Euro
1. Steuern und steuerähnliche Abgaben	28.920,0
2. Verwaltungseinnahmen	2.625,1
3. Einnahmen für laufende Zwecke	2.827,4
4. Einnahmen für Investitionen, bes. Finanzierungseinnahmen	1.614,3
Einnahmen insgesamt:	**35.986,8**

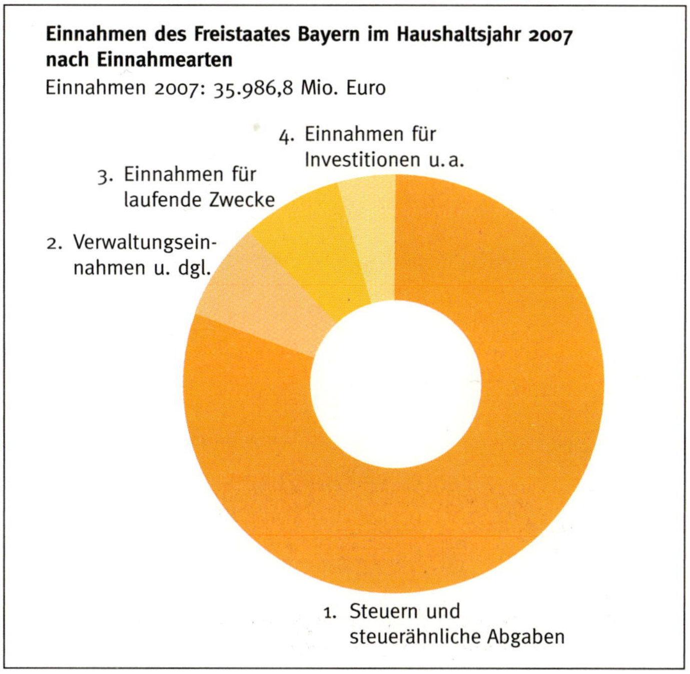

Ausgaben für Aufgabenbereiche	in Mio. Euro
1. Allgemeine Dienste (u. a. Polizei und Rechtsschutz)	7.022,9
2. Bildungswesen, Wissenschaft, Forschung	13.286,4
3. Soziale Sicherung	2.606,1
4. Gesundheit, Sport, Erholung	1.090,4
5. Wohnungswesen, Städtebau, Raumordnung	413,9
6. Ernährung, Landwirtschaft und Forsten	923,1
7. Energie- und Wasserwirtschaft	782,8
8. Verkehrs- und Nachrichtenwesen	2.196,6
9. Wirtschaftsunternehmen, Allg. Grund- und Kapitalvermögen	54,3
10. Allgemeine Finanzwirtschaft	7.610,3
Ausgaben insgesamt:	**35.986,8**

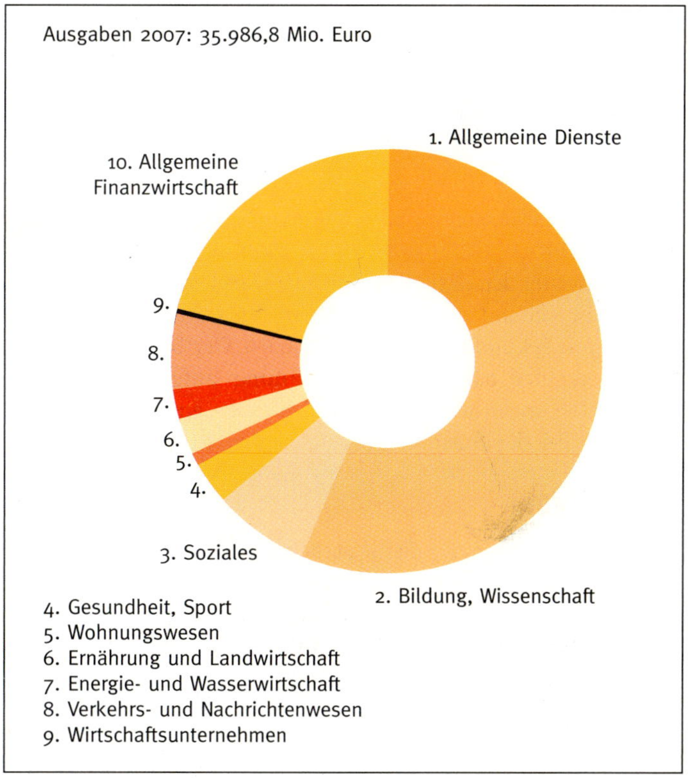

Zahlen: Bayerisches Staatsministerium der Finanzen, www.stmf.bayern.de (abgerufen am 21. 6. 2007)

M10 Staatsverschuldung – notwendig oder gefährlich?

Am Sitz des Präsidiums des Bundes der Steuerzahler ist über dem Eingang die Schuldenuhr angebracht. Die Leuchtanzeige gibt den aktuellen Schuldenstand der Bundesrepublik an, und die Summe, wie viele Schulden pro Sekunde dazu kommen (Anzeige vom 15. 1. 2006).

Die Verbindlichkeiten des deutschen Staates wachsen unaufhörlich. Unter www.steuerzahler.de kann man im Internet den aktuellen Schuldenstand ersehen. Er beläuft sich auf über 1,2 Billionen Euro und erhöht sich pro Sekunde um etwa 1.270 Euro. Der Bund der Steuerzahler hat folgende Rechnung aufgemacht: Würden ab sofort keine Schulden mehr aufgenommen und der Staat verpflichtet, jeden Monat eine halbe Milliarde Euro zu tilgen, so würde es mehr als 200 Jahre dauern, um den Schuldenberg abzutragen.

Die Frage, ob öffentliche Verschuldung notwendig oder schädlich ist, ist seit jeher umstritten. In der Tat gibt es gute Gründe für die staatliche Kreditfinanzierung: Öffentliche Investitionsvorhaben, vor allem im Bereich der Infrastruktur, fallen nicht gleichmäßig über die Jahre an, sondern konzentrieren sich auf bestimmte Zeiträume. Müssten sie über Steuern finanziert werden, so wären dazu sprunghafte Änderungen in der Steuerpolitik notwendig. Außerdem haben am Nutzen öffentlicher Investitionen auch zukünftige Generationen teil. Deshalb ist es nur gerecht, diese auch an den Zins- und Tilgungslasten kreditfinanzierter Staatsausgaben zu beteiligen.

Aber der Staatsschuld sind Grenzen gesetzt. Entsprechend dem Maastricht-Vertrag von 1992 bzw. dem Stabilitäts- und Wachstumspakt von 1996 darf die jährliche Neuverschuldung der Teilnehmerländer in der Europäischen Währungsunion in der Regel maximal drei Prozent des Bruttoinlandsprodukts (BIP) betragen. Der Schuldenstand darf 60 Prozent des BIP nicht überschreiten. Die Staatsverschuldung birgt aber auch eine Reihe von Gefahren: Staatsschulden belasten zukünftige Generationen. Die Schulden von heute sind die Steuern von morgen, denn sie ziehen Zins- und Tilgungsverpflichtungen nach sich. Steigende Staatsschulden haben zur Folge, dass ein wachsender Anteil der öffentlichen Ausgaben auf Zinsverpflichtungen entfällt. Jeder Euro, der für Zinsen ausgegeben werden muss, fehlt an anderer Stelle, etwa für Lehrer, Polizisten, Krankenhäuser. Die Handlungsfähigkeit des Staates wird zunehmend eingeschränkt.

Nach: Herbert Sperber, Wirtschaft verstehen – nutzen – ändern, Stuttgart 2002, S. 122

Aufgaben zu M8-M10

1. Vergleichen Sie die Struktur der Ausgaben im Bundes- und im Landeshaushalt. Erläutern Sie anhand der Aufgaben von Bund und Ländern mögliche Gründe für die Unterschiede. (M8, M9)
2. „Der Bund will ein flächendeckendes Netz mit Magnetschwebebahnen/ein Flughafenterminal/kostenlose Kindertagesstätten neu bauen. Zur Finanzierung wird die Erhöhung der Einkommensteuer, indirekter Steuern bzw. zusätzliche Kreditaufnahme in Erwägung gezogen."
   Diskutieren Sie Vor- und Nachteile der Finanzierungsalternativen in einer Podiumsdiskussion.
3. Recherchieren Sie im Internet die Entwicklung der Neuverschuldung in den letzten Jahren.
   Stellen Sie die Ergebnisse als Diagramm dar und überprüfen Sie die Entwicklung der Neuverschuldung vor dem Hintergrund der „Maastricht-Kriterien". (M10)
   Berechnen Sie die Zins- und Tilgungsleistungen in Prozent des Bundeshaushalts.

2.2.4 Gerechtigkeit bei der Besteuerung

M11 Steuern und Gerechtigkeit

Um seine vielfältigen Aufgaben in der sozialen Marktwirtschaft erfüllen zu können, muss sich der Staat durch Steuern und Abgaben finanzieren. Dies ist für die einzelnen Bürger mit erheblichen Belastungen verbunden. Von großer Bedeutung ist daher eine Besteuerung, die von den Bürgern als gerecht empfunden wird.

Bereits im Ägypten der Pharaonen gab es mannigfaltige Abgaben und Zwangsdienste, die die Bevölkerung leisten musste. Wovon aber Abgaben und Steuern erheben? Und nach welchen Kriterien? Es gab schon damals – zumindest in der Landwirtschaft – tatsächlich eine Leitlinie, anhand derer die Abgabenlast bestimmt wurde: Direkt am Nil, dem größten Fluss des Landes, wurden technische Einrichtungen erbaut: die Nilometer. Dabei handelte es sich um tiefe Schächte, die mit dem Fluss verbunden waren. In deren Inneren war eine Skala angebracht. Mit dem Nilometer wurde die Höhe der Überschwemmungen errechnet. Denn durch die Fluten kam der fruchtbare Schlamm auf die Felder, und dieser war der Dünger. Nur wenn es ausreichend Schlamm gab, konnte die Saat wachsen und gedeihen. Die Überschwemmungshöhe war also ein sehr wichtiger Punkt für die Berechnung einer gerechten Steuer.

Nilometer in Assuan (Oberägypten).

Nach: Andreas Elter, Streifzug durch die Steuergeschichte, in: Informationen zur politischen Bildung, Nr. 288 (2005), S. 11 f.

M12 Nach welchen Kriterien soll die Höhe der Besteuerung festgelegt werden?

Wie unterschiedlich belastbar verschiedene Haushalte sein können, zeigen die folgenden Beispiele.

Herr Dante hat es nicht schlecht getroffen im Leben: Als Bankkaufmann leitet er die Zweigstelle einer Großbank in Freyung-Grafenau (Bayerischer Wald). Er verdient brutto 80.000 Euro im Jahr – da bleibt noch viel für die angenehmen Dinge des Lebens übrig. Außerdem kann Herr Dante ein Drittel seines Einkommens sparen. Für seine schicke Wohnung zahlt er in Freyung nicht viel Miete, und die Bank ist gleich gegenüber. Seine Freundin verdient ebenfalls nicht schlecht. Seit sie bei ihm eingezogen ist, finanziert sie einen Teil der Miete. Herr Dante ist nicht geizig: Für wohltätige und wissenschaftliche Zwecke spendet er auch gerne mal eine größere Summe.

Frau Klenze hat eigentlich immer gern in München gewohnt; wenn nur die Mieten nicht so hoch wären! Um für sich, ihren Mann und ihre drei Kinder ein kleines Haus mit Garten bezahlen zu können, fährt sie jeden Tag 50 km aus einer benachbarten Kleinstadt ins Zentrum. Als Wirtschaftsinformatikerin verdient sie nicht schlecht – 80.000 Euro im Jahr – allerdings arbeitet ihr Mann nach einem Arbeitsunfall nicht mehr. Nicht alle Therapiekosten zahlt die Kasse. Außerdem besuchen zwei Kinder ein Internat, da Frau Klenze meist bis spät abends außer Haus ist. Sparen können die Klenzes kaum, denn ein Großteil des Einkommens wird schon für die Bedürfnisse des täglichen Bedarfs verbraucht.

Ein wenig stolz ist Herr Mann schon, dass er dem Staat nicht auf der Tasche liegt: Als Taxifahrer ernährt er sich und zwei Kinder. Da er sich um seine Kinder kümmern muss und das Geschäft schlecht läuft, verdient er im Jahr kaum mehr als 20.000 Euro – aber das reicht gerade mal so zum Leben.

Autorentext

M13 Besteuerung nach dem Prinzip der Leistungsfähigkeit

Da Steuern nun einmal notwendig sind, stellt sich die Frage, wie die Steuerlast auf die Bürgerinnen und Bürger verteilt werden soll. In der freien Wirtschaft bildet sich der Preis über Angebot und Nachfrage. Übertragen auf ein Steuersystem würde dies bedeuten: Jeder beteiligt sich nach dem individuellen Nutzen der verschiedenen Leistungen des Staates an den Kosten. Der Nutzen der verschiedenen Leistungen müsste dann jedem Einzelnen genau zugerechnet werden. Dieser könnte dann exakt den (Steuer-)Preis für die von ihm individuell genutzten Leistungen bezahlen. Das dürfte aber in der Praxis recht schwierig werden: Denn natürlich gibt es bei den verschiedensten öffentlichen Ausgaben nicht ausschließlich individuell bestimmbare Leistungen, z.B. bei öffentlichen Gütern wie innerer und äußerer Sicherheit.

Wenn die Steuern nicht nach dem Kosten-Nutzen-Prinzip berechnet werden können, dann vielleicht danach, was der Einzelne in der Lage ist zu zahlen: Das sogenannte Leistungsfähigkeitsprinzip richtet sich nicht danach, was der Einzelne für sein Geld bekommt, sondern danach, was er für wirtschaftliche Möglichkeiten hat. Aber auch das ist schwer zu messen: Liest man seine Leistungsfähigkeit an seinem Einkommen ab oder an seinem Vermögen? Wird sie danach bemessen, was der Einzelne konsumiert, kauft, oder danach, wie viel er spart? Es liegt im Interesse des Staates, dass die Menschen langfristig bereit und fähig sind, ihre Steuern zu bezahlen.

Unser Steuersystem versucht, die Lasten fair zu verteilen, die Steuerzahler gleich zu behandeln und ihnen gemäß dem Prinzip der Leistungsfähigkeit Steuern abzuverlangen. Steuerzahler, die sich in der gleichen wirtschaftlichen Lage befinden, sollen auch gleich belastet werden. [...] Steuerzahler mit einem gleich hohen Einkommen befinden sich aber nur dann auch wirklich in der gleichen wirtschaftlichen Lage, wenn die persönlichen Umstände vergleichbar sind: Der Single mit dem monatlichen Einkommen von 4.000 Euro ist in einer anderen Situation als der Familienvater, der das gleiche Gehalt bezieht.

Ein Steuersystem, das diese Faktoren berücksichtigt, richtet sich nach den Kriterien der individuellen Belastbarkeit. Demnach werden die unteren Einkommen nur gering, die besser verdienenden höher besteuert. [...] Ein möglichst individuell gerechtes Steuersystem braucht viele Regeln, damit auch wirklich jeder Einzelfall und jede persönliche Situation berücksichtigt werden kann. Viele Vorschriften führen aber wiederum dazu, dass das Steuerrecht kompliziert wird.

Nach: Constanze Hacke, Grundsätze der Steuerpolitik, in: Informationen zur politischen Bildung, Nr. 288 (2005), S. 8 f. (bearbeitet)

Aufgaben zu M11-M13

1. Erläutern Sie, wie mit dem in M11 beschriebenen „Nilometer" die Leistungsfähigkeit der besteuerten Grundbesitzer ermittelt werden konnte.
2. Fassen Sie die Gründe zusammen, warum die in M12 beschriebenen Personen unterschiedlich leistungsfähig sind.
3. Entwickeln Sie Vorschläge, wie die beschriebenen Unterschiede in der persönlichen Leistungsfähigkeit in einer gerechten Besteuerung umgesetzt werden könnten.
4. Fassen Sie die Prinzipien einer gerechten Besteuerung zusammen, die in M13 angesprochen werden.
5. Begründen Sie, warum das Streben nach gerechter Besteuerung das Steuersystem kompliziert macht. (M13)
6. Zeigen Sie, wie sich die in M13 genannten Prinzipien der Besteuerung auf die steuerliche Belastung der in M12 beschriebenen Haushalte auswirken. Stellen Sie auch fest, welche Lebensumstände vom Steuersystem nicht berücksichtigt werden.

▶ M14 Steuerliche Belastung unterschiedlicher Einkommensgruppen

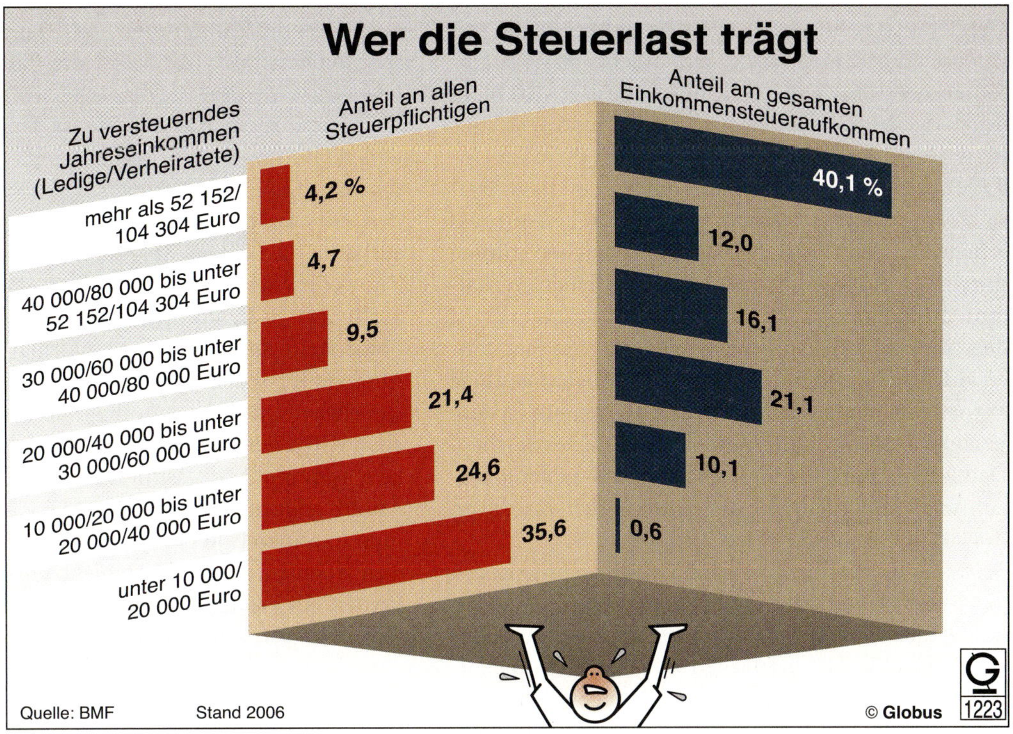

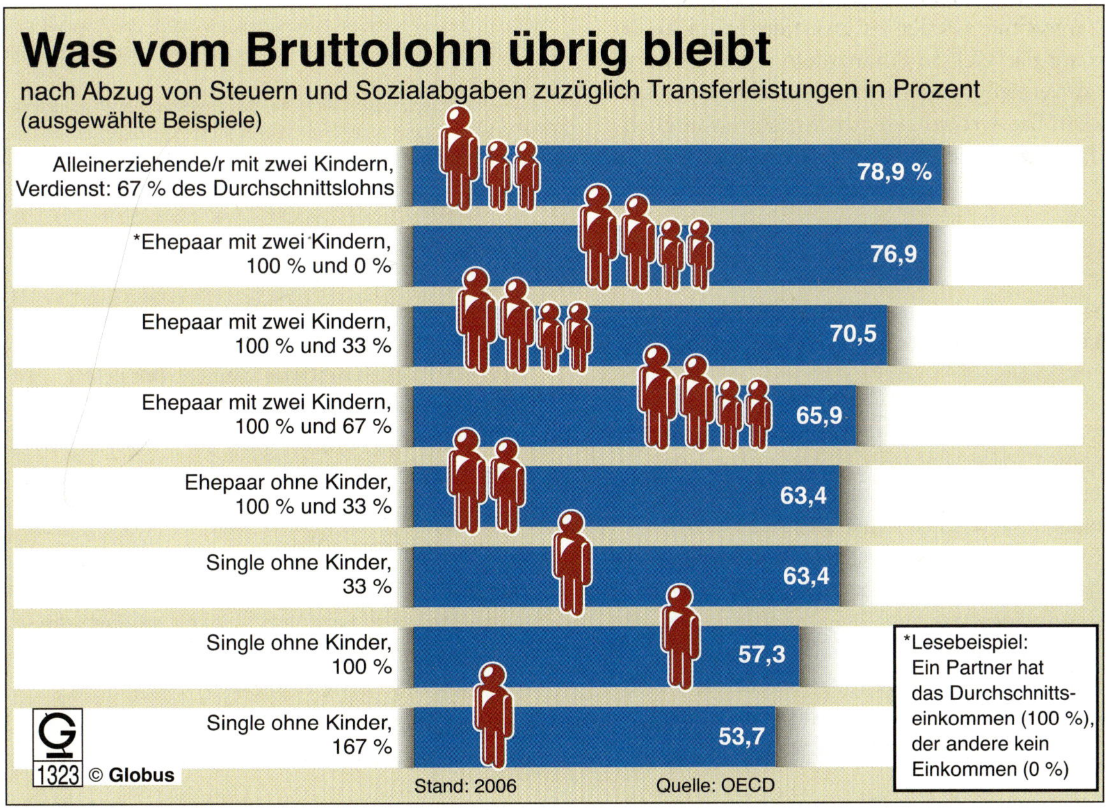

M15 Verzerrung des Marktgeschehens durch Besteuerung

Der Staat ist nicht nur ein Wettbewerber für die privaten Unternehmen, wie es ein anderes privates Unternehmen wäre. Es kommt hinzu, dass er sich nicht durch den Verkauf seiner Leistungen finanziert, sondern durch Zwangsabgaben, die er den privaten Unternehmen und ihren Arbeitnehmern auferlegt. Diese Zwangsabgaben stören den Wirtschaftsprozess erheblich, denn die Belasteten versuchen, ihnen durch die Änderung ihres wirtschaftlichen Verhaltens auszuweichen. In Erwartung des Lastenesels, den sie vollpacken sollen, entscheiden sich die Steuerzahler mehr und mehr für wirtschaftlich unsinnige Verhaltensweisen, die ihre Rechtfertigung nur in dem Versuch finden, der Steuerbelastung auszuweichen. Dadurch erlahmt die Wirtschaft, und die Primäreinkommen[1] sind niedriger, als sie ohne den exzessiven Zugriff des Staates gewesen wären.
Beispiele für unsinnige Verhaltensweisen, die durch die Besteuerung hervorgerufen werden, gibt es genug. Unternehmen verlagern ihre Standorte in Niedrigsteuerländer wie Irland, Großbritannien oder Litauen, die wegen ihrer Marktferne eigentlich keine idealen Produktionsstandorte sind. Unternehmenseigner ziehen die Gewinne aus ihren Unternehmen heraus, anstatt sie wieder zu investieren, um sie irgendwo auf der Welt in Finanztiteln anzulegen und Zinsen zu verdienen, auf die der deutsche Fiskus keinen Zugriff hat. Großzügige Abschreibungsmöglichkeiten[2] bei bestimmten Investitionen mindern das zu versteuernde Einkommen und damit die Einkommensteuerschuld. [...] Selbst die Filmindustrie Hollywoods wäre ohne die deutschen Abschreibungsmodelle nicht mehr das, was sie ist. Um die Städte der neuen Bundesländer herum sind wegen der Abschreibungsvergünstigungen Gürtel von Bürogebäuden entstanden, die nicht benötigt werden. Sparer verlieren die Lust am Sparen, weil der Staat Zins- und Zinseszins besteuert, obwohl sie die Ersparnis aus versteuertem Einkommen gebildet haben, und in der Folge sinkt das Investitionsvolumen der Wirtschaft. Man verprasst sein Geld im Rentenalter, anstatt es zu vererben, weil man dem Staat als Miterben ausweichen will. Ehefrauen verzichten auf die Erwerbstätigkeit, weil die Progression des Steuertarifs ihnen den Anreiz nimmt mitzuarbeiten. [...] Arbeitslose nehmen in anderen Regionen angebotene Jobs nicht an, weil der Nettolohn die subjektiven und objektiven Kosten des Wohnsitzwechsels nicht aufwiegt, und so weiter, und so weiter.

Nach: Hans-Werner Sinn, Ist Deutschland noch zu retten, Berlin 2004, S. 314 f. (bearbeitet)

[1] Primäreinkommen sind die Einkommen, die durch das Angebot von Faktorleistungen (Arbeit, Kapital, Boden) auf dem freien Markt erzielt werden.

[2] Die Abschreibungsmöglichkeiten bei den angesprochenen Anlagemodellen erlauben dem Anleger erhöhte Verluste auszuweisen und so sein zu versteuerndes Einkommen zu mindern („Steuersparmodelle").

Aufgaben zu M14-M15

1. Zeigen Sie, inwiefern aus den Grafiken in M14 Verteilungsgerechtigkeit deutlich wird.
2. „Die Senkung des Spitzensteuersatzes war vor allem durch zwei Dinge motiviert: Steuersparen sollte unattraktiver werden, und der niedrigere Steuersatz sollte die Unternehmen stärken. Sorgt damit eine Steuersenkung für mehr Wirtschaftswachstum und höhere Einnahmen des Staates, dann ist damit auch den Geringverdienern geholfen. Außerdem, was die Verteilungsgerechtigkeit betrifft: Noch immer zahlen jene acht Prozent der Steuerpflichtigen, die unter den Spitzensteuersatz fallen, fast 44 Prozent des gesamten Aufkommens."

   Süddeutsche Zeitung, 31.10./1.11.2006, S. 21

   a) Erläutern Sie, inwiefern Steuersenkungen für unterschiedliche Einkommensgruppen die Steuergerechtigkeit erhöhen können. (M13, M14)
   b) Belegen Sie mithilfe des Kreislaufmodells, dass niedrigere Spitzensteuersätze „höhere Einnahmen des Staates" bewirken können.
3. Fassen Sie die Kritik Hans-Werner Sinns am Steuersystem zusammen. (M15)
4. „Steuerliche Sonderregelungen entsprechend der persönlichen Leistungsfähigkeit erhöhen die Steuergerechtigkeit." Nehmen Sie anhand von M15 kritisch Stellung zu dieser These.
5. Analysieren Sie die im Text beschriebenen Entwicklungen mithilfe des Kreislaufmodells.

Methode

Erörtern und Argumentieren

Wie aus den obigen Materialien deutlich wird, ist die Gestaltung und Reform des Steuersystems ein sehr kontroverses Thema, das in der öffentlichen Diskussion einen hohen Stellenwert einnimmt. Ausgehend von Hans-Werner Sinns Text in M15 stellt sich zum Beispiel die Frage, ob eine Senkung der Spitzensteuersätze der Einkommensteuer bei gleichzeitiger Schließung von Steuerschlupflöchern sinnvoll ist.

Auch in Prüfungsaufgaben wird in der Oberstufe zunehmend differenziertes Erörtern und Argumentieren erwartet. Die entsprechenden Aufgabenstellungen beginnen meist mit der Formulierung „Beurteilen Sie ...“, „Diskutieren Sie ...“ oder „Erörtern Sie ...“. Bei all diesen Aufgabenstellungen müssen Argumente für und gegen die angeführte These abgewogen werden.

Für eine gute Erörterung sollte man sich zunächst Notizen machen, in denen die Argumente schon in einer strukturierten Form vorliegen. Es bietet sich an, die Argumente nicht nur nach „pro“ und „kontra“, sondern auch nach unterschiedlichen Aspekten zu strukturieren. Die Aufgabe zu obiger Frage könnte also lauten: „Diskutieren Sie eine Senkung der Spitzensteuersätze der Einkommensteuer bei gleichzeitigem Abbau von Sonderregelungen zur Steuerentlastung.“

Zentrale Pole dieser Erörterung sind die Aspekte Steuergerechtigkeit und Effizienz. Die Argumente lassen sich zudem verschiedenen gesamtwirtschaftlichen Sichtweisen zuordnen. Bei volkswirtschaftlichen Fragestellungen bieten sich dabei die Sektoren des Kreislaufmodells an.

Eine strukturierte Stoffsammlung zu obigem Thema könnte also beispielsweise so aussehen (Argumente zu diesem Thema lassen sich in den Materialien M11-M15 finden):

	Steuergerechtigkeit	Effizienz
Sichtweise der Haushalte	Abbau der Leistungsgerechtigkeit durch niedrige Spitzensteuersätze; ggf. Verstärkung ungleicher Einkommensverteilung	Vereinfachung des Steuerrechts; geringere Kosten für Steuerberatung; weniger Schwarzarbeit
Sichtweise der Unternehmen	Ggf. können tatsächlich entstandene Kosten nicht mehr steuermindernd geltend gemacht werden	Erhöhte Leistungsmotivation, da dem Unternehmer ein größerer Anteil am Gewinn verbleibt; geringere Steuervermeidung
Sichtweise des Staates	Insgesamt gerechteres Steuersystem; kein gezielter Eingriff in den Markt mehr möglich	Geringerer bürokratischer Aufwand, zunächst möglicherweise Rückgang der Steuereinnahmen aber ggf. höhere Steuereinnahmen durch Wirtschaftsaufschwung

▶Aufgaben zur Methode

Erstellen Sie zunächst eine strukturierte Stoffsammlung und anschließend zusammenhängende Texte zu folgenden Themen:

a) „Erörtern Sie eine Senkung der Einkommensteuersätze bei gleichzeitiger Erhöhung der indirekten Steuern.“

b) „Diskutieren Sie eine weitgehende Steuerentlastung für Familien mit mehr als zwei Kindern.“

2 Zusammenfassung

Steuern und soziale Gerechtigkeit

Belastung eines privaten Haushalts mit Steuern und Beiträgen
M3

Vom Bruttoeinkommen der abhängig Beschäftigten werden Steuern, insbesondere die Einkommensteuer und Sozialversicherungsbeiträge abgezogen.
Die Steuern, welche direkt vom Einkommen abgezogen werden, werden auch als **direkte Steuern** bezeichnet. Darüber hinaus wird der Haushalt mit zahlreichen **indirekten Steuern** belastet, die er meist über seine Konsumausgaben mit bezahlt. Dies sind beispielsweise Mehrwertsteuer (Umsatzsteuer) und Mineralölsteuer.

Einkommensumverteilung
M6

In der freien Marktwirtschaft können Einkommen grundsätzlich nur durch das Anbieten von Leistung erzielt werden. In der sozialen Marktwirtschaft tritt neben die **Einkommensverteilung durch den Markt** die **Einkommensumverteilung durch den Staat**. Der Staat belastet leistungsfähigere Bürger mit Abgaben und finanziert damit Unterstützungsleistungen an weniger leistungsfähige Teile der Gesellschaft.

Sektor Staat im Kreislaufmodell
M7

Der Sektor Staat umfasst im Modell **Bund, Länder, Gemeinden und Sozialversicherungsträger**. Die **Finanzierungsströme** des Staates sind direkte und indirekte Steuern. **Ausgabenströme** sind Subventionen an Unternehmen, Sozialleistungen an Haushalte und der Konsum des Staates.

Staatshaushalt
M8, M9

Im Haushalt werden **Einnahmen und Ausgaben** des Staates (z. B. des Bundes) gegenübergestellt. Bei einem **ausgeglichenen Haushalt** sind Einnahmen und Ausgaben gleich. Übersteigen die Ausgaben die Einnahmen, muss das **Haushaltsdefizit** durch Kreditaufnahme (Neuverschuldung) gedeckt werden. Fortlaufende Haushaltsdefizite führen zu einer wachsenden **Schuldenlast** und zu Belastungen durch Zinsen und Rückzahlungen.

Soziale Gerechtigkeit im Steuersystem
M13

Bei der Belastung der Haushalte mit Steuern sollen **leistungsfähigere Haushalte** stärker in die Pflicht genommen werden als weniger leistungsfähige. Dazu sollen die **individuellen Lebensumstände** des einzelnen Steuerpflichtigen bei der Ermittlung der Steuer berücksichtigt werden. Gleichzeitig besteht die Gefahr, dass steuerliche Sonderregelungen zu einem wenig transparenten und komplizierten Steuersystem führen.

2.3 Soziale Sicherung in der sozialen Marktwirtschaft

2.3.1 Grundprinzipien der sozialen Sicherung

M1 Soziale Sicherung – damit wir nicht im Regen stehen ...

M2 Zur Vertiefung: Ursprünge der gesetzlichen Sozialversicherung

Die Geburtsstunde der modernen Sozialversicherung reicht bis in die zweite Hälfte des 19. Jahrhunderts zurück. Bis dahin war die soziale Sicherheit durch die Familie garantiert. Die Kinder wurden aufgezogen, ausgebildet und arbeiteten und sorgten dafür dann für die Alten. Auch bei Krankheiten oder Unfällen musste die Familie einspringen.
Mit der zunehmenden Industrialisierung veränderte sich Mitte des 19. Jahrhunderts die Arbeitswelt rapide. Kinderarbeit, überlange Arbeitszeiten und katastrophale Bedingungen waren üblich. Die Arbeitnehmer schlossen sich deshalb in Arbeiterorganisationen, den späteren Gewerkschaften, zusammen, um als starke Gemeinschaft den Unternehmern gegenüber ihre Interessen durchzusetzen.
Unter dem zunehmenden Druck der Arbeiter und der zugespitzten gesellschaftlichen Lage wurde schließlich die erste Sozialgesetzgebung besiegelt: Am 17. November 1881 forderte Reichskanzler Bismarck in der „Kaiserlichen Botschaft“ den deutschen Reichstag auf, Gesetze zum Schutze der Arbeiter gegen Krankheit, Unfall, Invalidität und Alter zu beschließen:

„Schon im Februar dieses Jahres haben Wir Unsere Überzeugung aussprechen lassen, daß die Heilung der sozialen Schäden nicht ausschließlich im Wege der Repression sozialdemokratischer Ausschreitungen, sondern gleichmäßig auf dem der positiven Förderung des Wohles der Arbeiter zu suchen sein werde. [...]
In diesem Sinne wird zunächst der von den verbündeten Regierungen in der vorigen Session vorgelegte Entwurf eines Gesetzes über die Versicherung der Arbeiter gegen Betriebsunfälle mit Rücksicht auf die im Reichstage stattgehabten Verhandlungen über denselben einer Umarbeitung unterzogen, um die erneute Beratung desselben vorzubereiten. Ergänzend wird ihm eine Vorlage zur Seite treten, welche sich eine gleichmäßige Organisation des gewerblichen Krankenkassenwesens zur Aufgabe stellt. Aber auch diejenigen, welche durch Alter oder Invalidität erwerbsunfähig werden, haben der Gesamtheit gegenüber begründeten Anspruch auf ein höheres Maß staatlicher Fürsorge, als ihnen bisher hat zuteil werden können.

Reichskanzler
Otto von Bismarck

Für diese Fürsorge die rechten Mittel und Wege zu finden, ist eine schwierige, aber auch eine der höchsten Aufgaben jedes Gemeinwesens, welches auf den sittlichen Fundamenten des christlichen Volkslebens steht. Der engere Anschluß an die realen Kräfte dieses Volkslebens und das Zusammenfassen der letzteren in der Form korporativer Genossenschaften unter staatlichem Schutz und staatlicher Förderung werden, wie Wir hoffen, die Lösung auch von den Aufgaben möglich machen, denen die Staatsgewalt allein in gleichem Umfange nicht gewachsen sein würde."

Nach: Ernst Rudolf Huber (Hrsg.), Dokumente zur Deutschen Verfassungsgeschichte, Bd. 2, Stuttgart 1964, S. 398 f.

Das war die Geburtsstunde der deutschen Sozialversicherung. Nach intensiven Beratungen verabschiedete der Reichstag 1883 das Krankenversicherungsgesetz, 1884 das Unfallversicherungsgesetz und 1889 das Invaliditäts- und Altersversicherungsgesetz. Anfang des 20. Jahrhunderts wurden die Regelungen auch auf Angestellte ausgedehnt und schließlich 1927 durch die Arbeitslosenversicherung ergänzt. Als Ergänzung unseres heutigen Sozialversicherungssystems trat 1995 die Pflegeversicherung in Kraft. Durch die Agenda 2010 hat zur Jahrtausendwende eine Reform der sozialen Sicherungssysteme begonnen, damit diese auch in Zukunft funktionsfähig und bezahlbar bleiben.

Nach: Arbeitsgemeinschaft für Jugend und Bildung e.V. in Zusammenarbeit mit dem Bundesministerium für Arbeit und Soziales (Hg.), Sozialpolitik – Ein Heft für die Schule, Wiesbaden 2007, S. 4 f. (ergänzt)

M3 Das Sozialstaatsgebot im Grundgesetz

Art. 1 I GG	Die Würde des Menschen ist unantastbar. Sie zu achten und zu schützen ist Verpflichtung aller staatlichen Gewalt.
Art. 20 I GG	Die Bundesrepublik Deutschland ist ein demokratischer und sozialer Bundesstaat.

Grundgesetz für die Bundesrepublik Deutschland

Mit der Entscheidung für den Sozialstaat wird die immer wieder gestellte Forderung nach sozialer Gerechtigkeit zu einem leitenden Prinzip aller staatlichen Maßnahmen erhoben. Die Sozialstaatlichkeit bezeichnet den Inbegriff aller Pflichten des Staates, die Achtung der Menschenwürde (Art. 1 I GG) und das damit unlösbar verbundene Rechtsstaatsprinzip speziell im sozialen Bereich zu verwirklichen.

Die „Sozialstaatsklausel" des GG fordert nicht die Einrichtung eines totalen Wohlfahrtsstaates; sie impliziert auch nicht die Forderung nach einer ausschließlich staatlich gelenkten und organisierten Wirtschaftsordnung. Sie erstrebt aber die annähernd gleichmäßige Verteilung der Lasten (BVerfGE 5, 85/198[1]) und somit einen Ausgleich zwischen sozial Schwachen und sozial Starken, um die Existenzgrundlage aller Bürger zu sichern. Zwischen dem ebenfalls verfassungsrechtlich geforderten Schutz der persönlichen Freiheit des Einzelnen und der Forderung nach einer sozialstaatlichen Ordnung besteht allerdings eine unaufhebbare und grundsätzliche Spannungslage (BVerfGE 10, 354/370). Der Gesetzgeber hat deshalb bei Entscheidungen zwischen diesen beiden verfassungsrechtlichen Grundsätzen einen gewissen Spielraum; seine Entscheidung zugunsten der Freiheit der persönlichen Entfaltung des Einzelnen ist jedenfalls dann nicht zu beanstanden, wenn eine andere Lösung durch das Sozialstaatsprinzip nicht unbedingt geboten ist (BVerfGE 18, 257/267).

Nach: Dieter Hesselberger, Das Grundgesetz. Kommentar für die politische Bildung, Bonn 2003, S. 184

[1] BVerfGE = Entscheidung des Bundesverfassungsgerichts

M4 Soziale Absicherung – das Engagement des Staates

Bei der Konkretisierung des Sozialstaatsgebots greift der Staat den sozial Schwachen nicht nur mit Geldleistungen unter die Arme, sondern hilft den Bürgern auch auf andere Weise. Beispielsweise unterstützt er sie dabei, zu ihrem Recht zu kommen und ihre Ansprüche geltend zu machen. Außerdem versucht er, Chancengleichheit herzustellen und allen Bürgern einen menschenwürdigen Lebensstandard zu gewährleisten:

Soziale Absicherung

Die **Sozialversicherung** schützt in sozialen Notlagen. Sie wird zum überwiegenden Teil aus den Beiträgen der Versicherten und ihrer Arbeitgeber finanziert.

Rechtliche Regelungen: z. B.:
- Der **Verbraucherschutz** schützt den Konsumenten vor Benachteiligung im Geschäftsverkehr.
- Der **Arbeitsschutz** sorgt für Sicherheit am Arbeitsplatz.
- Das **Mietrecht** regelt das Verhältnis zwischen Mieter und Vermieter und schützt z. B. vor unangemessenen Mieterhöhungen.

Bereitstellung öffentlicher Güter: z. B.:
- Durch **öffentliche Bildungseinrichtungen und öffentliche Bildungsfinanzierungen** (z. B. BAföG) sollen alle die gleichen Startchancen erhalten.
- **Öffentliche Sicherheit** wird für alle Bevölkerungsschichten gleichermaßen bereitgestellt.

Sozialleistungen ohne vorherige Beiträge: z. B.:
- Die Grundsicherung für Arbeitssuchende und Arbeitsfähige zwischen 15 und 64 Jahren **(Arbeitslosengeld II) und die Sozialhilfe** sollen Armut vermeiden. Zusätzlich zu den Regelsätzen werden i. d. R. noch weitere Kosten, z. B. für Miete und Heizung, ersetzt.

Autorentext/-grafik

M5 Geldleistungen zur sozialen Sicherung

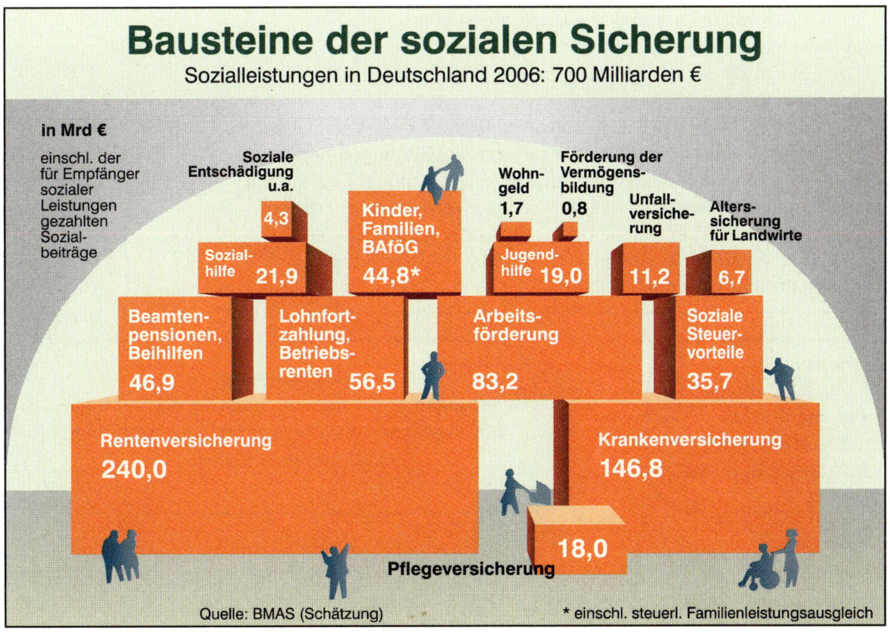

Erich Schmidt Verlag; Zahlenbilder 141131 (06/2007)

Aufgaben zu M1-M5

1. „Wenn der Arbeiter keinen Grund mehr zur Klage hätte, wären der Sozialdemokratie die Wurzeln abgegraben." (Otto von Bismarck) Vergleichen Sie diese Aussage Otto von Bismarcks mit den grundlegenden Aussagen seiner Rede zur Einführung der Sozialversicherung in M2.
2. Einerseits wird im Grundgesetz das Grundrecht auf freie Entfaltung der Persönlichkeit garantiert, andererseits schreibt der Staat eine Zwangsmitgliedschaft in den gesetzlichen Sozialversicherungssystemen vor. Begründen Sie, warum dies nur scheinbar ein Widerspruch ist. (M3)
3. Notieren Sie, welchen Betrag Sie bei einem monatlichen Bruttoeinkommen von 1.000 Euro, 3.000 Euro, 5.000 Euro bzw. 10.000 Euro zur sozialen Absicherung zurücklegen würden. Analysieren Sie die verschiedenen Ergebnisse und leiten Sie daraus die Notwendigkeit zur Pflichtversicherung ab.
4. Überlegen Sie sich, von welchen Leistungen des Staates Sie als Schüler profitieren. (M4, M5)

M6 Grundprinzipien der sozialen Sicherung

Prinzip des Marktes | **Prinzip des sozialen Ausgleichs**

Leistungsprinzip – jeder für sich:
Die Güter werden nach der individuellen Leistung verteilt: Wer auf dem Markt mehr Leistung erbringt, erhält auch ein höheres Einkommen.

Solidariätsprinzip – alle für einen:
Die Stärkeren treten für die Schwächeren ein. Dabei hilft jeder, so gut er kann.
Bei der sozialen Sicherung bedeutet dies, dass Arbeitnehmer in der gesetzlichen Sozialversicherung pflichtversichert sind. Wer mehr Einkommen hat, zahlt höhere Beiträge und unterstützt damit auch die, die weniger eingezahlt haben. Das eigene Risiko, also z. B. der eigene Gesundheitszustand oder das Alter, werden bei der Beitragshöhe nicht berücksichtigt.

Subsidiaritätsprinzip – erst ich, dann alle:
Eine übergeordnete Gemeinschaft darf erst dann tätig werden, wenn die zu lösende Aufgabe die Kräfte des Einzelnen übersteigt.
Bei der sozialen Sicherung bedeutet das, dass die Gemeinschaft erst dann mit Unterstützungsleistungen helfen soll, wenn die jeweilige Person weder von anderen Einrichtungen unterstützt werden muss (Arbeitslosenversicherung, Krankenkasse) noch in ihrer Familie oder selbst über genügend Vermögen oder Einkommen verfügt, sich selbst zu helfen. Subsidiarität bedeutet nachgeordnete Hilfe.

Versicherungsprinzip:
Leistungen erhält nur der, der mit Beiträgen selbst vorgesorgt hat.
Die Leistungshöhe richtet sich oft nach der Höhe der geleisteten Beiträge, z. B. in der Rentenversicherung.

Fürsorgeprinzip:
Leistungen erhält der, der bedürftig ist. Die Höhe der jeweiligen Leistungen richtet sich nach dem Grad der Bedürftigkeit.

Autorengrafik

M7 Solidarität und Subsidiarität in der katholischen Soziallehre

Liebe – Caritas – wird immer nötig sein, auch in der gerechtesten Gesellschaft. Es gibt keine gerechte Staatsordnung, die den Dienst der Liebe überflüssig machen könnte. Wer die Liebe abschaffen will, ist dabei, den Menschen als Menschen abzuschaffen. Immer wird es Leid geben, das Tröstung und Hilfe braucht. Immer wird es Einsamkeit geben. Immer wird es auch Situationen materieller Not geben, in denen Hilfe im Sinn gelebter Nächstenliebe nötig ist. Der totale Versorgungsstaat, der alles an sich zieht, wird letztlich zu einer bürokratischen Instanz, die das Wesentliche nicht geben kann, das der leidende Mensch – jeder Mensch – braucht: die liebevolle Zuwendung. Nicht den alles regelnden und beherrschenden Staat brauchen wir, sondern den Staat, der entsprechend dem Subsidiaritätsprinzip großzügig die Initiativen anerkennt und unterstützt, die aus den verschiedenen gesellschaftlichen Kräften aufsteigen und Spontaneität mit Nähe zu den hilfsbedürftigen Menschen verbinden.

Papst Benedikt XVI., Enzyklika „Deus caritas est", Verlautbarungen des Apostolischen Stuhls (Nr. 171) (hg. vom Sekretariat der Deutschen Bischofskonferenz), Bonn 2006, S. 39

Durch die oft übertrieben starke individuelle Ausrichtung von Gerechtigkeit ist vielfach das Vertrauen zerstört worden, dass der andere auch wirklich nicht nur den eigenen Vorteil, sondern das echte Wohl des anderen im Auge hat. Um Gerechtigkeit zu ermöglichen oder wiederherzustellen, brauchen wir in hohem Maß den Wiedergewinn dieses Vertrauens, dass der andere keinen unlauteren Vorteil einstecken will. Dies gilt für beide Seiten, für den, der auf Zuwendung angewiesen ist, aber auch für den, der mit seinen Möglichkeiten und Gütern für den anderen eintritt. […]
Dazu gehört auch, dass wir im Glauben an den Wert und die Würde jedes Menschen, der ein Ebenbild Gottes ist, davon ausgehen, dass jeder Mensch in den wechselseitigen Beziehungen unseres Lebens etwas beitragen kann zum Gelingen des Ganzen. Es gibt eine wichtige Wechselseitigkeit im Geben und Nehmen. Auch der Arbeitslose kann noch kleine Zeichen des Entgegenkommens bringen. Dies ist auch wichtig für die Verantwortung der Generationen füreinander. Vor allem dadurch kann das Vertrauen, das oft verletzt ist, wiederhergestellt werden. Dies ist nicht möglich, wenn jeder trickreich und oft heimlich seinen Vorteil sucht.
Wenn jemand sich in einer besonderen Notlage befindet, soll durchaus die Gemeinschaft für ihn einspringen. Das ist in der Regel aber nur für einen Übergang möglich und nötig. Wir müssen die schöpferischen Kräfte in jedem Menschen wiedererwecken. Wenn wir an den Menschen glauben, dann werden wir auch bei allen Enttäuschungen im einzelnen Wunder erleben, wozu Menschen fähig sind.

Karl Kardinal Lehmann, Predigt auf dem Deutschen Katholikentag am 28.5.2006 in Saarbrücken (abgerufen am 16.1.2008)

Aufgaben zu M6-M7

1. Erklären Sie mit eigenen Worten den Zusammenhang der in M6 genannten Prinzipien.
2. „Ich will mich aus eigener Kraft bewähren, ich will das Risiko des Lebens selbst tragen, will für mein Schicksal selbst verantwortlich sein. Sorge Du, Staat, dafür, daß ich dazu in der Lage bin." (Ludwig Erhard, Wohlstand für alle, 1957) Ordnen Sie dieses Zitat einzelnen Grundprinzipien der Sozialen Sicherung zu. (M6)
3. Beschreiben Sie das Subsidiaritätsprinzip, wie es in der Enzyklika von Papst Benedikt zum Ausdruck kommt. (M7)
4. „Es gibt eine wichtige Wechselseitigkeit aller im Geben und Nehmen", so Kardinal Lehmann.
   a) Warum nützt diese Wechselseitigkeit auch dem sozial Schwachen?
   b) Beschreiben Sie, wie die Wechselseitigkeit von der Solidarität zur Subsidiarität führen kann. (M7)
5. Diskutieren Sie, inwiefern Sie im Ehrenamt tätig werden könnten und ob dies (auch) ökonomisch sinnvoll ist. Bedenken Sie dabei auch den Nutzen für die Gesellschaft und den immateriellen Nutzen für Sie. (M7)

M8 Die gesetzliche Sozialversicherung in Deutschland

Vom Bruttolohn wird jeden Monat ein prozentualer Anteil an die verschiedenen Sozialversicherungszweige abgeführt. Dabei teilen sich Arbeitgeber (AG) und Arbeitnehmer (AN) die Belastung:

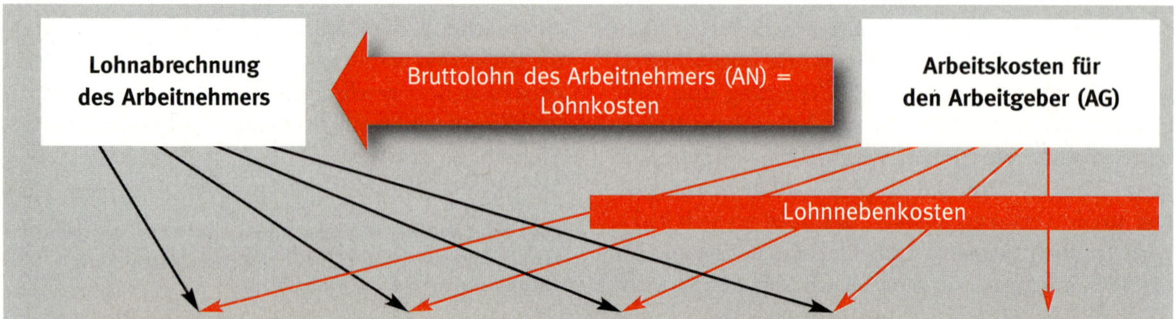

	Krankenversicherung	Rentenversicherung	Arbeitslosenversicherung	Pflegeversicherung	Unfallversicherung
Beitragsentrichtung	Grundsatz: AG und AN zahlen jeweils die Hälfte des Beitrags.				Der Beitrag wird allein vom AG getragen.
Besonderheiten	Ein zusätzlicher Anteil für Zahnbehandlung und Krankengeld ist komplett vom AN zu tragen. Auch vom Staat und von den privaten Krankenversicherungen gibt es Zuschüsse.	Erhebliche Zuschüsse leistet der Staat. Durch das **Umlageverfahren** werden die Beiträge von heute als heutige Leistungen ausgegeben (**Generationenvertrag**).	Der Staat zahlt Zuschüsse.	Kinderlose Versicherte zwischen 23 und 64 Jahren müssen einen Zuschlag bezahlen.	Die Beitragshöhe richtet sich nach Gefahrenklasse und Betriebsgröße.
Versicherungsleistungen	Kostenübernahme bei Arzt-, Zahnarzt- und Krankenhausbehandlung sowie bei Arzneikosten. Das Krankengeld ersetzt nach 6 Wochen die Lohnfortzahlung durch den AG im Krankheitsfall.	Leistungen sind in erster Linie das Altersruhegeld („Rente") und Hinterbliebenenrenten.	Neben dem Arbeitslosengeld I werden auch Leistungen zur beruflichen Aus- und Fortbildung, Umschulung, Berufsberatung und Arbeitsvermittlung erbracht.	Entsprechend der Pflegebedürftigkeit werden abgestufte Leistungen wie Pflegegeld und Pflegesachleistungen für häusliche oder stationäre Pflege erbracht.	Bei Arbeitsunfall oder Berufskrankheit werden z. B. die Heilbehandlung, Verletzten- und Waisenrenten bezahlt. Auch Maßnahmen zur Unfallverhütung gehören zu den Aufgaben.

Autorentext/-grafik

Aufgaben zu M8

1. Recherchieren Sie im Internet nach den aktuellen Beitragssätzen zu den Zweigen der gesetzlichen Sozialversicherung.
2. Berechnen Sie die Beiträge zu den Sozialversicherungszweigen, die ein Arbeitnehmer bei einem monatlichen Bruttoeinkommen von 3.000 Euro zahlen muss und vergleichen Sie die Summe mit dem Betrag, den Sie in Aufgabe 3 (Aufgaben zu M1-M5, S. 86) genannt haben.

2.3.2 Die gesetzliche Renten- und Krankenversicherung

M9 Der Generationenvertrag

Die Leistungen der Rentenversicherung für die Altersrenten werden nach dem Umlageverfahren finanziert, das auf dem Generationenvertrag basiert. Inhalt dieses Vertrags ist, dass die Generation der Erwerbstätigen für die vorausgehende und die nachfolgende Generation sorgt.

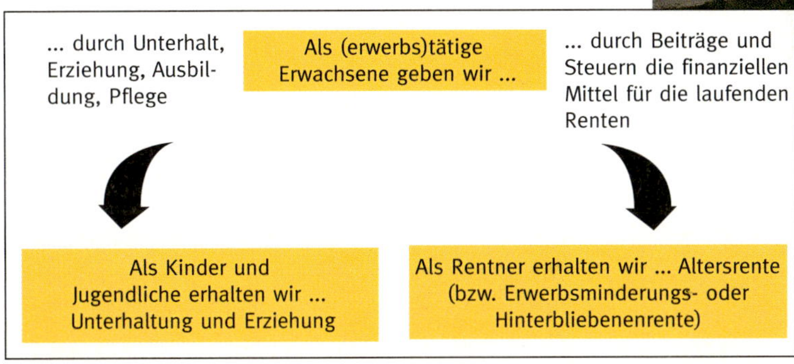

Safety 1st plus, Arbeitsgemeinschaft Jugend und Bildung e.V. in Zusammenarbeit mit dem Informationszentrum der deutschen Versicherer ZUKUNFT klipp+klar, Wiesbaden 2007, S. 15

M10 Das Umlageverfahren

Im Rahmen der gesetzlichen Rentenversicherung wird der Generationenvertrag in Form des Umlageverfahrens umgesetzt. Dies bedeutet, dass die Beschäftigten in die Rentenkasse einzahlen und die Alten daraus ihre Rente erhalten. Die laufenden Einnahmen der Rentenkassen, also die Beiträge[1] sowie der Zuschuss aus dem Steueraufkommen des Bundes[2], werden verwendet, um die aktuellen monatlichen Rentenzahlungen zu finanzieren. Durch dieses Umlageverfahren stützt die Generation, die im Berufsleben steht, die Generation, die im Ruhestand ist.

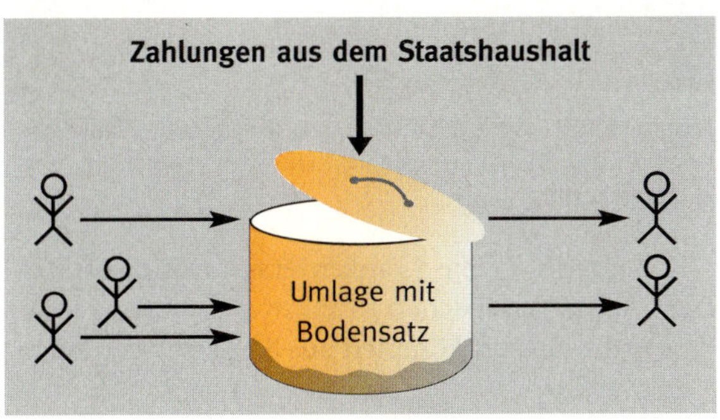

Für die Beiträge in die Rentenversicherung erhalten die Versicherten einen gesetzlich geschützten Anspruch auf Rente, deren genaue Höhe der Gesetzgeber (Bundestag und Bundesrat) festlegt. Um Zahlungsschwierigkeiten der gesetzlichen Rentenversicherung zu vermeiden, muss eine Schwankungsreserve („Bodensatz") im Umlagentopf verbleiben.

[1] Im Jahr 2008 lagen die Beiträge bei 19,9 % des Bruttolohns bis zur Beitragsbemessungsgrenze, sofern das Bruttoeinkommen unterhalb der Versicherungspflichtgrenze lag. Die Beitragsbemessungsgrenze bezeichnet die Obergrenze an Bruttoeinkommen, bis zu der Beiträge anfallen (2008: 5.300 Euro pro Monat, neue Länder: 4.500 Euro); die Versicherungspflichtgrenze bezeichnet die Obergrenze, bis zu der Arbeitnehmer verpflichtend Mitglied in der gesetzlichen Sozialversicherung sein müssen. Liegt deren Bruttoeinkommen darüber, können sie freiwillig in die gesetzliche Sozialversicherung einzahlen oder sich privat versichern (2008: 5.300 Euro pro Monat, neue Länder: 4.500 Euro).

[2] 2006 lag der Steuerzuschuss des Bundes (aus Mehrwert- und Ökosteuer) bei ca. 55 Mrd. Euro. Das sind knapp 28 % der Rentenzahlungen bzw. ca. 30 % der Ausgaben des Bundes. Er wird für die sogenannten versicherungsfremden Leistungen, d. h. z. B. Rentenzahlungen aufgrund von Kindererziehungszeiten, entrichtet.

Autorentext/-grafik

M11 Durchschnittliche Rentenhöhe

So hoch ist der Monatsverdienst im Durchschnitt:	So viel gesetzliche Altersrente erhält ein Rentner im Durchschnitt:
im Monat/2007	im Monat/zum 31.12.2005 abzüglich Kranken- und Pflegeversicherung der Rentner**:
2.457 € brutto abzüglich Steuern (442,91 €) und Sozialversicherung (515,97 €)* **1.489,15 € netto**	976 € (Männer/West) 1.056 € (Männer/Ost) 465 € (Frauen/West) 663 € (Frauen/Ost)

Die Rentenhöhe richtet sich insbesondere nach der Länge der Berufstätigkeit, der Höhe der geleisteten Beiträge und dem Renteneintrittsalter.
Mütter oder Väter sind in Zeiten, in denen sie Kinder erziehen, pflichtversichert. Bis zu drei Jahre werden beitragsfrei beim Rentenanspruch berücksichtigt. Beiträge werden dafür vom Bund entrichtet.
Autorentext

Safety 1st basic, Arbeitsgemeinschaft Jugend und Bildung e.V. in Zusammenarbeit mit dem Informationszentrum der deutschen Versicherer ZUKUNFT klipp+klar, 2007, S. 15

* für einen Alleinstehenden ohne Kind
** Seit 2005 werden auch die Renten stufenweise stärker besteuert.

Aufgaben zu M9-M11

1. a) Erklären Sie, wie sich im Generationenvertrag wichtige Grundprinzipien der sozialen Sicherung widerspiegeln. (M6, M9, M10)
   b) Diskutieren Sie in der Klasse, ob der Generationenvertrag auch heute noch zeitgemäß ist.
2. Erklären Sie die Tatsache, dass Frauen durchschnittlich weniger Rente erhalten als Männer. Wie versucht der Gesetzgeber, dies (teilweise) auszugleichen? (M11)
3. Die Regierung schlägt vor, zur Erhöhung der Einnahmen für die gesetzliche Rentenversicherung nicht die Rentenbeiträge, sondern die Ökosteuer (indirekte Steuer, deren Aufkommen in die Rentenversicherungskasse fließt) zu erhöhen, da dies die Wirtschaft weniger stark belastet.
   Nehmen Sie hierzu anhand einer schlüssigen Wirkungskette im Kreislaufmodell Stellung.

M12 Die gesetzliche Krankenversicherung

Jeder Arbeitnehmer, dessen Bruttoeinkommen unterhalb der Versicherungspflichtgrenze (2008: 4.012,50 Euro pro Monat) liegt, muss Mitglied einer gesetzlichen Krankenkasse werden (Pflichtprinzip). Familienmitglieder, die kein eigenes Einkommen über 345 Euro (bzw. 400 Euro für geringfügig Beschäftigte) pro Monat erhalten, sind in der gesetzlichen Krankenversicherung kostenlos mitversichert. Der Beitragssatz (2008: 13,9 %) wird durch den Gesundheitsfonds vorgegeben, geringfügig höhere Beiträge oder geringfügige Beitragsrückerstattungen kann jede Krankenkasse selbst festlegen. Zusätzlich müssen die Arbeitnehmer 0,9 % ihres Bruttoeinkommens für Krankengeld und Zahnersatzleistungen zahlen. Zu beachten ist – wie bei der gesetzlichen Rentenversicherung – die Beitragsbemessungsgrenze (2008: 3.600 Euro pro Monat): Wer ein höheres Bruttoeinkommen erhält, zahlt trotzdem nur den auf die Beitragsbemessungsgrenze berechneten Beitrag. Schon heute bekommen die Krankenkassen auch Zahlungen aus Steuermitteln für ihre versicherungsfremden Leistungen.

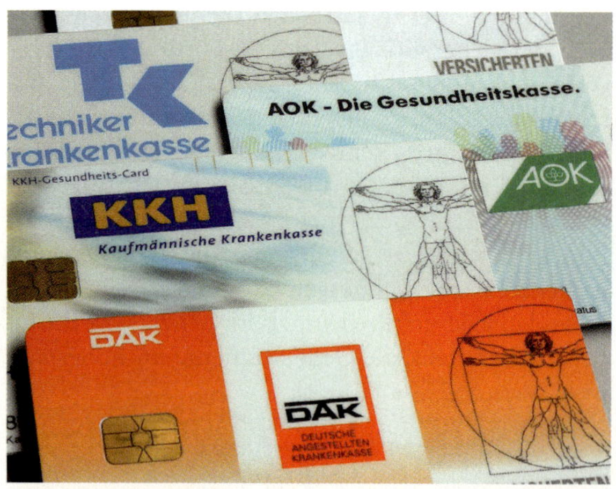

Arbeitnehmer können zwischen verschiedenen gesetzlichen Krankenversicherungen wählen, hier eine Auswahl an Versicherungskarten.

Die Beiträge für die Krankenversicherung von Kindern in der gesetzlichen Krankenversicherung sollen Schritt für Schritt komplett aus Steuermitteln finanziert werden.

Im Jahr 2006 gaben die gesetzlichen Krankenkassen in Deutschland insgesamt 147,6 Mrd. Euro für die Behandlung ihrer Versicherten aus. Über Zuzahlungen sind die erwachsenen Versicherten teilweise direkt an ihren Gesundheitskosten beteiligt. Es wird darauf geachtet, dass dieser Eigenanteil die finanziellen Möglichkeiten der Versicherten nicht überschreitet.

Autorentext

M13 Mitglieder der gesetzlichen Krankenversicherung

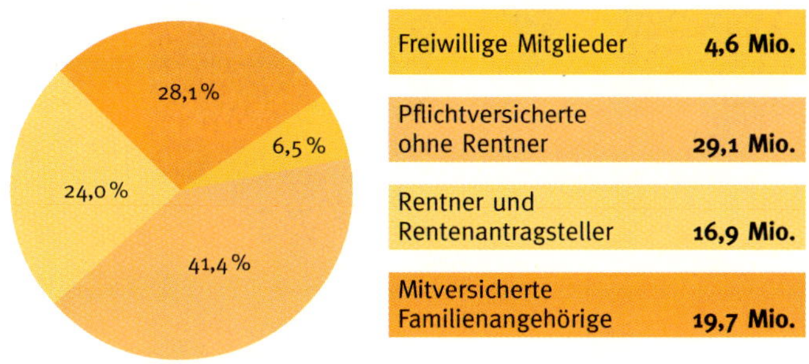

Versicherte der GKV (insgesamt 70,3 Mio.) nach Versicherungsstatus (Juli 2007).

Zahlen: Bundesministerium für Gesundheit und Soziale Sicherung (BMGS): Kennzahlen und Faustformeln GKV (Stand Juli 2007)

Aufgaben zu M12-M13

1. Friedrich Brunner verdient 3.100 Euro brutto im Monat, seine Ehefrau Barbara Brunner halbtags 1.200 Euro brutto im Monat. Der Beitragssatz ihrer gesetzlichen Krankenkasse beträgt 13,9 %. Ihre Kinder Klaus (14 Jahre) und Kerstin (17 Jahre) besuchen das Gymnasium, während Konrad (21 Jahre) studiert und 250 Euro im Monat durch einen Nebenjob verdient.
   a) Berechnen Sie den monatlichen Krankenversicherungsbeitrag, den Familie Brunner selbst und den ihre Arbeitgeber bezahlen müssen. (M12)
   b) Welche Beiträge sind für ihre Kinder zu bezahlen? (M12)
   c) Welchen Beitrag müsste Herr Brunner zahlen, wenn er 4.000 Euro brutto im Monat verdienen würde? (M12)
2. Die gesetzliche Krankenversicherung übernimmt auch Leistungen für Familienangehörige, Leistungen bei Schwangerschaft und Mutterschutz, die Zuzahlungen für sozial Schwache u. Ä. – die sogenannten versicherungsfremden Leistungen. Im Jahr 2005 mussten dafür insgesamt 44,1 Mrd. Euro aufgewandt werden.
   Diskutieren Sie, warum diese Leistungen übernommen werden und ob dies Ihrer Meinung nach sinnvoll ist.
3. Wovon hängen die Leistungen der privaten Krankenversicherung für ein Mitglied ab, wovon dessen Beiträge (Infobox)?

Infobox

Private Krankenversicherung

Wer nicht in der gesetzlichen Krankenversicherung pflichtversichert ist (z. B. als Selbstständiger, als Beamter oder als Angestellter mit einem Einkommen oberhalb der Versicherungspflichtgrenze) kann entweder freiwillig in die gesetzliche Krankenversicherung eintreten oder sich privat versichern. Ungefähr 10 % der Deutschen sind derzeit Mitglied in einer privaten Krankenversicherung.

Der Beitrag zur privaten Krankenversicherung hängt – im Gegensatz zum Solidarprinzip der gesetzlichen Krankenversicherung – in erster Linie vom Alter und vom Gesundheitszustand des Versicherten sowie vom gewählten Versicherungsumfang ab. Die Einkommenshöhe spielt keine Rolle. Der Versicherte kann selbst den Umfang seiner Absicherung bestimmen. Familienmitglieder sind nicht automatisch mitversichert, sondern müssen in der privaten Krankenversicherung einen eigenen Versicherungsvertrag abschließen und eigene Beiträge entrichten. Eine private Krankenversicherung kann den Versicherungsantrag auch ablehnen, wenn ihr das zu versichernde Risiko zu groß erscheint. Die gesetzliche und die private Krankenversicherung unterscheiden sich in ihren Leistungen für die jeweils Versicherten. Die Ärzte bekommen von den privaten Krankenversicherungen ein höheres Honorar als von der gesetzlichen Krankenversicherung.

Autorentext

2.3.3 Das Problem der Finanzierbarkeit im Sozialversicherungssystem und Reformansätze

▶M14 Der Generationenvertrag wird brüchig

„Alle müssen sich darüber im Klaren sein, dass die gesetzliche Rente allein nicht mehr ausreicht, um den gewohnten Lebensstandard im Alter zu sichern."

Walter Riester, Bundesarbeitsminister (1998–2002)

▶▶M15 Die Beiträge zur Sozialversicherung steigen

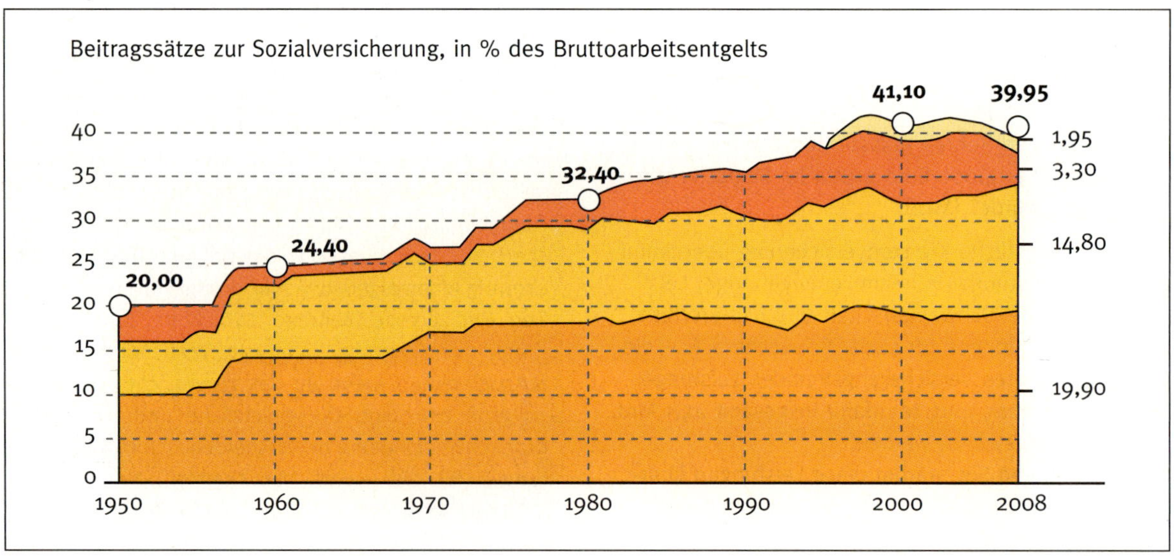

Handelsblatt vom 23. 5. 2006 (Nr. 99), S. 4 (aktualisiert)

▶▶M16 Probleme der Sozialversicherungssysteme in Zahlen

Bevölkerungsentwicklung von 1957 bis 2037

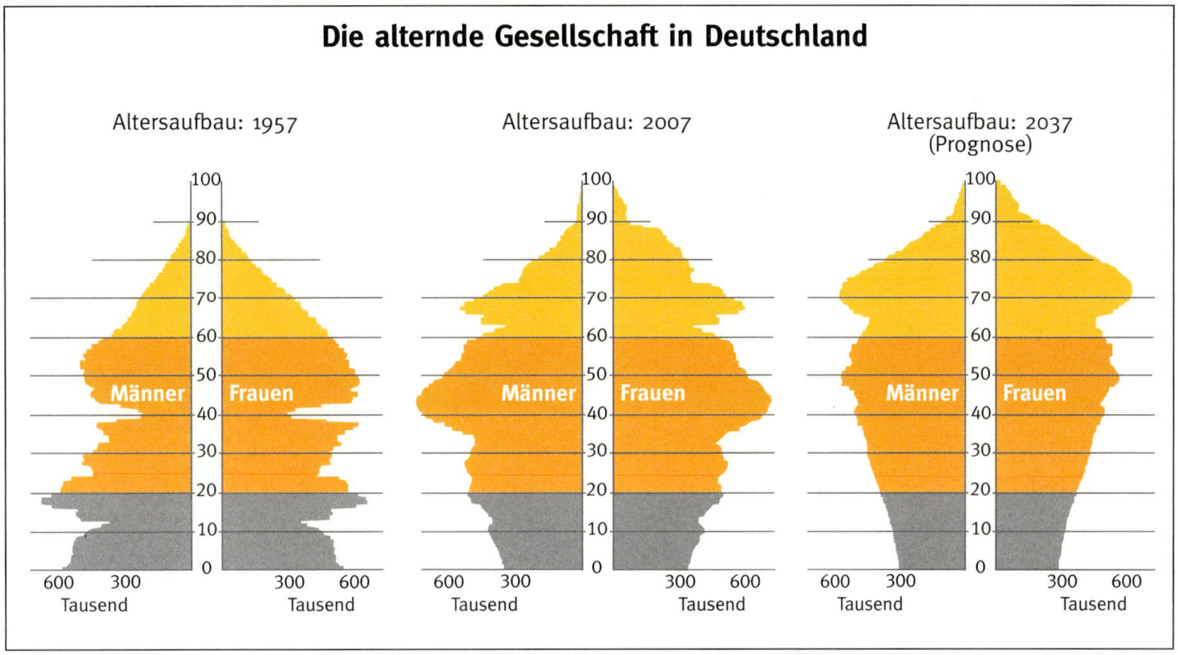

Zahlen: Statistisches Bundesamt 2006

Generationenvertrag im Wandel

	2005	2010	2020	2030	2040	2050
Rentner (65-jährige und älter)	15,87 Millionen	16,83 Millionen	18,60 Millionen	22,24 Millionen	23,84 Millionen	23,49 Millionen
potenzielle Beitragszahler (Personen im erwerbsfähigen Alter zwischen 20 und 65 Jahren)	50,08 Millionen	50,16 Millionen	48,97 Millionen	44,24 Millionen	41,11 Millionen	39,07 Millionen
Verhältnis	1:3,2	1:3,0	1:2,6	1:2,0	1:1,7	1:1,7

Zahlen: Statistisches Bundesamt 2006

Krankheitskosten bei Jung und Alt

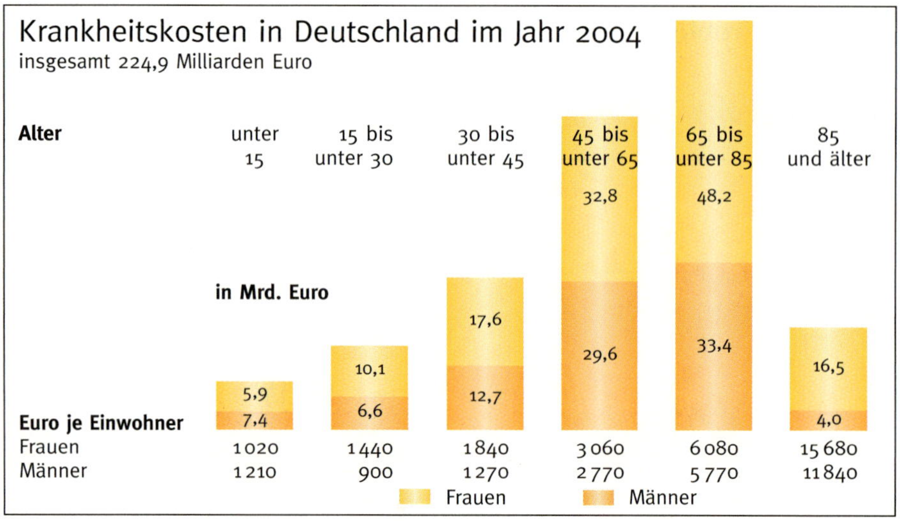

Daten: Statistisches Bundesamt 2006

Arbeitslosigkeit – das Problem in Deutschland

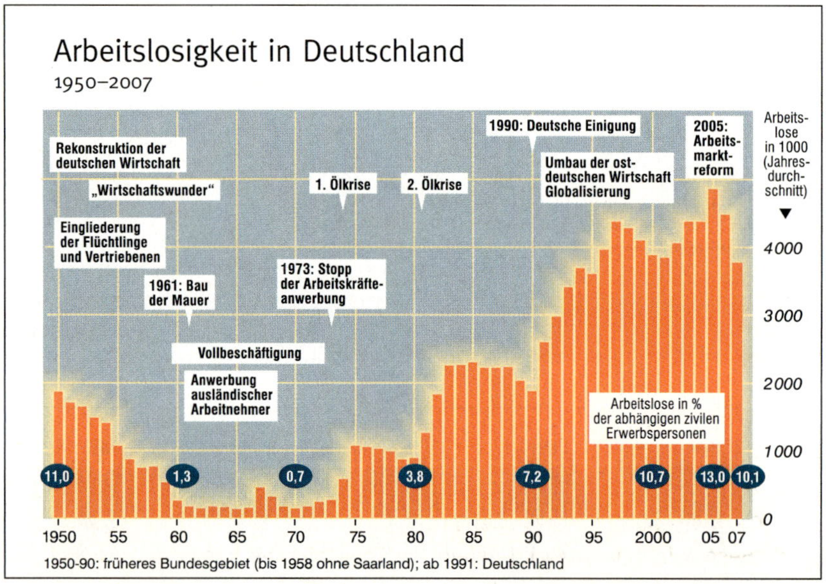

Erich Schmidt Verlag; Zahlenbild 258219 (05/2007)

Sozialversicherungspflichtig Beschäftigte

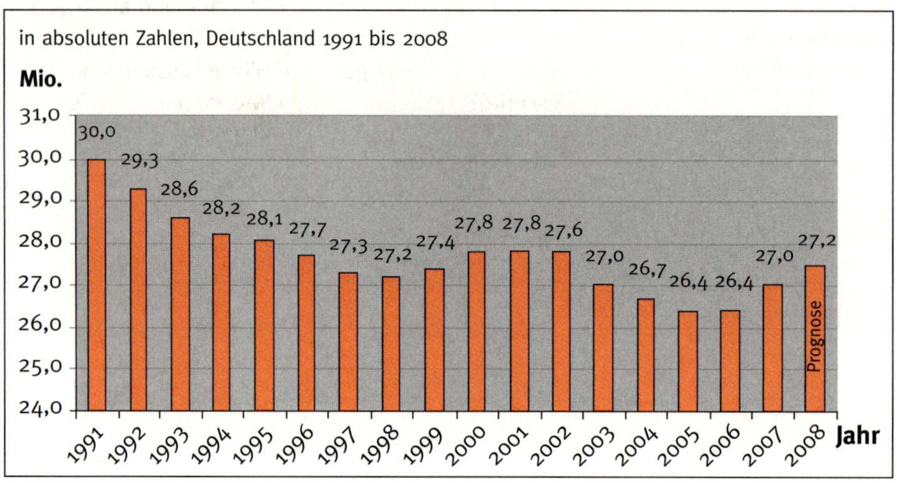

Daten: Statistisches Bundesamt 2007

Methode

Kritische Analyse von statistischem Material

„Glaube keiner Statistik, die du nicht selber gefälscht hast!“

Statistiken sind in einer besonderen Sprache abgefasst, die sich auf wenige Begriffe, auf Zahlen und grafische Zeichen (Säulen, Kurven, Kreise) beschränkt. Auf diese Weise werden eine Vielzahl und eine Vielfalt von Fakten unter ganz bestimmten (vom Verfasser der Statistik ausgewählten) Gesichtspunkten zusammengefasst, geordnet und überschaubar gemacht. Um die Statistiken richtig zu verstehen, orientiert man sich am besten an bestimmten Leitfragen. Nur auf diese Weise wird man auch auf Unklarheiten, Mängel und Fehler aufmerksam, die nicht selten in Statistiken enthalten sind.

Uns sollte immer bewusst sein, dass man mit Zahlenmaterial Tatsachen verzerrt darstellen kann, obwohl es zumeist den Anschein vollkommener Objektivität und unbezweifelbarer Richtigkeit erweckt. Häufig werden jedoch ganz besondere Interessen verfolgt. Dies gilt v. a. in der Wirtschafts- und Sozialstatistik. Deshalb ist es notwendig, nicht nur nach der Quelle der Statistik zu fragen, sondern auch kritisch zu überprüfen, wie die Zahlen in einer grafischen Darstellung präsentiert wurden. Mit der Art der Darstellungen lassen sich Sachverhalte verharmlosen oder dramatisieren. Deshalb sollte bei Statistiken und Grafiken stets auf die Beschreibung und Deutung auch das kritische Hinterfragen folgen.

A Leitfragen zur Beschreibung

- Auf welche Frage will die Statistik eine Antwort geben (Diagrammüber- oder -unterschrift)?
- Was wird in Beziehung zueinander gesetzt? Müssen Begriffe geklärt werden?
- Wer hat die Statistik verfasst, auf welchen Daten beruht diese? Wie wurden die Daten erhoben? Sind die Daten repräsentativ?
- Welche Darstellungsform wurde gewählt? Welche Zahlenarten wurden verwendet?

Mögliche Zahlenarten:
Absolute Zahlen sind die genauen (oder gerundeten) Mengenangaben.
Prozentzahlen geben entweder Anteile an, die zusammen immer 100% ergeben oder die Veränderung im Vergleich zu einem früheren Zeitpunkt.
Indexwerte sind Verhältniszahlen, die sich auf einen gleich 100 gesetzten Ausgangswert eines Basisjahres beziehen.

- Wie genau sind die Zahlenwerte (exakt, gerundet, geschätzt, vorläufig, „k. A.“ = „keine Angabe“, d. h. Zahlen sind nicht verfügbar)?
- Auf welchen Zeitraum bezieht sich die Statistik? Achten Sie hier nicht nur auf die dargestellten Zeiträume, sondern auch auf den Zeitpunkt der Diagrammerstellung!
- Wie sind die Achsen eingeteilt (Achsenbeginn beim Nullwert oder nicht, Zeitsprünge, Maßeinheiten, Verzerrungen durch ungeeignete Gruppenbildung, Veränderung der beobachteten Größe – z. B. Westdeutschland vor, Gesamtdeutschland nach 1991, u. a.)?

B Leitfragen zur Deutung

- Werden Verlaufsphasen deutlich (Zu- und Abnahme, Stagnation)?
- Gibt es einen Trend oder eher eine sprunghafte Entwicklung?
- Welches sind aussagekräftige Minimal- und Maximalwerte?
- Gibt es Zusammenhänge?
- Wie lassen sich die dargestellten Entwicklungen erklären (z. B. historisch, politisch, durch Entscheidungen des Gesetzgebers oder der Firmenleitung)? ▶

C Leitfragen zur kritischen Beurteilung

- Lassen sich die dargestellten Zahlen wirklich vergleichen? Wurden bei relativen Zahlenangaben die Bezugswerte genannt?
- Ist die gewählte grafische Darstellung geeignet?
- Ist der gewählte Zeitraum geeignet?
- In wessen Auftrag wurde die Statistik verfasst? Welche Interessenslage ist beim Auftraggeber/Verfasser zu vermuten?
- Lässt sich ein bestimmtes Interesse an der Gestaltung und der Veröffentlichung vermuten? Soll dem Leser ein bestimmter Eindruck vermittelt werden? Verfolgt der Verfasser gar eine manipulative Absicht?

Autorentext

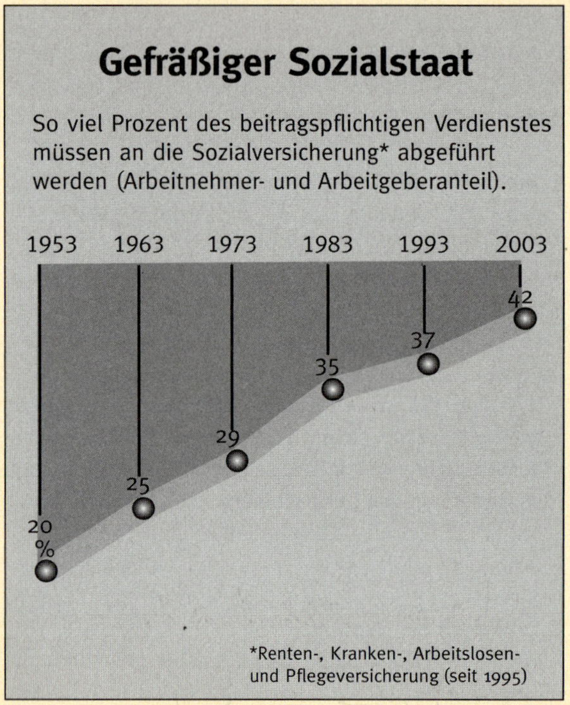

Quelle: BMA/BMWA

Aufgaben zur Methode

1. Beschreiben, deuten und hinterfragen Sie kritisch die unterschiedliche Wirkung der Grafiken zur Entwicklung der Sozialversicherungsbeiträge anhand der Leitfragen.
2. Wer könnte ein Interesse an einer verzerrten Darstellung der Daten zu den Sozialversicherungsbeiträgen haben? Überlegen Sie sich, wer eher die linke und wer eher die rechte Grafik veröffentlichen würde.
3. a) Analysieren Sie die Grafik aus M16 „Generationenvertrag im Wandel“ mithilfe der Leitfragen.
   b) Diskutieren Sie, inwiefern die Darstellung den Sachverhalt treffend darstellt oder aber teilweise verfälscht.
4. a) Beschreiben, deuten und beurteilen Sie die Darstellung der „Krankheitskosten bei Jung und Alt“ (M16).
   b) An welcher Stelle ist die Darstellung verzerrt und polemisiert damit in ihrer Aussage?

M17 Probleme und Ansätze zu ihrer Lösung

Der Staat stößt bei den Sozialausgaben an seine Grenzen bzw. hat sie bereits überschritten. Um trotzdem auch in Zukunft eine soziale Absicherung finanzieren zu können, gerade in Phasen stagnierenden Wirtschaftswachstums, hoher Arbeitslosigkeit und demografischer Ungleichgewichte, müssen alle Teile der Gesellschaft Opfer bringen.

Eine Reihe an Reformen wurde bereits durchgeführt: So wird schrittweise das Eintrittsalter für den Rentenbezug auf 67 Jahre erhöht. Der Anstieg der Rentenzahlungen wird durch einen sogenannten Nachhaltigkeitsfaktor gebremst. Nimmt die Zahl der Erwerbstätigen im Verhältnis zur Zahl der Rentenbezieher ab, so führt dies zur Aussetzung von Rentenerhöhungen. In den kommenden Jahren und Jahrzehnten wird dadurch das Rentenniveau spürbar sinken. Betroffen hiervon werden in besonderem Maße die Personen sein, die dann in die Rentenbezugsphase kommen.

Um die Arbeitskosten der Arbeitgeber zu senken und damit international konkurrenzfähig zu bleiben, wurde in manchen Branchen bereits die wöchentliche Arbeitszeit ohne entsprechende Einkommenssteigerung erhöht. Dadurch sollen bestehende Arbeitsplätze gesichert und neue geschaffen werden, was wiederum die Zahl der Beitragszahler in die Sozialversicherung anhebt. Aufgrund des deutlichen Rückgangs der Arbeitslosigkeit in den Jahren 2006 und 2007 konnte der Beitragssatz zur Arbeitslosenversicherung deutlich gesenkt werden. Dies bedeutet eine Entlastung aufseiten der Lohnnebenkosten und verschafft zugleich den Arbeitnehmern ein höheres verfügbares Einkommen.

Allerdings sind weitere Reformanstrengungen notwendig. Zunehmend wird vom Einzelnen mehr Eigenleistung gefordert und seine Eigenverantwortung gefördert werden. Es ist darauf zu achten, dass keine Generation überfordert wird. Zur erfolgreichen Umsetzung von Reformen ist die Kraft der gesamten Gesellschaft nötig: Unternehmer und Arbeitnehmer, freiberuflich Tätige und Rentner müssen ihren Beitrag leisten.

Autorentext

M18 Arbeitsmarkt und Rente

Aufgaben zu M14-M18

1. a) Wie hat sich die Altersstruktur in Deutschland verändert und wie wird sie in Zukunft aussehen? (M16)
   b) Was könnten die Gründe für die in M16 dargestellte demografische Entwicklung sein?
2. Beschreiben Sie die Probleme, die das System der sozialen Sicherung jeweils auf der Einnahmen- und Ausgabenseite hat. (M14-M17)
3. Stellen Sie dar, wie die Entwicklung der Arbeitslosigkeit und der sozialversicherungspflichtig Beschäftigten mit den Problemen der gesetzlichen Sozialversicherung zusammenhängen. (M16)
4. a) Begründen Sie beide Aussagen aus M18.
   b) Belegen Sie die Argumentationen anhand schlüssiger Wirkungsketten im Kreislaufmodell.
5. Erläutern Sie, warum der Generationenvertrag immer wieder infrage gestellt wird. (M14-M18)
6. Prüfen Sie, unter welchen Voraussetzungen das Umlageverfahren gut funktioniert und wann es problematisch wird. (M9, M10, M16)
7. Im Rentensystem werden vielfältige Reformansätze diskutiert.
   a) Welche Lösungsvorschläge werden in M17 genannt?
   b) Informieren Sie sich, welche weiteren Vorschläge zur Rentenreform diskutiert werden oder bereits umgesetzt wurden.
   c) Analysieren Sie die Auswirkungen dieser Vorschläge mithilfe des Kreislaufmodells.
8. Gegen die jetzige Regelung in der Rentenversicherung wird immer wieder die Forderung erhoben, jeder solle für seine eigene Zukunft Vorsorge treffen (M17). Anstatt Beiträge in die Rentenversicherung zu zahlen, könne man sich Aktien oder Immobilien kaufen oder einen Sparvertrag abschließen. Diskutieren Sie Vor- und Nachteile und die Praktikabilität dieses Vorschlags.
9. Erörtern Sie, welche Probleme der gesetzlichen Rentenversicherung auch Probleme der gesetzlichen Krankenversicherung sind. (M16)
10. Diskutieren Sie anhand der Kriterien der Geldanlage (Magisches Dreieck der Geldanlage: Sicherheit, Liquidität und Rentabilität), inwiefern die Zahlung von Beiträgen zur gesetzlichen Rentenversicherung eine sinnvolle Geldanlage darstellt.

M19 Reformansätze der Krankenversicherung

Dass die gesetzliche Krankenversicherung reformiert werden muss, steht außer Zweifel. Heftig gestritten wird unter Experten und Politikern über das Wie. Unter anderem werden folgende Reformvorschläge debattiert:

Ausgaben senken
- Höhere Eigenbeteiligung der Patienten
- Streichen von Leistungen (Zahnersatz, Sportunfälle, Folgekosten aufgrund von Piercings, Schönheitsoperationen ...)
- Nur noch lebensnotwendige Basisversorgung
- Kürzere Krankenhausaufenthalte
- Überweisung an Facharzt nur durch den Hausarzt
- Mehr Konkurrenz zwischen den Krankenhäusern
- Bezahlung von Fallpauschalen

Einnahmen erhöhen
- Höhere Beitragssätze
- Pflichtmitgliedschaft für alle Bürger (Bürgerversicherung)
- Beiträge auch für Familienangehörige ohne Einkommen
- Höhere Finanzierung aus Steuermitteln

Sonstiges
- Kontrollrechnungen für Patienten
- Mehr Wettbewerb zwischen den Krankenkassen (unterschiedliche Leistungen, individuelle Verträge mit Ärzten ...)
- Fusionen von Krankenkassen zur Senkung von Verwaltungskosten

Nach: Ad rem, Ausgabe November 2005 (Nr. 140), S. 8 (bearbeitet)

Aufgaben zu M19

1. Erläutern Sie anhand von M16 und M19 die Probleme der gesetzlichen Krankenversicherung.
2. Diskutieren Sie die in M19 genannten Reformvorschläge auch unter Berücksichtigung der Prinzipien der sozialen Sicherung. (M6)
3. Häufig wird in der öffentlichen Diskussion ein Risikozuschlag auf den Krankenversicherungsbeitrag für Raucher und Menschen, die gefährliche Sportarten ausüben, gefordert. Führen Sie in der Klasse eine Pro-Kontra-Debatte zu diesem Thema durch.
4. Diskutieren Sie die verschiedenen Reformvorschläge im Hinblick auf Durchsetzbarkeit, Effizienz und soziale Gerechtigkeit und analysieren Sie ihre Auswirkungen im Kreislaufmodell. (M19)
5. Erkundigen Sie sich, inwieweit durch die 2007 in Kraft getretene Gesundheitsreform die Probleme entschärft wurden oder ob weitere Änderungen nötig und geplant sind.

M20 Möglichkeiten ergänzender privater Altersvorsorge: drei Säulen der Alterssicherung

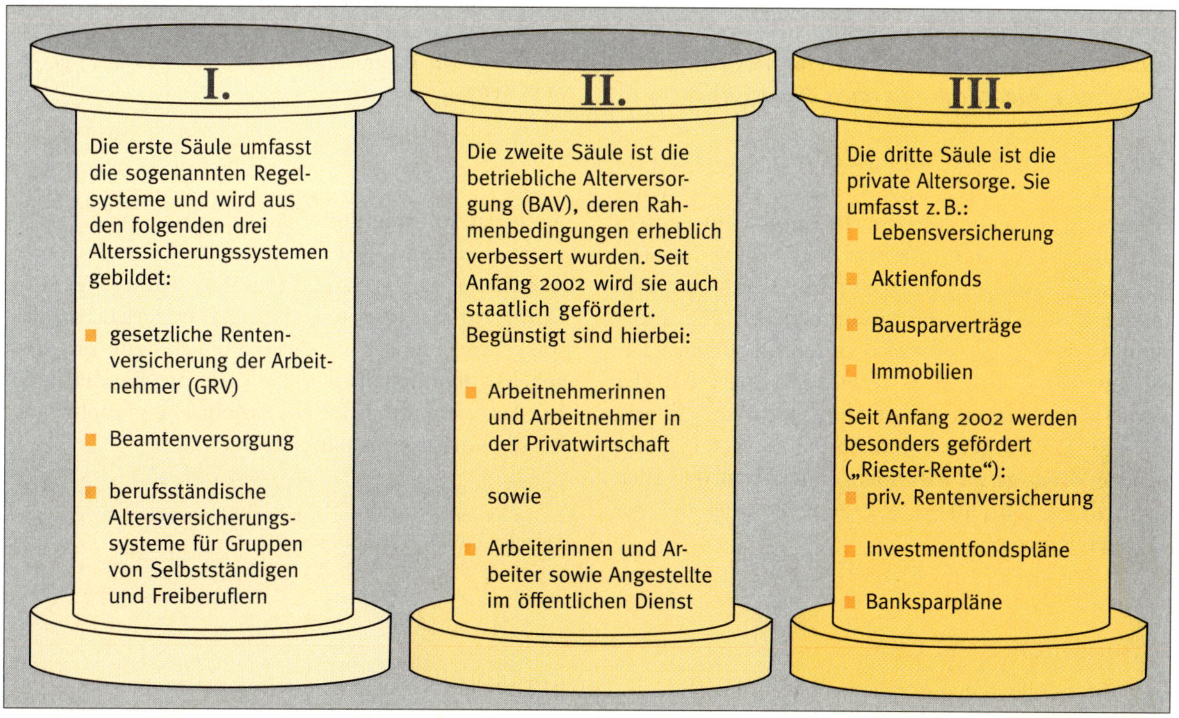

Nach: Sozialpolitik – Ein Heft für die Schule, Arbeitsgemeinschaft Jugend und Bildung e.V. in Zusammenarbeit mit dem Bundesministerium für Arbeit und Soziales, Wiesbaden 2007, S. 27

M21 Private Absicherung

Die gesetzliche Rente wird zukünftig nur eine Grundsicherung darstellen, für größere Ausgaben muss privat vorgesorgt werden.

Aufgrund von Leistungseinschränkungen in der gesetzlichen Krankenversicherung hat die private Zusatzversicherung in den letzten Jahren an Bedeutung gewonnen. Der gesetzlich Versicherte schließt hierbei eine private Krankenzusatzversicherung ab, mit der die Lücken in seinen Leistungsansprüchen ausgefüllt werden sollen. Über den Umfang und damit die Kosten entscheidet jeder selbst, die Beitragshöhe richtet sich nach dem versicherten Risiko (Äquivalenzprinzip). Beispielsweise lassen sich hiermit Eigenbeteiligungen für Medikamenten- und Behandlungskosten abfedern. Auch für die Rente gibt es verschiedene Modelle der privaten Zusatzversicherung:

Die private Vorsorge muss jeder in Eigenregie vornehmen. Bei privaten Lebens- oder Rentenversicherungen spart jeder Versicherte Kapital auf einem „persönlichen" Beitragskonto nach dem Kapitaldeckungsverfahren. Das eingezahlte Geld wird also tatsächlich angelegt und zusammen mit den angesammelten Zinsen und Zinseszinsen für spätere Zahlungen an den Einzahler verwendet. Die Höhe der Rente hängt von der Entwicklung am Kapitalmarkt ab. Um den Bürgern einen Anreiz zu bieten, mehr private Vorsorge zu betreiben, unterstützt der Staat diese durch Zuschüsse, wie zum Beispiel bei der „Riester-Rente".

Auch das Alterseinkünftegesetz soll die private Vorsorge erleichtern: Bisher wurden die Beiträge der Arbeitnehmer aus versteuertem Einkommen gezahlt. Dafür waren die Rentenzahlungen steuerfrei. Künftig soll es im Zuge der nachgelagerten Besteuerung umgekehrt ablaufen. Der Vorteil für die Beschäftigten ist, dass sie während ihres Arbeitslebens mehr Geld für die Vorsorge ansparen können.

Nach: Finanzen & Steuern, Arbeitsgemeinschaft Jugend und Bildung e.V. in Zusammenarbeit mit dem Bundesministerium der Finanzen, Ausgabe 2005, S. 22 f. (bearbeitet)

Aufgaben zu M20-M21

1. Fassen Sie die wesentlichen Unterschiede zwischen einer umlagefinanzierten und einer kapitalgedeckten Altersvorsorge zusammen. (M10, M21)
2. Erörtern Sie Vor- und Nachteile der privaten Sicherungssysteme im Vergleich zur gesetzlichen Sozialversicherung. (M20, M21)
3. Erstellen Sie eine Übersicht, welche Formen der privaten Altersabsicherung staatlich gefördert werden. Berücksichtigen Sie dabei auch, wie und unter welchen Bedingungen die Förderung jeweils erfolgt. (M20, M21, Recherche)

Zusammenfassung 2

Soziale Sicherung in der sozialen Marktwirtschaft

Zweige der gesetzlichen Sozialversicherung
M8, M9

Zur **gesetzlichen Sozialversicherung** in Deutschland gehören die **Renten-, die Kranken-, die Unfall-, die Arbeitslosen- und die Pflegeversicherung.** Durch sie sollen die großen Lebensrisiken Alter, Krankheit, Arbeitsunfähigkeit, Arbeitslosigkeit und Pflegebedürftigkeit abgedeckt werden. Die Kosten werden durch **Arbeitgeber- und Arbeitnehmerbeiträge** in einem **Umlageverfahren** finanziert, d. h. heutige Beiträge werden für heutige Auszahlungen verwendet.

Prinzipien der sozialen Sicherung
M6

Die gesetzliche Sozialversicherung basiert auf dem **Subsidiaritäts-** und dem **Solidaritätsprinzip**.
Subsidiarität bedeutet, dass zunächst jeder selbst innerhalb der eigenen Möglichkeiten seine Aufgaben und Probleme lösen, also auch für seinen Lebensunterhalt sorgen muss. Erst wenn die eigenen Kräfte dafür nicht mehr ausreichen, greift solidarisch die Gemeinschaft unterstützend ein.

Probleme der gesetzlichen Sozialversicherung
M15, M16, M17

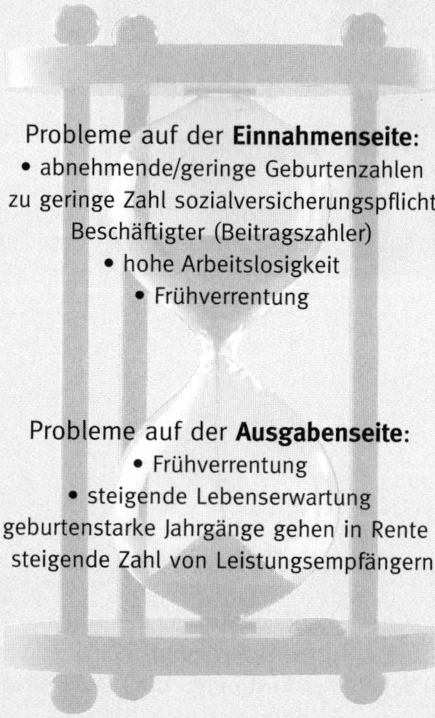

Probleme auf der **Einnahmenseite:**
- abnehmende/geringe Geburtenzahlen
- zu geringe Zahl sozialversicherungspflichtig Beschäftigter (Beitragszahler)
- hohe Arbeitslosigkeit
- Frühverrentung

Probleme auf der **Ausgabenseite:**
- Frühverrentung
- steigende Lebenserwartung
- geburtenstarke Jahrgänge gehen in Rente –> steigende Zahl von Leistungsempfängern

Da die Ausgaben der Renten-, Kranken- und Pflegeversicherung aufgrund höherer Lebenserwartung, besserer medizinischer Möglichkeiten und hoher Arbeitslosigkeit immer weiter gestiegen sind, die Zahl der Beitragszahler tendenziell aber abnimmt, treten Finanzierungsprobleme auf. Eine ständige Erhöhung der Beitragssätze ist v. a. auch wegen zu hoher Lohnnebenkosten und damit einer zu starken Belastung der Unternehmen sowie des Arbeitsmarkts nicht möglich. Deshalb wird um Lösungen für die künftige Finanzierbarkeit des Sozialversicherungssystems gerungen.

Private Vorsorge
M20, M21

Immer größere Bedeutung wird dabei die **ergänzende private Vorsorge**, insbesondere für das Alter, aber auch für Krankheitskosten, bekommen.

2.4 Öffentliches Recht als Handlungsrahmen

2.4.1 Das Recht als Rahmen für wirtschaftliches Handeln

M1 „Muss sich der Staat hier einmischen?"

Razzia von Zoll und Polizei auf einer Großbaustelle. Nach einem Hinweis auf Lohndumping (Löhne unterhalb des gültigen Tarifs) überprüfen Beamte die Papiere der Bauarbeiter.

Aufgabe zu M1

Diskutieren Sie in einem Rollenspiel das Eingreifen des Staates aus Sicht der betroffenen Personen (z. B. Bauarbeiter, Chef des Bauunternehmens, Polizeibeamte).

M2 Die Rechtsordnung als Teil der Wirtschaftsordnung

Das öffentliche Recht hat große Bedeutung für die Wirtschaftsordnung der sozialen Marktwirtschaft. Es erlaubt dem Staat, durch rechtliche Regelungen dem wirtschaftlichen Handeln der Bürger Rahmenbedingungen zu setzen und sich damit im Einzelfall ins Wirtschaftsgeschehen einzumischen. Durch das öffentliche Recht sichert der Staat die Freiheit, setzt aber auch gleichzeitig Grenzen.

Der Sicherung der Freiheit dienen z. B. die Garantie des Privateigentums, die Gewährleistung einer marktwirtschaftlichen Ordnung mit freien Märkten und die Freiheit der Berufswahl. Zur Sicherung des freien Wettbewerbs dient das Kartellrecht, das Unternehmenszusammenschlüsse begrenzt.

Durch die Finanzverfassung werden den Bürgern Steuern und Abgaben auferlegt, damit der Staat seine Aufgaben finanzieren kann. Weitere Einschränkungen der persönlichen Freiheiten stellen z. B. die Sozialordnung, das Umweltrecht, der Kündigungsschutz und der Mieterschutz dar. Oft ist damit die Grenze für den Einen die Freiheit für den Anderen, wie z. B. bei den Kündigungsfristen.

Problematisch ist, dass der Einzelne oft andere Ziele verfolgt als die Gemeinschaft. Zum Beispiel kann eine umweltbelastende Produktion für ein Unternehmen kostengünstiger sein und damit zu einem höheren Gewinn führen, die Allgemeinheit hat jedoch die stärkere Umweltbelastung zu tragen (externe Kosten). Hier muss das öffentliche Recht im Hinblick auf das gesamtwirtschaftliche Ergebnis regelnd eingreifen.

Autorentext

M3 Abgrenzung Privatrecht – öffentliches Recht

Der wichtigste Beitrag der Römer zur Entwicklung der Wirtschaft ist vermutlich ihr Rechtssystem. Schon um 450 v. Chr. wurden die grundlegenden Bestimmungen über die Beziehungen der Bürger untereinander (Privatrecht), über das Verhältnis von Bürger und Staat (öffentliches Recht) und darüber, welche Taten mit welchen Strafen als Verbrechen geahndet werden (Strafrecht), schriftlich festgehalten. Später schrieben berühmte Rechtsgelehrte die Gesetze anhand von Entscheidungen über typische Fälle fort. Verträge, allgemein gültige Gesetze und eine Staatsmacht, die das Recht auch durchsetzt, bildeten die Grundlage für den Aufschwung von Handel und Zivilisation im Römischen Reich. Das Rechtssystem der Römer lebte fort, auch als das Reich längst zerfallen war, in einigen Staaten bis in unsere Tage.

Nach: Nikolaus Piper, Geschichte der Wirtschaft, Weinheim 2002, S. 42

Das Rechtssystem der Bundesrepublik Deutschland führt die Tradition der Trennung von privatem und öffentlichem Recht fort.

Das Privatrecht (auch: Zivilrecht) regelt die Rechtsbeziehungen der Bürger untereinander. Bei der Gestaltung ihrer Rechtsbeziehungen sind sie gleichberechtigt, wie dies z. B. im Vertragsrecht und im Handelsrecht der Fall ist (Prinzip der Gleichordnung). Sofern der Staat nicht hoheitlich handelt, sondern z. B. das Finanzamt Büroräume anmietet, bewegt sich auch der Staat als Vertragspartner im Privatrecht.

Im öffentlichen Recht werden die rechtlichen Beziehungen des Einzelnen zum Staat (Bund, Länder, Gemeinden) und die rechtlichen Beziehungen der staatlichen Organe untereinander geregelt (z. B. Land – Gemeinde). Zwischen Bürger und Staat herrscht das Prinzip der Über- und Unterordnung. Der Bürger muss die staatlichen Vorgaben, die unabänderbar sind und für alle in gleicher Weise gelten, einhalten (z. B. Steuern zahlen, Wehrdienst ableisten). Er kann aber gegen die öffentliche Gewalt klagen, wenn er sich ungerecht behandelt fühlt (z. B. gegen einen Steuerbescheid im Steuerrecht). Im öffentlichen Recht wird der Staat von sich aus tätig, z. B. wenn die Staatsanwaltschaft automatisch eine Straftat verfolgt und Beweise ermittelt. Allerdings dürfen auch bei der Ermittlung rechtliche Schranken nicht überschritten werden.

Ein Sachverhalt kann sowohl öffentlich-rechtliche als auch privatrechtliche Folgen haben, wie sich am Beispiel eines Verkehrsunfalls zeigen lässt:

Mögliche privatrechtliche Folgen:
- Ersatz des Sachschadens
- Ersatz von Behandlungskosten
- Evtl. Zahlung einer lebenslangen Rente
- Evtl. Leistungen zur Hinterbliebenenversorgung

Mögliche öffentlich-rechtliche Folgen:
- Anklage wegen Verletzung von Straßenverkehrsgesetz und/oder Straßenverkehrsordnung
- Anklage wegen fahrlässiger Körperverletzung/Tötung
- Anklage wegen Verkehrsgefährdung

Autorentext

Die Polizei nimmt einen Verkehrsunfall auf. Den Schadensersatz müssen die Unfallparteien untereinander klären.

M4 Grundprinzipien der Rechtsstaatlichkeit

Ein Rechtsstaat ist ein Staat, dessen Handeln einerseits auf die Verwirklichung von Recht und Gerechtigkeit ausgerichtet ist, der andererseits in seinem Handeln stets an die bestehende Rechtsordnung gebunden ist. Die Rechtsstellung des Einzelnen ist durch die Garantie von Grundrechten und die Überprüfbarkeit staatlicher Maßnahmen durch unabhängige Gerichte gesichert. Gewährleistet wird dies durch vier Prinzipien:

a) Rechtsbindung

Jeder Bürger hat unveränderliche Grund- und Menschenrechte, die im Grundgesetz der Bundesrepublik Deutschland verankert sind. Bundestag, Bundesrat und Landtage sind beim Erlassen von Gesetzen an diese Grundrechte gebunden und dürfen keine Gesetze beschließen, die der Verfassung widersprechen. Die beschlossenen Gesetze muss dann jeder Bürger und jede staatliche Institution (z. B. Regierung, Verwaltung, Gerichte) einhalten.

b) Rechtsgleichheit

Das Recht muss stets in gleicher Weise angewendet werden, und die Gerichte haben unabhängig von Stand und Ansehen einer Person zu urteilen. Vor dem Gesetz sind alle Menschen gleich.

c) Rechtssicherheit

Die Rechtsweggarantie erlaubt es jedem Bürger, der sich durch eine staatliche Maßnahme ungerecht behandelt fühlt, Widerspruch bei einer Behörde einzulegen oder die Gerichte anzurufen. Damit jeder Bürger die Möglichkeit hat, sich über Gesetze informieren zu können, müssen sämtliche Gesetze vor ihrem Inkrafttreten veröffentlicht werden. Sie dürfen auch nicht rückwirkend gelten, weshalb niemand für eine Tat bestraft werden kann, die bei ihrer Begehung noch nicht strafbar war (keine Strafe ohne Gesetz). Dadurch wird der Staat berechenbar und verlässlich in seinen Handlungen und der Bürger tritt ihm nicht als Untertan gegenüber.

d) Unabhängigkeit der Gerichte

Richter und Gerichte sind in ihren Entscheidungen nur an die Gesetze gebunden. Diese sind der alleinige Maßstab für ihr Handeln. Keine staatliche Behörde und kein Politiker darf einem Gericht Weisungen erteilen oder versuchen, auf ein Urteil Einfluss zu nehmen. Alle staatlichen Maßnahmen können von unabhängigen Richtern überprüft werden.

Autorentext

Die Gerechtigkeit wird oft durch die Frauengestalt Justitia symbolisiert, die mit verbundenen Augen, Richterschwert und Waage dargestellt wird. Die Waage steht für die ausgewogene Beurteilung rechtlicher Streitfälle, die verbundenen Augen dafür, dass sie ohne Ansehen der Person urteilt. Das Schwert symbolisiert die rechtlich gebundene Macht und Urteilsgewalt.

M5 Recht und Gerechtigkeit

Die Verwirklichung von Gerechtigkeit ist das oberste Leitziel der Rechtsordnung. Sie ist ein soziales Ordnungs- und Verteilungsprinzip, das darauf abzielt, jedem das Seine zu gewähren. Seit der Antike unterscheidet man zwischen der ausgleichenden Gerechtigkeit und der austeilenden Gerechtigkeit.

Die ausgleichende Gerechtigkeit gilt im Verhältnis der Einzelnen zueinander und umfasst beispielsweise, dass man Sachwerte bezahlt, die man empfangen hat, und Verträge einhält, die man geschlossen hat. Die austeilende Gerechtigkeit betrifft die Rechte und Pflichten der Einzelnen gegenüber der Gemeinschaft. Demnach gibt die Gemeinschaft jedem das ihm Zustehende – bei Bedürftigkeit in Form von Fürsorge, bei schweren Rechtsverstößen aber auch in Form von angemessener Strafe. Umgekehrt wird von jedem Einzelnen verlangt, der staatlichen Gemeinschaft das ihre zu geben, indem er beispielsweise seine Steuern zahlt und seine staatsbürgerlichen Pflichten erfüllt.

Die Definition dessen, was gerecht ist, ist allerdings äußerst schwierig. Erreichbar wird immer nur eine relative Gerechtigkeit sein.

Um einer allgemein akzeptierten Gerechtigkeit möglichst nahe zu kommen, orientiert man sich an den Grundsätzen der Gleichheit (Gleiches ist gleich, Ungleiches ungleich zu behandeln), der Billigkeit (Jedem ist das Seine zu gewähren, wobei ein Bezug zum Individuum hergestellt wird, indem z. B. der persönliche Lebensweg und die jeweilige Lebenssituation berücksichtigt werden) und der Verhältnismäßigkeit staatlichen Handelns (z. B. dürfen bei kleinen Vergehen keine extrem hohen Strafen verhängt werden).
Zur Gerechtigkeit in einem Gerichtsverfahren gehört auch, dass der Sachverhalt durch einen unbefangenen, sachkundigen Richter vollständig und öffentlich aufgeklärt wird.

Autorentext

> Beispiele für diese Grundsätze lassen sich auch im Schulalltag finden:
> - Wenn zwei Schüler die gleiche Zahl an Bewertungseinheiten in der gleichen Schulaufgabe erreicht haben, müssen sie dafür die gleiche Note erhalten (Gleichheit).
> - Anerkannte Legastheniker erhalten bei Leistungserhebungen u. U. eine längere Arbeitszeit und ihre Rechtschreibfehler werden bei der Bewertung nicht berücksichtigt (Billigkeit).
> - Dass ein Schüler nicht allein deshalb vom Unterricht ausgeschlossen werden darf, weil er einen Mitschüler leicht angerempelt hat, entspricht dem Grundsatz der Verhältnismäßigkeit.

Aufgaben zu M2-M5

1. Ordnen Sie die folgenden Vorgänge dem öffentlichen und/oder privaten Recht zu. (M2, M3)
   a) Sie kaufen ein Ticket für ein Konzert Ihrer Lieblingsband.
   b) Die Stadt Nördlingen verlangt von Hubert Hauser 60 Euro Hundesteuer.
   c) Bernd Benz erhält von seinem Maler eine Rechnung über erbrachte Leistungen an seinem Einfamilienhaus über 1.200 Euro.
   d) Das Finanzamt Günzburg bestellt eine Lieferung Kopierpapier.
   e) Ein Dieb wird festgenommen.
   f) Frau Braun bekommt ihren Personalausweis ausgehändigt.
2. Aus Ärger über eine unbedachte Äußerung seines Gegenüber Bauer schlägt Hauser diesem mit der Faust ins Gesicht, woraufhin Bauer ärztlich versorgt werden muss. Zeigen Sie an diesem Fall mögliche privatrechtliche und öffentlich-rechtliche Folgen auf. (M3)
3. Definieren Sie Gerechtigkeit mit Ihren eigenen Worten. (M5)
4. Finden Sie weitere Alltagsbeispiele zu den Grundsätzen der Gerechtigkeit. (M5)
5. Erläutern Sie, inwieweit in den Prinzipien der gesetzlichen Sozialversicherung (Kapitel 2.3, M6) grundlegende Gerechtigkeitsvorstellungen umgesetzt werden. (M5)

M6 Funktionen des Rechts

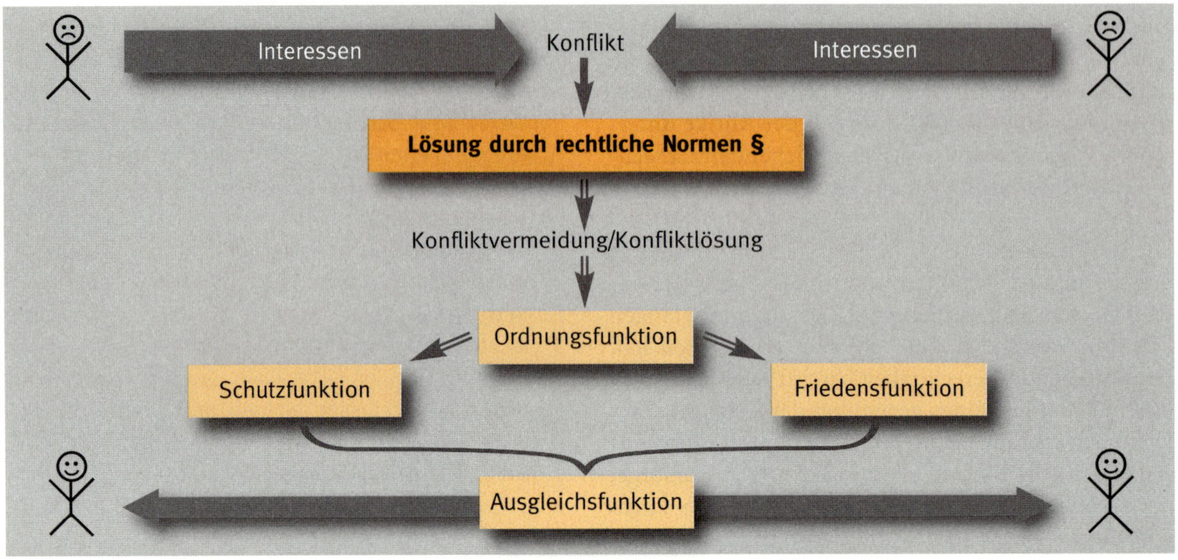

Weil die Interessen der Menschen grundsätzlich verschieden sind, besteht immer die Gefahr, dass Konflikte auftreten. Das Recht trifft klare und verbindliche Regelungen, wie diese Interessenkonflikte gelöst werden können.
Wenn den Beteiligten klar ist, welche Ansprüche gerechtfertigt sind und welche nicht, können Konflikte vermieden bzw. gelöst werden (Konfliktvermeidung/-lösung). Das Recht ordnet also das Zusammenleben (Ordnungsfunktion). So sichert das Recht den gesellschaftlichen Frieden (Friedensfunktion) und schützt gegebenenfalls auch den Anspruch des Schwächeren (Schutzfunktion). Insgesamt also schafft das Recht einen Ausgleich zwischen den Interessen aller Beteiligten (Ausgleichsfunktion). Im Bereich der sozialen Sicherung ist dies z. B. am sozialen Ausgleich zwischen den sozial Starken und sozial Schwachen zu sehen.

Autorentext/-grafik

M7 Öffentliches Recht im Alltag: Beispiel Schulrecht

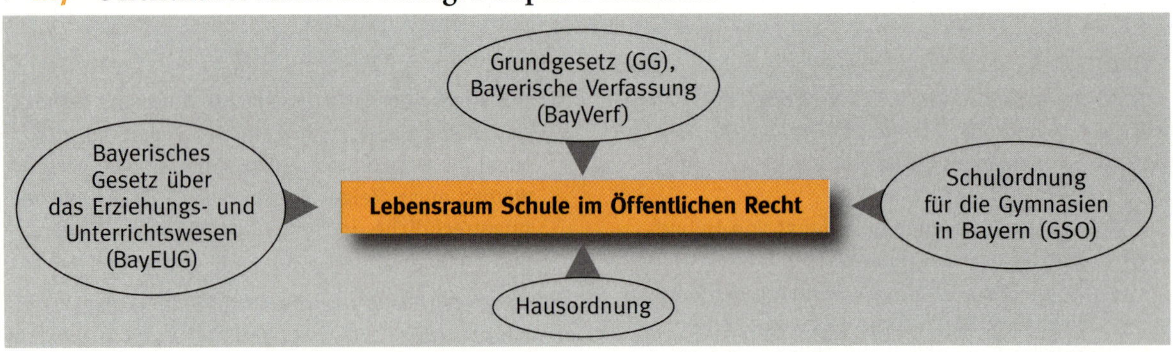

Auch das Schulrecht gehört zum öffentlichen Recht. Die entscheidenden Rechtsquellen für die bayerischen Gymnasien sind neben dem Grundgesetz und der Bayerischen Verfassung das Bayerische Gesetz über das Erziehungs- und Unterrichtswesen (BayEUG) und die Schulordnung für die Gymnasien in Bayern (GSO). Ergänzend tritt die Hausordnung hinzu. In ihnen lassen sich die Rechtsfunktionen an verschiedenen Regelungen erkennen:

a) Ordnungsfunktion und Rechtssicherheit: In vielen Artikeln und Paragrafen finden sich Aussagen über die Rechte und Pflichten aller am Schulleben beteiligten Personen.

Gewalt auf dem Schulhof wird zunächst mit den Ordnungsmaßnahmen des BayEUG und der GSO geahndet. In schweren Fällen tritt das Strafrecht hinzu.

§ 5 I GSO Die Lehrkräfte tragen im Rahmen der Rechtsordnung und ihrer dienstlichen Pflichten die unmittelbare pädagogische Verantwortung für die Erziehung und den Unterricht der Schülerinnen und Schüler. Sie tragen mit an der Verantwortung für die Schule.

§ 37 I GSO Ist eine Schülerin oder ein Schüler aus zwingenden Gründen verhindert, am Unterricht oder an einer sonstigen verbindlichen Schulveranstaltung teilzunehmen, so ist die Schule unverzüglich unter Angabe des Grundes zu verständigen. Im Fall fernmündlicher Verständigung ist die schriftliche Mitteilung innerhalb von zwei Tagen nachzureichen. In den §§ 52–61 regelt die GSO, welche Hausaufgaben und Leistungsnachweise die Schülerinnen und Schüler zu erbringen haben und wie deren Bewertung erfolgt.

b) Friedensfunktion: Um den schulischen Frieden zu gewährleisten, werden z. B. für den Fall der Gewaltausübung unter Schülern Sanktionen angedroht. Es können Ordnungs- und Erziehungsmaßnahmen verhängt werden: von der Nacharbeit über Verweise bis hin zum zeitweiligen Ausschluss vom Unterricht oder zur Entlassung (Art. 86–88 BayEUG, §§ 16–17 GSO). Bei Pflichtverletzungen von Lehrkräften ist u. a. die Lehrerdienstordnung (LDO) heranzuziehen.

c) Schutzfunktion: Durch Regelungen in der Schul- und Hausordnung werden schwächere Schüler vor psychischer und physischer Gewalt geschützt. Schüler werden auch bei der Verhängung von Ordnungsmaßnahmen vor Willkür geschützt: Sie können sich vor Verhängung der Maßnahme zum Sachverhalt äußern (Art. 86 IX BayEUG) und bei schwerwiegenden Maßnahmen, wie Ausschluss vom Unterricht, Androhung der Entlassung oder Entlassung, auch die Mitwirkung des Elternbeirats beantragen (Art. 86 X 87 BayEUG).

Autorentext/-grafik

▶ Aufgaben zu M6-M7

1. Ordnen Sie die folgenden rechtlichen Situationen den Rechtsfunktionen zu. (Es können auch mehrere Funktionen passend sein.) Beschreiben Sie jeweils, wem Freiheiten gewährt werden und wessen beschränkt werden. (M6)
   a) Für einen Arbeitskampf gibt es festgelegte Regelungen, die einen fairen und gewaltfreien Ablauf gewährleisten.
   b) Jeder Marktteilnehmer muss sich nach rechtlichen Regelungen richten, z. B. beim Vertragsrecht.
   c) Im Arbeitsrecht gibt es Arbeitsschutzgesetze und Regelungen zum Kündigungsschutz.
   d) Regelungen zum Verbraucherschutz garantieren z. B. das Widerrufsrecht bei Haustürgeschäften oder Gewährleistungsrechte bei Kaufverträgen.
   e) Willenserklärungen von Minderjährigen sind i. d. R. nicht voll wirksam, sondern bedürfen der Mitwirkung der Erziehungsberechtigten.
   f) Durch die Sozialversicherungspflicht erfahren die Arbeitnehmer eine Absicherung.
2. Informieren Sie sich, welche Gremien an Ihrer Schule welche Entscheidungen treffen und suchen Sie in BayEUG und GSO die entsprechenden rechtlichen Grundlagen (z. B. unter http://www.km.bayern.de/km/schule/recht/).
3. Gestalten Sie anhand der Art. 62–63 BayEUG und §§ 10–17 GSO eine Übersicht zu den Aufgaben der Schülermitverantwortung (SMV).
4. „Das Recht gewährt Freiheit." Diskutieren Sie anhand von Beispielen aus dem Schulleben, wie rechtliche Regelungen die Freiheit gewährleisten, aber auch einschränken. (M7)

2.4.2 Strafrecht und seine Bedeutung für das Wirtschaftsgeschehen

M8 Warum müssen Sanktionen verhängt werden?

Der schon mehrfach wegen Schlägereien in den Pausen auffällig gewordene Zehntklässler Martin Steinmüller wird vor dem Unterricht dabei ertappt, wie er seinen Mitschüler Franz Zimmer zu Boden wirft und mit Fußtritten verletzt. Franz muss daraufhin im Krankenhaus ärztlich versorgt werden. Es steht Martins Entlassung aus der Schule zur Diskussion. Im Lehrerzimmer wird Folgendes geäußert:

„Wir müssen an die anderen Schüler denken. Martin muss dauerhaft von der Schule verwiesen werden."

„Martin hat schon mehrfach eine ‚letzte Chance' bekommen, irgendwann geht's einfach nicht mehr so weiter."

„Er wird sich an einer anderen Schule nicht anders verhalten. Wir müssen die Ursachen seines Verhaltens angehen. Ihm fehlen einfach die Erfolgserlebnisse und er ist ständig frustriert."

„Wollen wir ihm aber wirklich die Zukunft verbauen?"

„Mit einem Verweis, auch nicht mit einem verschärften, kann es diesmal nicht getan sein."

„Wenn wir ihn diesmal nicht härter ‚bestrafen', machen wir uns lächerlich."

Autorentext

M9 Welchen Zweck hat Strafe? Die absolute und die relative Straftheorie

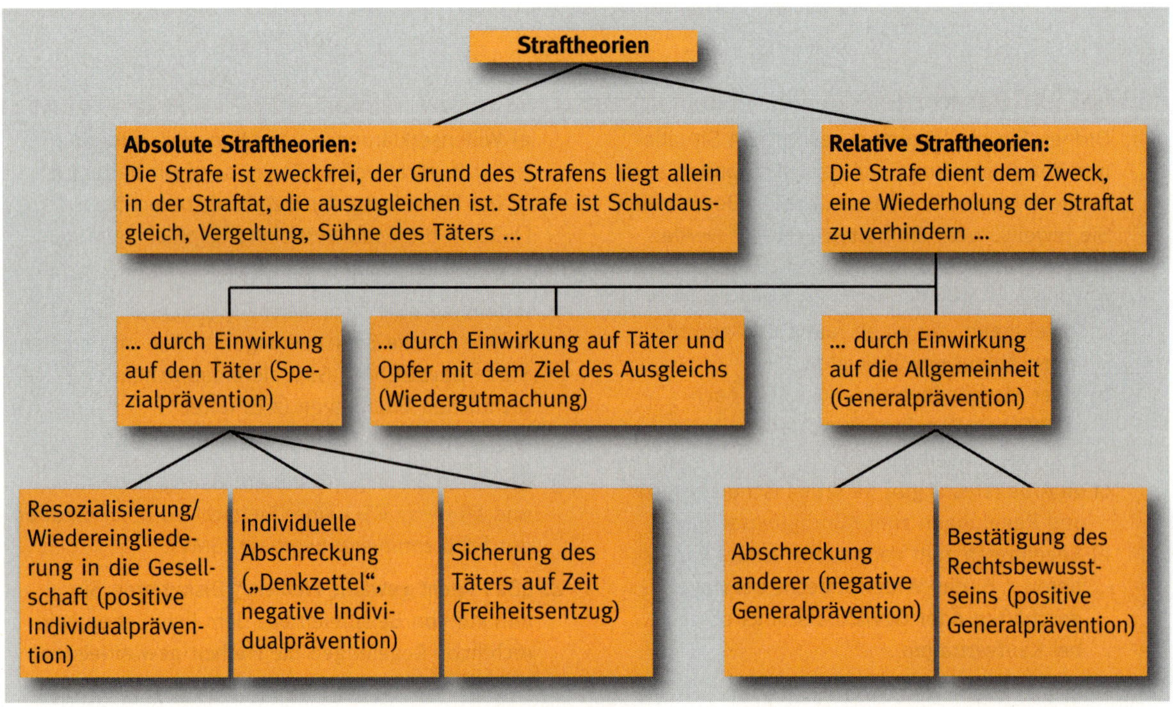

Nach: Heribert Ostendorf, Vom Sinn und Zweck des Strafens, in: Informationen zur politischen Bildung, Nr. 248, Bonn 1995, S. 15 ff.

M10 Beispielfälle

Als Hans Promillo nach einem ausgedehnten Kneipenbummel im Morgengrauen nach Hause wankt, bemerkt er das unversperrt am Straßenrand stehende Backmobil der Bäckerei Kornmann, mit dem gerade eine Filiale beliefert wird. Hans ergreift die Möglichkeit beim Schopf, startet das Fahrzeug und fährt Richtung Heimat. Beim Abbiegen übersieht er die Zeitungsausträgerin Mayer auf ihrem Fahrrad, die sich beim Unfall beide Handgelenke bricht. Hans Promillo wird in einem Strafprozess zu einer Geldstrafe in Höhe von 30 Tagessätzen verurteilt und seine Fahrerlaubnis wird ihm entzogen.

Gustav Gauner stellt an seinem Computer in großer Zahl Raubkopien von Film-DVDs her. Ein unzufriedener Kunde zeigt ihn bei der Polizei an, woraufhin bei der anschließenden Hausdurchsuchung der PC und mehrere DVDs beschlagnahmt werden. Gustav wird in einem Strafprozess zu einer Geldstrafe in Höhe von 90 Tagessätzen verurteilt. Zusätzlich werden der Computer eingezogen und die DVDs vernichtet. An die Filmindustrie muss er 50.000 Euro Schadensersatz zahlen.

Ludwig H., der aus Habgier seine hochbetagte Großmutter tötete, wird wegen Mordes zu lebenslanger Freiheitsstrafe verurteilt.

Der 16-jährige Kevin Schreiber wurde beim Beschmieren mehrerer Hauswände erwischt und vom Jugendgericht dazu verurteilt, die Wände wieder zu reinigen und zusätzlich 30 Stunden als Reinigungskraft im Städtischen Bauhof zu arbeiten.

Autorentext

Aufgaben zu M8-M10

1. Fassen Sie die Übersicht aus M9 mit eigenen Worten zusammen.
2. Ordnen Sie die Aussagen der verschiedenen Lehrer aus M8 den in M9 genannten Strafzwecken zu.
3. Ordnen Sie die in M10 genannten Strafen den einzelnen Strafzwecken (M9) zu.
4. Zeigen Sie anhand von M10 und Aufgabe 3 die Trennung von öffentlichem und privatem Recht auf.
5. Simulieren Sie in arbeitsteiligen Gruppen zu je einem der folgenden Fallbeispiele eine Verhandlung vor dem Strafgericht. Zu besetzen sind die Rollen der Anklage, der Verteidigung und des Richters, der am Ende auch ein Urteil fällt. Zur Auswahl bei der Festlegung der Maßnahme stehen jeweils:
   - gemeinnützige Tätigkeit
   - Geldstrafe
   - Freiheitsstrafe mit Bewährung
   - Freiheitsstrafe ohne Bewährung

   Am Ende stellen alle Gruppen ihr Urteil in der Klasse vor und begründen insbesondere anhand von M9, warum das jeweilige Urteil so gefällt wurde.

   a) Anna zerkratzt in leicht alkoholisiertem Zustand nach einer Party die Tür einer Nobelkarosse, weil sie die „Bonzen“ nicht leiden kann, und verursacht dadurch einen Schaden von 2.500 Euro.

   b) Bert schlägt aus Fremdenhass auf einem Volksfest einen türkischen Nachbarn zusammen, der dabei schwer verletzt wird.

   c) Dennis dringt mit Freunden in ein Grafikbüro ein und entwendet PCs und weitere Geräte im Wert von 15.000 Euro. Beim Versuch, die Waren zu verkaufen, wird er erwischt. Er ist schon mehrmals wegen Diebstahls beim Jugendrichter gelandet.

   d) Ellis und Felix werfen „zum Spaß“ Steine von einer Autobahnbrücke auf die Fahrbahn, eine Mutter von drei Kindern stirbt.

M11 Schutz des Eigentums im Strafrecht

Fallbeispiel
Der 16-jährige Jens versteckt im Elektromarkt unter seiner Jacke mehrere Musik-CDs. Hinter der Kasse wird er vom Detektiv des Hauses angesprochen, der Jens die CDs abnimmt und die Polizei ruft. Obwohl Jens beteuert, dass er diese schon bezahlen wollte, teilt ihm der Polizeibeamte mit, dass er mit einer Anklage wegen Diebstahls rechnen muss, auch wenn er sich zuvor noch nie etwas zuschulden kommen ließ.

Auch Jugendliche werden bei Diebstahl strafrechtlich verfolgt.

Nicht nur im Privatrecht wird das Eigentum besonders geschützt (z.B. §§823, 903, 985 BGB, vgl. Wirtschaft & Recht 1), sondern auch im Strafrecht:

> § 242 StGB Diebstahl. (1) Wer eine fremde bewegliche Sache einem anderen in der Absicht wegnimmt, die Sache sich [...] rechtswidrig zuzueignen, wird mit Freiheitsstrafe bis zu fünf Jahren oder mit Geldstrafe bestraft.

Bei jugendlichen Tätern sind – ebenso wie bei erwachsenen Tätern – die Straftatbestände und somit das Vorliegen einer Straftat nach StGB zu prüfen. Jedoch finden bei jugendlichen Tätern die Besonderheiten des Jugendgerichtsgesetzes (JGG) für die Bestrafung Anwendung. Das JGG gibt dem Jugendrichter viele verschiedene Möglichkeiten der Ahndung der Straftat, so z.B. Erziehungsmaßregeln, Zuchtmittel oder aber Jugendstrafe. Nicht möglich im Jugendstrafrecht ist die Verhängung einer Geldstrafe.

Autorentext

M12 Sanktionsmöglichkeiten des Jugendstrafrechts

Rechtsfolgen einer Jugendstraftat nach dem Jugendgerichtsgesetz (JGG)

Erziehungsmaßregeln (§§ 9–12 JGG)	Zuchtmittel (§§ 13–16 JGG)	Jugendstrafe (§§ 17–18 JGG)	Maßregeln der Besserung und Sicherung (§ 7 JGG)
1. Weisungen (z.B. Arbeitsleistungen, Annahme einer Ausbildungs- oder Arbeitsstelle, Betreuung durch einen Betreuungshelfer) 2. Erziehungsbeistandsschaft (z.B. wenn mangelnde elterliche Erziehungsmöglichkeiten festgestellt werden) 3. Heimerziehung (z.B. zur Verhinderung einer drohenden Verwahrlosung)	1. Verwarnung 2. Erteilung von Auflagen (z.B. Wiedergutmachung des Schadens, Arbeitsleistungen, Entschuldigung beim Opfer) 3. Jugendarrest (Freizeitarrest, Kurzarrest, Dauerarrest)	Freiheitsentzug für mindestens sechs Monate, höchstens fünf Jahre; in besonders schweren Fällen bis zu 10 Jahren	1. Unterbringung in einem psychiatrischen Krankenhaus oder einer Entziehungsanstalt 2. Führungsaufsicht 3. Entziehung der Fahrerlaubnis

Bei den Erziehungsmaßregeln und Zuchtmitteln handelt es sich um Erziehungsmaßnahmen, die z. B. bei Ersttätern und leichteren Straftaten zur Anwendung kommen. Falls diese Möglichkeiten nicht ausreichen, kann der Jugendrichter z. B. bei schweren Straftaten oder bei Wiederholungstätern eine Jugendstrafe verhängen, die bei einer Dauer von bis zu einem Jahr zur Bewährung ausgesetzt werden kann. Die Maßregeln der Besserung und Sicherung werden im Zusammenhang mit bestimmten Straftaten i. d. R. begleitend zu Erziehungsmaßregeln, Zuchtmitteln oder Jugendstrafen verhängt.

Autorentext

▶M13 Ist das Jugendstrafrecht streng genug?

Nach einer Reihe von extrem brutalen Überfällen durch Jugendliche wurde im Januar 2008 die Frage diskutiert, ob eine Verschärfung des Jugendstrafrechts nötig ist.

Zuerst einmal ist eine Unterscheidung notwendig […]: die zwischen „normalen" kriminellen Jugendlichen und jugendlichen „Mehrfach- und Intensivtätern", wie sie bei der Polizei heißen. Nicht jeder, der ein Auto stiehlt oder einen Mitschüler zusammenschlägt, gehört sofort zur letzteren Problemgruppe. […] Es gibt die vergleichsweise kleine Teilmenge der Intensivtäter. Sie sind es, die kriminelle Karrieren haben und durch immer neue Delikte auffallen. Sie zeigen sich unbeeindruckt von staatlichen Sanktionen, seien es Geld-, Haft- oder soziale Strafen. Bei der weit größeren Gruppe der allgemeinen jugendlichen Täter ist das nicht so. […]

Winfried Bodenburg, Landesbeauftragter Jugendsachen beim LKA Niedersachsen, […] fordert mehr Plätze für betreutes Wohnen, wo auffällige Jugendliche bis zu ein Jahr untergebracht und intensiv pädagogisch betreut werden können – „je früher, desto besser". Ein Vorschlag findet auch in der Fachwelt Zustimmung: der Entzug des Führerscheins, beziehungsweise das Verbot, überhaupt einen zu machen. Dies könnte nach Ansicht von Praktikern tatsächlich ein wirksames Mittel sein – zur Erziehung.

Das deutsche Jugendstrafrecht soll in erste Linie nicht strafen, es will erziehen und so verhindern, dass ein Jugendlicher dauerhaft kriminell wird. Sein Kern ist die Überzeugung, dass Delinquenz ein mehr oder minder ausgeprägter, vor allem aber vorübergehender Teil des Heranwachsens ist, eine Phase, die fast jeder Jugendliche durchlebt und in der es Lenkung und Grenzen braucht. […] Ein Problem der derzeitigen Debatte liegt darin, dass kaum jemand nach dem „warum" fragt – aus welchen Gründen wird jemand zum Intensivtäter? Dabei gibt es klare Zusammenhänge. Die meisten Delinquenten dieser Gruppe sind männlich; sie gehen nicht oder nur unregelmäßig zur Schule und werden mit Schlägen erzogen. Daneben gibt es noch diverse andere Faktoren, wie der soziale Zusammenhalt der Stadtteile, in denen sie leben, wie viel Alkohol sie trinken, wie viele ihrer Freunde straffällig wurden und wie ihre Umwelt auf ihre Gewalttätigkeit reagiert. Im Kern sind es das Erleben tradierter Erziehungsmethoden und schlechter Bildungschancen, die Intensivtäter gemein haben.

Nach: Kai Biermann, DIE ZEIT online, 9. 1. 2008

▶▶M14 Schutz des Eigentums durch ein neues Urheberrecht

Bei der Eigentumsverfassung geht es auch um die Sicherung der Rechte an geistigem Eigentum: Musik, Literatur, bildende Kunst oder Software bedürfen des besonderen Schutzes. Unrechtmäßige Nutzungen sollen verhindert und sanktioniert werden, um in einer Marktwirtschaft ausreichende Anreize zur Produktion solcher Güter zu schaffen.

Die technische Entwicklung ermöglicht es, Software, Musikstücke und Filme ohne Qualitätsverlust zu vervielfältigen. Daher schützt eine Neufassung des Urheberrechts die Rechteinhaber. Gleichzeitig bekommen auch die legalen Nutzer ausreichende Möglichkeiten zur Nutzung erworbener Dateien:

Selbstnutzer: Nach dem neuen Urheberrecht bleibt es erlaubt, Dateien für den privaten Gebrauch zu kopieren, falls es sich um keine „rechtswidrige Vorlage" handelt. Das Knacken von Kopierschutzmaßnahmen des Herstellers wird aber unter Strafe gestellt.

Geräteabgabe: Das alte System einer staatlich festgelegten Geräteabgabe ist umgestaltet worden: Beim Kauf jedes Geräts, mit dem Privatkopien hergestellt werden können, wird eine Abgabe fällig, die an die Rechteinhaber fließt – maximal fünf Prozent des Kaufpreises. Welche Geräte das sind und wie hoch die Abgabe ausfällt, müssen die Hersteller und die Verwertungsgesellschaften selbst aushandeln.

Nach: Handelsblatt vom 24./25./26. 3. 2006 (Nr. 60), S. 8

M15 Urheberrecht und Internet-Tauschbörsen

Mit diesem Schreckenszenario will die Industrie Eindruck machen: Die Polizei steht mit einem Hausdurchsuchungsbefehl vor der Haustür eines P2P-Nutzers. Beamte finden einen Computer mit einem installierten Tauschbörsen-Programm wie KaZaA. Auf der Festplatte jede Menge heruntergeladener Musik- und Filmdateien. Die Dateien hat der Beschuldigte von einem anderen KaZaA-Nutzer heruntergeladen und dadurch wiederum anderen zum Upload angeboten. Gegen den Surfer läuft nun ein Strafverfahren. Er hat gegen das Urheberrechtgesetz verstoßen. Neben einer Geldbuße – und im schlimmsten Fall Gefängnisstrafe – muss der Beschuldigte auch noch Schadenersatz leisten. Letztlich können mehrere tausend Euro zusammenkommen.

[...] Damit ihr illegales Handeln nicht auffliegt, sind Tauschbörsenmitglieder anonym unterwegs. Scheinbar. Was sie in der Regel nicht bedenken: Sie übermitteln bei jedem Down- und Upload ihre IP-Adresse. Über diese lassen sich ihr Name und ihre Adresse herausfinden. [...] Hat die Staatsanwaltschaft vom Provider den Namen bekommen, sieht es für den Betroffenen schlecht aus. Die Musikindustrie arbeitet so, dass sie neben der Liste mit Datum, IP-Adresse und Dateinamen als Beweis vermutlich auch die Dateien selbst vorlegen kann.

Wer nun in einem P2P-Netzwerk illegal Dateien zur Verfügung gestellt hat und dabei aufgeflogen ist, muss eventuell zwei Mal zahlen. Die Staatsanwaltschaft verlangt vom Schuldigen mindestens ein Bußgeld, wenn sie das Verfahren nicht wegen Geringfügigkeit folgenlos einstellt. Viel hartnäckiger werden vermutlich die Anwälte der Musikindustrie agieren. Die können unabhängig vom Strafverfahren zivilrechtlich vorgehen. Sie werden das Tauschbörsenmitglied auffordern, das Bereitstellen der Dateien zu unterlassen und dem Rechteinhaber Schadenersatz zu leisten. Wie viel der Schuldige zahlen muss, hängt von Menge und Art der Dateien ab. Laut Promedia kann die Schadenersatzforderung in Extremfällen auch mal 15.000 Euro betragen. Zivilrechtliche Folgen gäbe es übrigens auch für den unschuldigen WG-Mitbewohner, über dessen Anschluss die Daten geflossen sind. Der müsste dafür sorgen, dass sein Mitbewohner den Dateienaustausch unterlässt.

Nach: Stiftung Warentest, www.test.de vom 30.1.2006 (abgerufen am 18.3.2008)

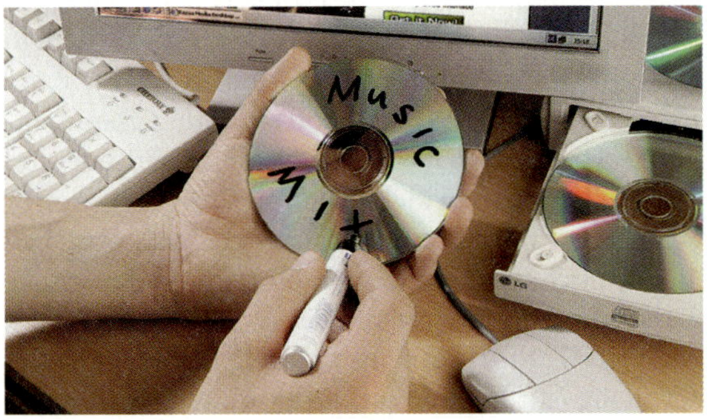

Der Tausch von urheberrechtlich geschützten Musikdateien im Internet ist illegal und kann straf- und zivilrechtliche Folgen haben.

Aufgaben zu M11-M15

1. Stellen Sie die Tatbestandsmerkmale und die Rechtsfolge des §242 StGB grafisch dar. (M11)
2. a) Diskutieren Sie, wie Jens (M11) bestraft werden sollte. Berücksichtigen Sie dabei auch seine Strafmündigkeit. (M11-M13)
   b) Wie sollte das Strafmaß gewählt werden, wenn Jens schon mehrfach beim Diebstahl erwischt worden wäre? (M11-M13)
3. Diskutieren Sie eine Verschärfung des Jugendstrafrechts unter Einbeziehung der Strafzwecke und der besonderen Ziele des JGG. (M9, M12, M13)
4. a) Erläutern Sie, unter welchen Umständen die Privatkopie einer DVD legal hergestellt werden darf. (M14)
   b) Inwiefern erfüllen die rechtlichen Regelungen zum Urheberrecht die Rechtsfunktionen? (M6, M14)
5. Warum ist es sinnvoll und nötig, dass Hersteller von audiovisuellen Medien durch das Strafrecht vor Raubkopierern geschützt werden, indem das Erstellen von Raubkopien strafrechtlich verfolgt wird? (M14, M15)
6. Erklären Sie anhand der Problematik freier Güter (siehe Kapitel 2.1., M17), warum ohne ein funktionierendes Urheberrecht bestimmte kulturelle Güter (z.B. Musik) nicht mehr angeboten werden würden. (M14)

2.4.3 Rechtliche Regelungen zum Schutz der Umwelt

M16 So sollte es nicht sein ...

Autorengrafik

M17 Maßnahmen staatlicher Umweltpolitik

Ein wichtiges Ziel rechtlicher Regelungen zum Umweltschutz muss es sein, die Kosten, die durch die Nutzung der Natur entstehen, auch möglichst vollständig denjenigen zuzuordnen, die sie verursacht haben (Internalisierung externer Kosten). So kann es sein, dass eine zeitökonomisch sinnvolle Fahrt mit dem PKW im Kostenvergleich hinter öffentliche Verkehrsmittel zurückfällt, wenn die Kosten für Luftverschmutzung, Landschaftsverbrauch und Ähnliches z. B. über eine Maut mit einkalkuliert werden. Ein zweites Ziel der rechtlichen Regelungen ist die Verringerung der gesamten Emissionsmenge.

Beide Ziele können z. B. bei Abwässern dadurch erreicht werden, dass derjenige für die Klärung von Abwässern zu sorgen hat, der die Verschmutzung verursacht hat. Er kann sich nun zwischen den Kosten einer Reinigung in einer öffentlichen Kläranlage und dem Betrieb einer unternehmenseigenen Kläranlage mit den dadurch entstehenden Kosten entscheiden.

Die werkseigene Kläranlage von DOW, einem Chemieunternehmen in Stade.

Gelingt es, die Verschmutzung z. B. durch ein neues Produktionsverfahren von vornherein zu verringern, werden in beiden Fällen die Kosten sinken.

Zur Erreichung der genannten Ziele gibt es prinzipiell drei rechtliche Möglichkeiten:

Regelung über Vorschriften	Regelung über Steuern und sonstige Abgaben	Regelung über Umweltzertifikate
Es werden Grenzwerte z. B. für Abgase oder Feinstaub festgelegt, die nicht überschritten werden dürfen. Auch technische Vorschriften werden erlassen, die einzuhalten sind. Bei einer Verletzung der Grenzwerte und Vorschriften droht eine Strafe.	Der Verbrauch und die Belastung der Umwelt werden mit einer Steuer oder Abgabe pro Mengeneinheit belegt. Der Einsatz umweltschonender Technologien wird evtl. durch eine geringere Besteuerung belohnt, z. B. durch eine geringere Kfz-Steuer bei schadstoffarmen Personen- und Lastkraftwagen. Der gleiche Effekt wird erzielt, wenn der Staat z. B. pro Einheit vermiedener Emission Subventionen bezahlt.	Der Staat setzt eine Gesamthöchstemissionsmenge fest und teilt diese auf handelbare Zertifikate auf. Diese werden entweder an die Unternehmen kostenlos verteilt oder versteigert. Im Umfang der Zertifikate dürfen die Unternehmen dann Schadstoffe ausstoßen.

Natürlich wird meistens ein Instrumenten-Mix aus Vorschriften sowie Steuern und Abgaben, evtl. unter Einbeziehung von Umweltzertifikaten, angewendet: Im Straßenverkehr müssen zur Zulassung z. B. bestimmte Auflagen bzgl. der Abgase eingehalten werden (z. B. die Abgasklasse Euro4). Die Restemissionen werden dagegen entsprechend ihrer Gefährlichkeit besteuert.

Autorentext

▶▶M18 Zur Vertiefung: Wie sind rechtliche Regelungen über Steuern und Abgaben zu beurteilen?

Wenn eine Abgabe für die Verschmutzung der Umwelt erhoben wird, erhöhen sich die Produktionskosten für die Unternehmen, die daraufhin ihr Angebot verteuern (Verschiebung der Angebotskurve von A nach A').

Wenn die nachgefragte Menge stark auf die Preisänderung reagiert (flache Nachfragekurve N_1 → hohe Elastizität der Nachfrage), verringert sich die umgesetzte Gütermenge relativ stark von x_1 auf x_1'. Wenn die nachgefragte Menge nur gering auf die Preisänderung reagiert (steile Nachfragekurve N_2 → geringe Elastizität der Nachfrage), kommt es zu einer vergleichsweise geringen Mengenänderung des Umsatzes von x_2 auf x_2'.

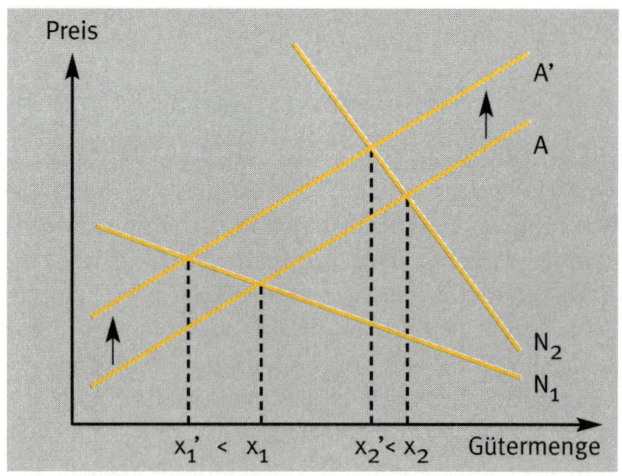

Inwieweit das Preisbildungsinstrument „Emissionsabgabe" Anreize zur Vermeidung von Umweltbelastungen setzt, hängt von deren Höhe ab. Emissionsverursacher werden möglichst rasch versuchen, Verschmutzungen soweit zu verringern wie die Vermeidung geringere Kosten verursacht als die Abgabe. Eine Subvention pro Einheit verminderter Emission wirkt in umgekehrter Richtung: Güter, die mit geringeren Umweltbelastungen produziert werden, können billiger angeboten werden. Allerdings verursacht dieses Instrument Staatsausgaben. Langfristig führt diese Regelung zu Marktverzerrungen, da Unternehmen durch Subventionen ihre Produkte zu einem zu niedrigen Preis anbieten.

Beim Instrumenten-Mix aus Vorschriften sowie Steuern und Abgaben lassen sich teilweise die Vorteile der beiden Instrumente verbinden, die Nachteile jedoch nicht ganz überwinden.

Autorentext/-grafik

M19 Emissionshandel in der EU

Seit Anfang 2005 werden in Europa Emissionszertifikate gehandelt. Energieintensive Industrieunternehmen – z. B. aus der Metall- und Chemieindustrie – und Energiekonzerne benötigen diese Zertifikate, um bei der Produktion Kohlendioxid (CO_2) ausstoßen zu dürfen. Kommen sie mit ihren – anfangs kostenlos zugeteilten – Zertifikaten nicht aus, müssen sie ihre Effizienz steigern oder bei anderen Unternehmen oder über die Börse weitere hinzukaufen. Umgekehrt können nicht benötigte Zertifikate veräußert werden.

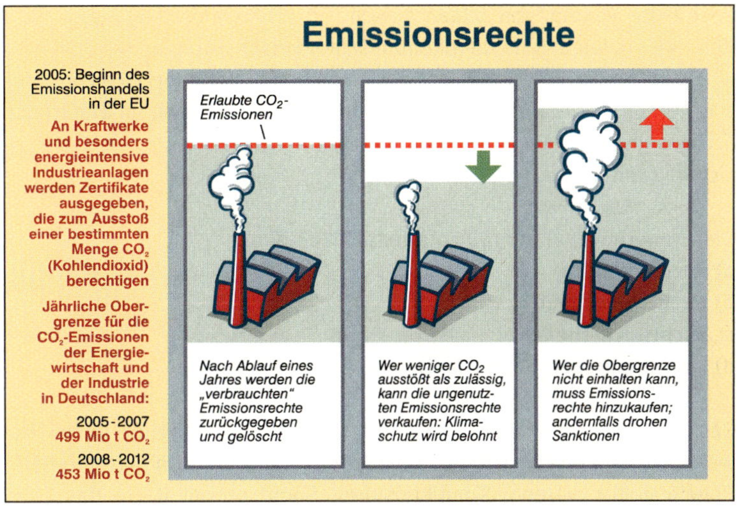

Erich Schmidt Verlag; Zahlenbilder 126306 (09/2007)

In Deutschland nehmen rund 1.850 Anlagen an der Verteilung teil. Als sich herausstellte, dass die Zuteilung von Rechten für die Emission von 495 Millionen Tonnen Kohlendioxid für die deutschen Unternehmen im Jahr 2005 sehr großzügig kalkuliert war, fiel der Preis für das Emissionsrecht einer Tonne CO_2 an der Leipziger Energiebörse EEX (European Energy Exchange) und der Amsterdamer Energiebörse ECX (European Climate Exchange) von 30 Euro auf unter 1 Euro. Für die zweite Periode 2008–2012 werden deshalb nur noch Zertifikate für eine jährliche Emissionsmenge von 453 Millionen Tonnen CO_2 ausgegeben. Außerdem werden knapp 9 % der Zertifikate (ca. 40 Mio. t) nicht mehr kostenlos zugeteilt, sondern vom Staat versteigert. Der Preis für die in der zweiten Periode gehandelten Zertifikate lag Mitte 2007 bei ca. 20 Euro je Tonne.

Bei Überschreiten der durch Zertifikate abgedeckten Menge muss ein Unternehmen eine Strafe von 100 Euro pro Tonne CO_2 bezahlen.

Autorentext

Aufgaben zu M16-M19

1 a) Wie lässt sich das Verhalten des in der Karikatur M16 dargestellten Unternehmens erklären? Inwiefern liegt hier ein Marktversagen vor?
   b) Mit welchen Maßnahmen des Umweltrechts könnte diesem Verhalten wirkungsvoll entgegengetreten werden?

2. Finden Sie Beispiele für die drei in M17 genannten Instrumente staatlicher Umweltpolitik.

3. a) Überlegen Sie sich, welche externen Kosten aus dem Gebrauch eines PKW entstehen.
   b) Warum ist es für den Staat nicht möglich, die externen Kosten genau zu beziffern? (M17, M18)

4. Diskutieren Sie in Gruppen die Vor- und Nachteile einer staatlichen Regelung über Vorschriften und über Umweltzertifikate. (M17, M18)

5. Informieren Sie sich über den aktuellen Preis für ein Zertifikat zur Emission einer Tonne CO_2 an der Energiebörse EEX in Leipzig (www.eex.de). (M19)

6. Nachdem in einer Stadt zum wiederholten Male die Feinstaubkonzentration den zulässigen Grenzwert überschritten hat, sieht sich der Stadtrat zum Handeln gezwungen. Allerdings möchte er kein Unternehmen in den Ruin treiben und auch die Ansiedlung neuer Unternehmen nicht erschweren. Überlegen Sie sich in Gruppen (Fraktionen) Lösungsvorschläge und stellen Sie dabei auch dar, inwieweit Ihre Lösungsvorschläge
   a) den Prinzipien der sozialen Marktwirtschaft entsprechen (Kap. 2.1) und
   b) allgemeine Rechtsfunktionen (M6) erfüllen.

2 Zusammenfassung

Öffentliches Recht als Handlungsrahmen

Privatrecht und öffentliches Recht
M2, M3

Rechtliche Regelungen bilden wesentliche **Rahmenbedingungen für das Marktgeschehen**. Sie greifen z. B. in die ökonomischen Entscheidungen der Bürger im privaten Bereich ein, wo sich die Beteiligten auf gleicher Ebene begegnen (**Gleichordnung im Privatrecht**). Das Verhältnis der Bürger zum Staat (**Über-/Unterordnung im öffentlichen Recht**) ist rechtlich ausgestaltet. Auch das Funktionieren der Märkte soll durch das öffentliche Recht gesichert werden.

Grundprinzipien der Rechtsstaatlichkeit
M4

Die Grundprinzipien der Rechtsstaatlichkeit sind:
a) Rechtsbindung
b) Rechtsgleichheit
c) Rechtssicherheit
d) Unabhängigkeit der Gerichte

Rechtsfunktionen
M6

Recht soll verschiedene Funktionen erfüllen: Wo möglich sollen Konflikte vermieden werden (**Konfliktvermeidung**), trotzdem auftretende Konflikte müssen nach festgelegten Regeln gelöst werden (**Konfliktlösung**). Somit ordnet Recht das Zusammenleben (**Ordnungsfunktion**), sichert den gesellschaftlichen Frieden (**Friedensfunktion**) und schützt Schwächere (**Schutzfunktion**). Insgesamt führt Recht zu einem Interessenausgleich aller Beteiligten (**Ausgleichsfunktion**).

Strafzwecke
M9

Mit dem Strafrecht werden strafbare Handlungen verfolgt. Dabei haben Strafmaßnahmen grundsätzlich zwei unterschiedliche Zwecke: Die **absolute Straftheorie** sieht Strafe als **Vergeltung und Sühne** an. Mit der **relativen Straftheorie** soll die Wiederholung der Straftat durch den Täter (**Individualprävention**) oder durch andere (**Generalprävention**) verhindert werden. Gleichzeitig soll dem Täter eine Wiedereingliederung in die Gesellschaft (**Resozialisierung**) ermöglicht werden.

Schutz des Eigentums
M11, M14

Große wirtschaftliche Bedeutung hat das **Strafrecht** beim **Eigentumsschutz** und beim **Urheberrecht**, wo es auch das geistige Eigentum schützt.

Rechtliche Regelungen im Umweltschutz
M17, M18

Weil die saubere Umwelt von vielen immer noch als freies Gut angesehen wird, werden die Kosten für ihre Nutzung (z. B. Luft- und Gewässerverschmutzung, Lärm) nicht in die Kosten- und Preiskalkulation eingerechnet. Die dadurch entstehende Verzerrung des Marktpreises wird als **Marktversagen** bezeichnet. Der Staat will diese **durch das Umweltschutzrecht korrigieren**. Er kann durch **Vorschriften, Steuern und sonstige Abgaben, Umweltzertifikate** sowie **Mischformen** daraus eingreifen.

Weltwirtschaftliche Verflechtung und europäische Einigung

arbeitsteilung

freihandel

protektionismus

globalisierung

europäischer

binnenmarkt

3.1 Internationale Arbeitsteilung

3.1.1 Motive und Voraussetzungen

▶M1 Die Weltbürste

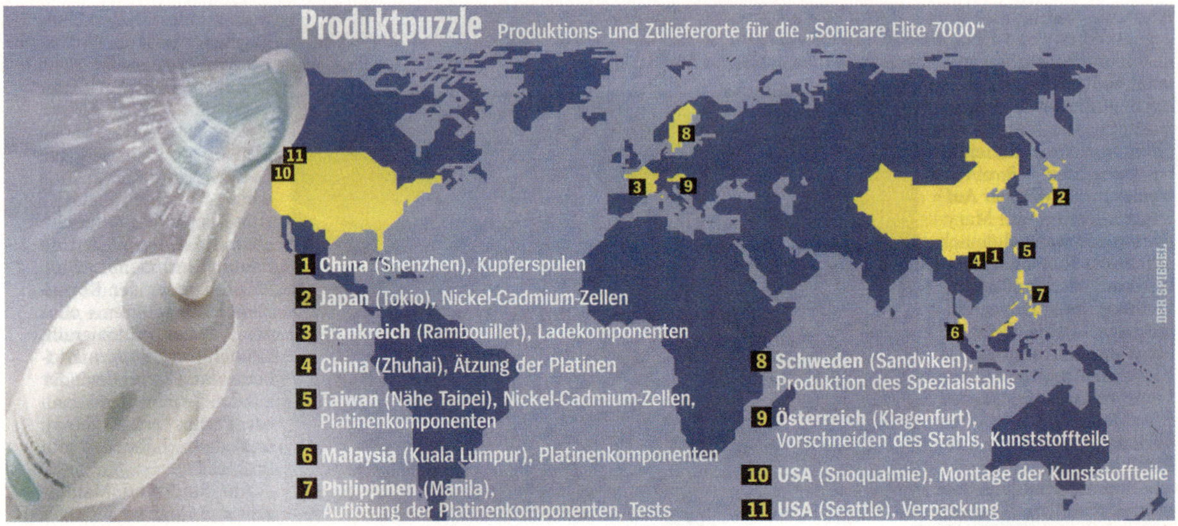

Der Spiegel 26/2005, S. 109

Mary-Ann Cole, 28 Jahre jung, Assembly Operator, also Arbeiterin im Werk von Integrated Microelectronics Inc., einem Zulieferwerk von Philips, ist eine kleine Soldatin im Reich der Zahnbürste, eine von 4.500 Mitarbeitern aus zwei Dutzend Nationalitäten – aber sie hat durchaus eine Vorstellung, was Globalisierung ist. Globalisierung ist Business. Und Business ist Konkurrenz, man muss jeden Tag kämpfen. Oder man geht unter. […]

Die Firma Philips produziert, inklusive Zulieferfirmen, die elektrische Zahnbürste „Sonicare“ und ihre Schwestermodelle an zwölf Schauplätzen und in fünf Zeitzonen. Ein- bis zweimal die Woche verlassen rund 100.000 Platinen mit aufgelöteten Komponenten das Werk in Manila. Vom Cargo-Flughafen werden sie via Tokio nach Seattle geflogen.

Die Zahnbürste besteht im Wesentlichen aus 38 Komponenten. Die Einzelteile für die Energiezelle stammen aus Japan, Frankreich und China. Die Platine kommt aus dem Perlflussdelta Südostchinas. Aus der chinesischen Industriestadt Shenzhen stammen auch die Kupferspulen, gedreht von Heerscharen von Frauen mit verpflasterten Fingerspitzen – die Globalisierung ist weiblich.

Die 49 Komponenten auf der Platte, streichholzkopfgroße Transistoren und Widerstände, stammen wiederum aus Malaysia. In Manila werden sie gelötet und getestet. Dann ausgeflogen nach Snoqualmie, an die amerikanische Westküste, wo das Mutterwerk ist. Gleichzeitig kommen aus Klagenfurt per LKW die komplizierteren Kunststoff-Gussteile nach Bremerhaven, außerdem in Klagenfurt vorgeschnittene Stahlblätter, der Spezialstahl stammt aus Sandviken, Schweden. Von Bremerhaven aus fährt ein Frachtschiff die halbe Bürste über den Atlantik nach Port Elizabeth, New Jersey. Von dort geht es per Bahn weiter, quer durch die USA. Und in Snoqualmie, 40 Autominuten von Seattle entfernt, wird alles zusammengeschraubt und verpackt.

Zu dem Zeitpunkt haben die Komponenten 27.880 Kilometer zurückgelegt, zwei Drittel des Erdumfangs.

Nach: Ralf Hoppe, Die Weltbürste, in: Der Spiegel, 26/2005, S. 108 ff.

▶Aufgaben zu M1

1. Erklären Sie, warum es sich für ein Unternehmen wie Philips rentiert, überall auf der Welt die Bestandteile seiner Produkte fertigen zu lassen.
2. Arbeiten Sie heraus, warum der Konzern nicht alles in Südostasien fertigen und dort auch zusammensetzen lässt.

M2 Von der Selbstversorgung zur Arbeitsteilung

Woran liegt es, dass Märkte heute eine so große – und bisweilen dominante – Rolle in unserem Leben spielen? Dieser offensichtliche Befund ist darauf zurückzuführen, dass unsere Wirtschaft durch ein enormes Maß an Arbeitsteilung geprägt ist. Arbeitsteilung bedeutet, dass wir sehr viele Güter konsumieren, die andere für uns produziert haben. Das Gegenstück dazu ist der Zustand der Selbstversorgung oder Autarkie, wie man ihn heute vielleicht noch bei Aussteigern findet, die auf dem Land leben und auf ihrem Bauernhof möglichst viel für sich selbst produzieren. Menschen, die so leben, brauchen Märkte nur selten. Das Schlagwort Globalisierung steht dafür, dass die Arbeitsteilung in der Regel auch weit über die Grenzen eines einzelnen Staates hinausgeht (vgl. hierzu ausführlich Kapitel 3.3).

Das Beispiel der Selbstversorgung zeigt unmittelbar, warum sich die Arbeitsteilung in den letzten Jahrhunderten so stark durchgesetzt hat. Sie bietet Menschen, Unternehmen, Regionen und Nationen die Möglichkeit, sich auf solche Tätigkeiten zu spezialisieren, für die sie – relativ zu anderen Aufgaben – am besten qualifiziert sind. Durch die Arbeitsteilung kommt es also zu einer erheblichen Steigerung der Produktivität und damit auch des Wohlstandes der Nationen.

Nach: Peter Bofinger, Grundzüge der Volkswirtschaftslehre, München 2003, S. 47 f.

M3 Unterschiedliche Formen der Arbeitsteilung

Berufliche Arbeitsteilung

Durch Spezialisierung auf bestimmte Tätigkeiten, je nach Begabung, Interesse und Fähigkeit, entstehen innerhalb einer Gemeinschaft unterschiedliche Berufe.

Innerbetriebliche Arbeitsteilung

Im Produktionsprozess werden einzelne Arbeitsschritte innerhalb eines Betriebes in Teilaufgaben zerlegt.

Zwischenbetriebliche Arbeitsteilung

Einzelne Produktionsschritte werden in unterschiedlichen Betrieben durchgeführt, sodass die Produkte zwischen den einzelnen Produktionsschritten hin und her transportiert werden müssen.

Internationale Arbeitsteilung

Findet die inner- oder zwischenbetriebliche Arbeitsteilung über Landesgrenzen hinweg statt, spricht man von internationaler Arbeitsteilung. Ein Land kann sich auf die Produktion bestimmter Fertigerzeugnisse spezialisieren. Aber auch einzelne Arbeitsschritte eines Produkts werden international durchgeführt, innerhalb eines Unternehmens oder von verschiedenen Unternehmen. Diese internationale Arbeitsteilung zwischen Volkswirtschaften funktioniert am besten unter den Bedingungen des Freihandels.

Autorengrafik

M4 Freihandel als Leitbild

Internationale Arbeitsteilung setzt Tauschprozesse und einen weitgehend freien Handel voraus, die den Wohlstand und die Lebensqualität der beteiligten Staaten dauerhaft erhöhen sollen.

Freihandel ist gleichbedeutend mit offenen Märkten, der internationale Waren- und Dienstleistungsverkehr unterliegt keinerlei Zollschranken oder anderen Handelsbeschränkungen. Dadurch droht all den inländischen Produzenten, die vergleichsweise wenig flexibel sind, dass sie durch überlegene ausländische Konkurrenz vom Markt verdrängt werden. Die inländischen Produzenten werden gezwungen, kostengünstiger zu produzieren, genau auf die Bedürfnisse der Verbraucher zu achten und gegebenenfalls neue Produkte zu entwickeln. Freihandel reduziert die Gefahr, dass einige Wenige oder sogar nur ein Einzelner die Möglichkeit haben, den Markt zu beherrschen. Er steigert den Wettbewerb und schafft ständige Konkurrenz. All das führt zu einer besseren Verteilung der Produktionsfaktoren und fördert das Wachstum.

Der Freihandel eröffnet Chancen hin zu einer produktivitätssteigernden Spezialisierung. Die am Welthandel beteiligten Länder können sich auf die Erzeugung jener Produkte konzentrieren, die sie mit vergleichsweise geringeren Kosten herstellen als ihre Tauschpartner. Von diesen Gütern gilt es mehr zu produzieren als für den heimischen Bedarf erforderlich. Der dann verfügbare Überschuss wird gegen Produkte getauscht, die im eigenen Staatsraum gar nicht verfügbar sind oder nur mit erheblich höheren Kosten hergestellt werden können. Freihandel gestattet es somit einer Volkswirtschaft, ihre Ressourcen mit größerem Ertrag einzusetzen, als es bei einer völligen Selbstständigkeit des Staates oder Abschottung des eigenen Marktes möglich wäre.

Nach: Hartmut Berg, Außenwirtschaftspolitik, in: Dieter Bender u. a. (Hg.), Vahlens Kompendium der Wirtschaftstheorie und Wirtschaftspolitik, Bd. 2, München 1995, S. 463 f. (bearbeitet)

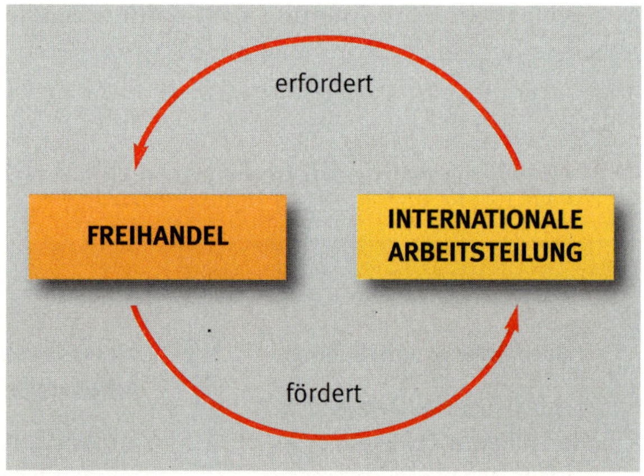

Freihandel und internationale Arbeitsteilung bedingen sich gegenseitig. Ein vollständiger Freihandel ist jedoch selten anzutreffen. Selbst Länder, die freien Handel propagieren, schützen in manchen Bereichen den heimischen Markt mit protektionistischen, d. h. schützenden Maßnahmen.

Aufgaben zu M2-M4

1. Schon in der letzten Jahrgangsstufe wurde die Arbeitsteilung behandelt. Tragen Sie aus Ihrem Wissen und M2-M4 Gründe für die Arbeitsteilung zusammen und stellen Sie Vor- und Nachteile gegenüber.
2. Erläutern Sie anhand der „Weltbürste" und einem selbst gewählten Beispiel, inwiefern die berufliche, zwischen- und innerbetriebliche Arbeitsteilung auch in der internationalen Arbeitsteilung zu erkennen sind. (M1, M3)
3. Fassen Sie die Vorteile des Freihandels zusammen. (M4)
4. Erläutern Sie die Wechselwirkung zwischen internationaler Arbeitsteilung und Freihandel anhand der Grafik in M4 mit eigenen Worten.

M5 Die Theorie der komparativen Kosten

Der englische Wirtschaftswissenschaftler David Ricardo (1772–1823) entwickelte eine Theorie der internationalen Arbeitsteilung: In einem Land, in dem beispielsweise die Arbeitskräfte knapp sind, werden die Löhne vergleichsweise höher sein als in einem Land, in dem ein Überangebot an Arbeitskräften herrscht. Wenn nun die Produktion bestimmter Güter besonders arbeitsintensiv ist, dann sind natürlich Länder im Vorteil, die ein vergleichsweise niedriges Lohnniveau haben. Dies erklärt bei manchen Gütern auch den Preisvorteil (süd-)ostasiatischer Anbieter in Europa und Amerika.
Verallgemeinert bedeutet das: Länder, in denen Arbeitskräfte oder Rohstoffe – relativ zur Kapitalausstattung gesehen – im Überfluss verfügbar und dementsprechend billig sind, sind bei der Fertigung arbeits- oder rohstoffintensiver Güter mit einfacher Produktionstechnik im Vorteil. Umgekehrt sind Länder, die über eine hohe Kapitalausstattung bzw. ein hohes Maß an Know-how und Technisierung verfügen, bei der Produktion kapital- und technologieintensiver Güter im Vorteil.
Die Prinzipien der Arbeitsteilung sind unabhängig davon, ob man die Arbeitsteilung zwischen Nationen, Unternehmen oder Menschen betrachtet. Daher wollen wir die Vorstellung von Ricardo an einem vereinfachten Modell betrachten:

In Anlehnung an die Geschichte von Robinson überlegen wir uns Folgendes: Robinson lebt auf einer einsamen Insel im Pazifik. Wir gehen davon aus, dass er im Laufe einer Woche entweder 20 Fische mit seinen Händen fangen kann oder aber 40 Nüsse sammeln. Natürlich kann er auch nur 10 Fische in einer halben Woche fangen und zusätzlich 20 Nüsse in der anderen Wochenhälfte pflücken – er hat verschiedene Möglichkeiten zur Nahrungsbeschaffung (= Produktionsmöglichkeiten). Wie er sich entscheidet, hängt letztlich davon ab, was er für Bedürfnisse hat.
Mit dem Erscheinen von Freitag auf der Insel ändert sich seine ökonomische Situation grundlegend. Freitag kann, da er wesentlich geschickter ist, entweder mehr Nüsse pflücken (60) oder mehr Fische (60) pro Woche fangen. Seine Produktivität ist bei beiden Gütern höher. So könnte er beispielsweise 30 Nüsse und 30 Fische oder auch 40 Nüsse pflücken und 20 Fische fangen.
Man spricht bei einer solchen Situation davon, dass Freitag bei beiden Gütern absolute Kostenvorteile be-

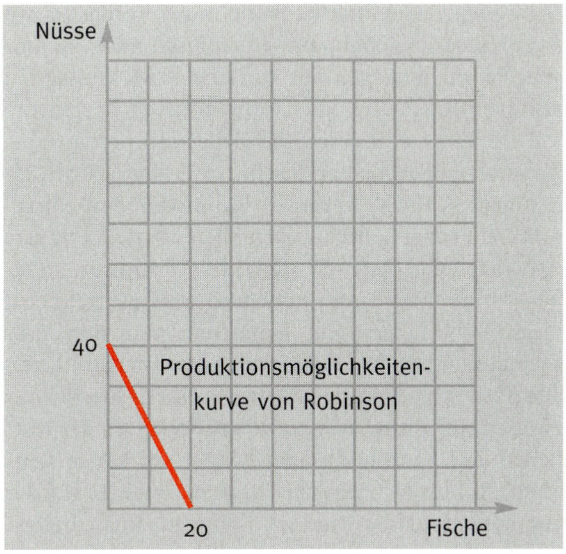

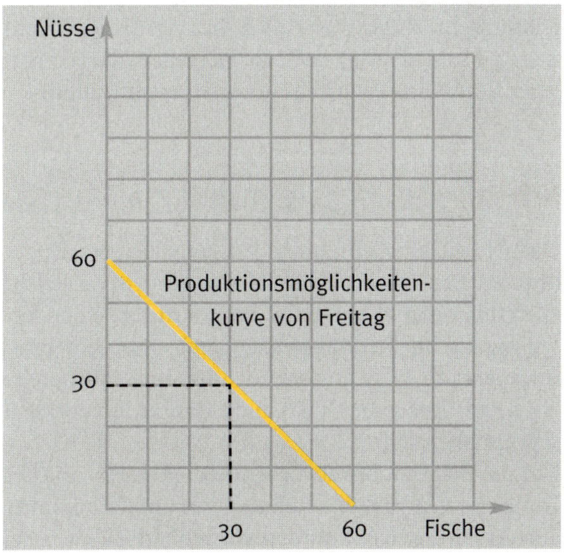

sitzt. Dies erkennt man auch daran, dass seine Produktionsmöglichkeitenkurve weiter vom Nullpunkt (Ursprung) entfernt liegt, d.h. er hat eine höhere Produktivität als Robinson.

Beide könnten nun jeder für sich Nüsse sammeln bzw. Fische fangen. Aber sie können sich auch überlegen, Arbeitsteilung zu betreiben. Die interessante Frage dabei ist, wer sich auf die Produktion welchen Gutes spezialisieren soll. Hierauf gibt Ricardo mit dem Prinzip der komparativen Kostenvorteile die Antwort: Jeder soll das Gut herstellen, das er relativ am billigsten produzieren kann.

Wie steht es nun mit den komparativen Kostenvorteilen bei Freitag und Robinson?
Bei gleicher Gesamtarbeitszeit muss Robinson auf zwei Nüsse verzichten, um einen Fisch mehr zu fangen, Freitag hingegen nur auf eine Nuss. Freitag hat also beim Fischfang einen komparativen Kostenvorteil. Die Kosten für eine zusätzliche Nuss betragen bei Robinson einen halben Fisch, bei Freitag jedoch einen ganzen Fisch. Somit hat Robinson beim Nüssesammeln einen komparativen Kostenvorteil. Für ihre Arbeitsteilung bedeutet dies, dass Robinson möglichst viele Nüsse sammeln und Freitag möglichst viele Fische fangen soll. Unterstellt man nun, dass Freitag sich auf den Fischfang spezialisiert und nun alle notwendigen Fische fängt, so wird er hierfür nur zwei Drittel seiner Arbeitszeit benötigen. In der restlichen Zeit kann er zusätzlich noch 20 Nüsse sammeln. Robinson hingegen konzentriert sich auf das Sammeln der Nüsse und wird seine 40 Nüsse beitragen. Insgesamt haben die beiden durch ihre Arbeitsteilung zehn Nüsse mehr als bisher produziert. Nehmen wir nun an, dass sie beide fair teilen, dann erhält jeder fünf Nüsse mehr als ohne die Arbeitsteilung.

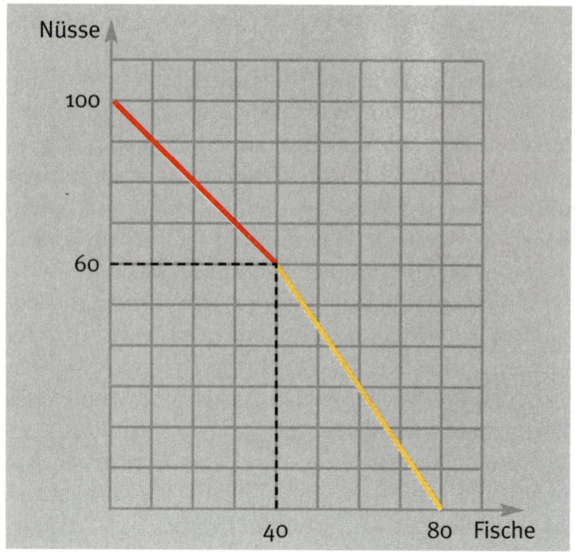

Nach: Peter Bofinger, Grundzüge der Volkswirtschaftslehre, München 2003, S. 51-57

▶▶M6 Soll ein Basketballstar seinen Rasen selbst mähen?

Dirk Nowitzki ist ein großer Basketballspieler. Er gehört im Basketball zu den Besten und ist vielleicht auch für anderes begabt. Gewiss könnte er seinen Rasen sogar schneller mähen als manch einer seiner dafür zuständigen Bediensteten oder eine hilfsbereite Nachbarin. Doch heißt das auch, dass er ihn wirklich selbst mähen soll?
Um die Frage zu beantworten, bedienen wir uns des komparativen Vorteils. Nehmen wir an, Dirk könnte den Rasen in zwei Stunden mähen. In diesen zwei Stunden könnte er auch einen Auftritt absolvieren,

Dirk Nowitzki bei einer Werbeveranstaltung mit jungen Autogrammjägern.

bei dem er 10.000 Euro Werbeeinnahmen erzielt. Anders verhält es sich mit Tosca S., die um die Ecke wohnt und bei McDonald's 16 Euro pro Stunde verdient. Sie braucht zwar drei Stunden für die Rasenpflege, erwartet dafür aber nur 48 Euro oder ein wenig mehr an Bezahlung.
In diesem Beispiel betragen Dirk Nowitzkis Opportunitätskosten[1] für das Rasenmähen 10.000 Euro, die Opportunitätskosten von Tosca S. jedoch nur 48 Euro. Dirk hat zwar den absoluten Vorteil, weil er anstatt drei nur zwei Stunden Arbeitszeit aufwenden müsste. Doch Tosca verfügt über einen komparativen Vorteil beim Rasenmähen, weil sie weniger aufgibt. Der „Handelsvorteil" ist in diesem Beispiel gewaltig. Dirk Nowotzki sollte sich für den Werbeauftritt entscheiden und Tosca zum Rasenmähen anstellen. Solange Dirk ihr mehr als 48 Euro und weniger als 10.000 Euro bezahlt, sind beide besser gestellt.

Nach: N. Gregory Mankiw, Gründzüge der Volkswirtschaftslehre, Stuttgart 2004, S. 58 f.

[1] Was man aufgibt, um eine Gütereinheit zu erlangen, bezeichnet man auch als „Opportunitätskosten".

M7 Airbus – erfolgreiche Arbeitsteilung in Europa?

Europa hat sich im kostenintensiven Flugzeugbau zusammengeschlossen und die unterschiedlichen Produktionsschritte auf verschiedene Länder verteilt. Man versprach sich eine Kostensenkung und -verteilung durch die Nutzung des sich ergänzenden Know-how in den beteiligten EU-Ländern.

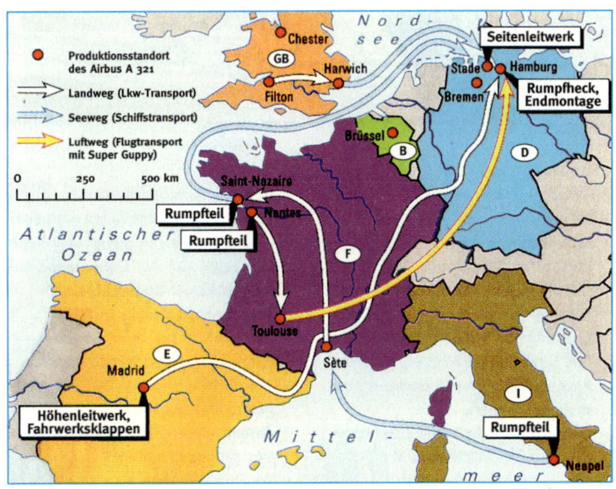

Aufgaben zu M5-M7

1. Fassen Sie mit eigenen Worten die Theorie der komparativen Kosten zusammen. (M5)
2. Erläutern Sie mithilfe der komparativen Kosten, warum die Gärtnerin von Nowitzki ihren Arbeitsplatz nicht verlieren wird. (M6)
3. Beschreiben Sie mögliche Motive für die in M7 dargestellte Arbeitsteilung.
4. Listen Sie mögliche Gründe auf, warum nicht ein europäisches Land allein ein solches Projekt bis zur Marktreife entwickelt hat. (M7)
5. Untersuchen Sie anhand von Produkten aus Ihrem Umfeld, ob Sie arbeitsteilige Produktionsformen erkennen können. (M1, M3, M7)
6. Diskutieren Sie, welche Vorteile internationale Arbeitsteilung für den Einzelnen bringen kann.
7. Zur Vertiefung: Erstellen Sie Firmenporträts der beiden konkurrierenden Unternehmen „Airbus“ und „Boeing“ (www.airbus.com; www.boeing.com) für ein Referat, ein Poster oder eine Wandzeitung.

3.1.2 Grenzen von internationaler Arbeitsteilung und Freihandel

M8 Freihandel mit Hindernissen

Importquote für Zucker bringt der EU eine Klage Brasiliens vor der Welthandelsorganisation (WTO) ein

Agrarprotektionismus der EU behindert Exporte der Entwicklungsländer

Amerika droht mit Einfuhrverbot für europäische Waren, sollte die EU nicht die Einfuhr von genmanipulierter Soja aus den USA zulassen!

Stahlproduzenten fürchten Osteuropa-Importe

Zum Schutz der heimischen Industrie will die US-Regierung Einfuhren von Stahl in die USA um bis zu 40 Prozent verteuern.

Aufgaben zu M8

1. Analysieren Sie die Karikatur.
2. Recherchieren Sie zu einer der Schlagzeilen die handelspolitischen Umstände und skizzieren Sie kurz, welche handelshemmenden Maßnahmen die Staaten angewandt haben.

M9 Was ist Protektionismus?

Vollständiger Freihandel ist selten anzutreffen. Obwohl sich die meisten Staaten der Welt den Abbau von Handelshemmnissen zum Ziel gesetzt haben, schützen viele ihre heimischen Märkte in einzelnen Bereichen trotzdem.

Im historischen Rückblick zeigt sich recht deutlich, dass Länder immer dann zu protektionistischen [protegere (lat.): schützen] Maßnahmen griffen oder greifen, wenn ihnen aus dem Ausland Nachteile zu erwachsen scheinen. Durch die Behinderung der Importe soll unerwünschte Konkurrenz abgewehrt und die Nachfrage nach heimischen Produkten gestärkt werden. Analog dazu sollen durch eine Förderung des Exports die Absatzchancen der heimischen Wirtschaft auf dem Weltmarkt verbessert werden.

Beide Maßnahmen schaffen Aufträge für die einheimische Wirtschaft. Bei einer verbesserten Auftragslage steigt die Beschäftigung. Als Folge hieraus resultiert ein Wirtschaftswachstum und das Steueraufkommen steigt. Insgesamt sollen also protektionistische Maßnahmen die Wohlfahrt der betreffenden Volkswirtschaft erhöhen und dies geht in der Regel zulasten von anderen Volkswirtschaften.

Nach: Jörn Altmann, Wirtschaftspolitik, Stuttgart 2000, S. 529 f. (bearbeitet)

M10 Benachteiligung von Entwicklungs- und Schwellenländern?

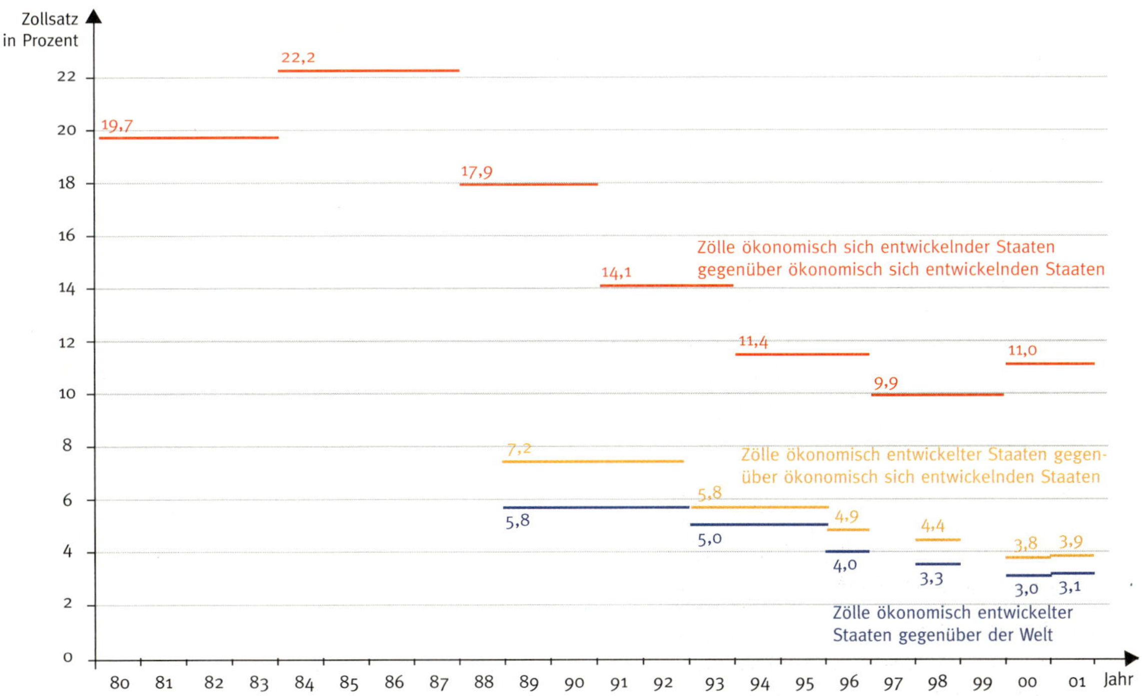

Bundeszentrale für politische Bildung, 2006

M11 Nichttarifäre Handelshemmnisse

Inzwischen verlagert sich das Instrumentarium weg von den Zöllen hin zu den nichttarifären Maßnahmen. Das Arsenal dieser Art von Handelshemmnissen ist sehr unterschiedlich, d.h. dass damit sowohl offensichtliche als auch versteckte Instrumente erfasst werden. Das GATT (General Agreement on Tariffs and Trade = Allgemeines Zoll- und Handelsabkommen)[1] hat eine Liste von mehr als 800 verschiedenen Maßnahmen zusammengestellt. Für viele Bereiche wurden im Rahmen der GATT-Verhandlungen inzwischen zollsenkende oder zollbefreiende Maßnahmen beschlossen.

Art der Maßnahme	Beispiele
Preisbezogene Maßnahmen	• Einführung von **Hafenzuschlägen**, um das Anlegen von Schiffen zu verteuern • Einführung einer **Stempelsteuer** für notwendige Belege, um die Kosten der Einfuhr künstlich zu erhöhen
Mengenrestriktionen	• Einführung von **Kontingentierungen und Quoten**, d.h. es dürfen nur noch festgelegte Stückzahlen pro Jahr importiert werden
Aktive Exportförderung des Staates	• **Steuererleichterungen** für einheimische Waren, u.a. durch einen ermäßigten Steuersatz für im Inland produzierte Güter • **Exportsubventionen** für nationale Güter, d.h. der Exporteur kann Waren dank der Subventionszahlungen seines Staates wesentlich billiger auf den Exportmärkten verkaufen
Staatliche Auflagen	• **Produktnormen**, z.B. durch hohe Produktionsstandards im Namen der Sicherheit, des Umwelt-, Gesundheits- oder Verbraucherschutzes werden Einfuhrbarrieren geschaffen • **Verpflichtung zu Joint Ventures**, d.h. eine Produktion im Inland wird nur unter der Voraussetzung zugelassen, dass der inländische Partner die Mehrheit an dem neu gegründeten Produktionsunternehmen hält • **Zwang zu Kompensationsgeschäften**, d.h. der ausländische Lieferant muss sich seinerseits verpflichten, einen bestimmten Prozentsatz des erlösten Betrags in Waren oder Dienstleistungen des belieferten Landes anzulegen
Administrative Hürden durch Formalitäten	• **Grenzformalitäten** dauern lange, z.B. Ausstellen von Importpapieren, Formalitäten bei Konsularbehörden

[1] Das 1948 in Kraft getretene GATT wurde 1995 von der WTO (World Trade Organization = Welthandelsorganisation) abgelöst, einer Sonderorganisation der Vereinten Nationen (UN) mit Sitz in Genf.

Autorentext

M12 Handelshemmnisse in der Praxis: Beispiel China

Ein deutscher Meister erklärt zwei chinesischen Arbeitern im BMW-Werk in Shenyang ein Zubehörteil.

Neben einer Vielzahl von Produktionsstätten, z.B. in den USA oder Südafrika, setzt die BMW-Group zunehmend auf eine Verlagerung bzw. Ausweitung ihrer Produktion nach Asien. Die chinesische Regierung hat mit der Politik der Öffnung beschlossen, dass eine Zusammenarbeit chinesischer und ausländischer Unternehmen nur in Form von Joint Ventures stattfinden kann. Dabei muss der Anteil des chinesischen Unternehmens mehr als 50 Prozent betragen. Die Endmontage von vorgefertigten Bausätzen findet vor Ort statt.
Die Automobilhersteller können durch diese Form der Zusammenarbeit sowohl die billigen Arbeitskräf-

te vor Ort einsetzen als auch mit niedrigeren Importzöllen kalkulieren. Außerdem zielen sie dadurch auf eine Vermarktung vor Ort und die Erschließung neuer Märkte. BMW hofft auf eine bessere Vermarktung ihrer Fahrzeuge auf dem riesigen und schnell wachsenden chinesischen Markt. Durch den chinesischen Partner werden die sprachlichen und kulturellen Barrieren bei der Markterschießung überwunden. Gleichzeitig können Kontakte in der Geschäftswelt Chinas genutzt werden. Schließlich erreicht man durch eine Produktion im Land auch eine Umgehung des Zolls in Höhe von derzeit 25 Prozent auf die CBU (Completely Built Units).
China erhofft sich einen Technologietransfer und die Schaffung von Arbeitsplätzen. Gleichzeitig kann durch solche Direktinvestitionen die lokale Automobilindustrie neu strukturiert und für den Weltmarkt wettbewerbsfähig gemacht werden. Gesetzlich vorgeschrieben ist, dass 40 Prozent aller Zulieferteile von lokalen Betrieben erstellt werden müssen.

Autorentext

Automobilmarkt China

Automobilproduktion

	gesamt	deutsch**
2001	2,02 Mio.	0,45 Mio.
2003	4,03 Mio.	0,85 Mio.
2005	5,06 Mio.	0,92 Mio.
2007*	6,85 Mio.	1,25 Mio.
2009*	8,67 Mio.	1,66 Mio.

Automobilverkäufe

	gesamt	deutsch**
2001	2,09 Mio.	0,37 Mio.
2003	3,99 Mio.	0,75 Mio.
2005	5,10 Mio.	0,83 Mio.
2007*	6,87 Mio.	1,08 Mio.
2009*	8,76 Mio.	1,45 Mio.

* Prognose
** BMW, DaimlerChrysler-Group, VW

Nach: Automotive News Europe, Juni 2005, S. 30 f.

Aufgaben zu M9-M12

1. Erklären Sie, welche Vorteile es einem Land bringen kann, wenn es sich gegen Importe schützt. (M9, M12)
2. Analysieren Sie die Grafik in M10.
3. Nehmen Sie Stellung zu der These, dass die Industrieländer die Entwicklungs- und Schwellenländer überverhältnismäßig stark benachteiligen. (M10)
4. Tragen Sie zusammen, welche Nachteile mit Handelshemmnissen für Sie als Verbraucher verbunden sein können. (M9, M11)
5. Recherchieren Sie, mit welchen Handelshemmnissen sich die Europäische Union gegen Importe im Bereich des Zuckermarktes schützt. Ordnen Sie diese den Maßnahmen in M11 zu.
6. Arbeiten Sie heraus, mit welchen handelshemmenden Maßnahmen China versucht, seinen Automobilmarkt zu schützen. (M12)
7. Erläutern Sie unter Verwendung der Daten aus M12, warum deutsche Unternehmen die Einschränkungen, z. B. durch Joint Ventures, in Kauf nehmen und in China produzieren.

Infobox

Joint Venture
Joint Ventures bezeichnen eine internationale Zusammenarbeit von Unternehmen meist in Form eines Gemeinschaftsunternehmens. Diese grenzüberschreitende Partnerschaft beruht auf einer Kapitalbeteiligung und regelt mittels Vertrag die Zusammenarbeit zwischen zwei oder mehr Partnern, von denen mindestens einer seinen Sitz im Gründungsland des Joint Venture haben muss.

Autorentext

M13 Das erweiterte Kreislaufmodell

Bisher wurde im Kreislaufmodell nur das Inland betrachtet. Das erweiterte Kreislaufmodell umfasst neben den bisher bekannten Sektoren nun auch den Sektor „Ausland". Der Sammelbegriff „Ausland" steht für ausländische Staaten, Unternehmen und Haushalte, zwischen ihnen wird nicht unterschieden. Da im Kreislaufmodell nur die Geldströme dargestellt werden, verlaufen die Ausgaben für den Import (M, z. B. Kauf von Erdöl aus Saudi Arabien, Honorar für einen Architekten in Italien) und die Einnahmen aus dem Export (X, z. B. Verkauf eines PKW in die USA, Verkauf von Forschungsergebnissen an ein kanadisches Unternehmen) jeweils entgegen der Richtung der Warenströme. Somit verlaufen die Ausgaben für den Import von den Unternehmen zum Ausland und die Einnahmen für den Export vom Ausland zu den Unternehmen. Die Differenz zwischen Exporten und Importen ist der Außenbeitrag (X-M). Überwiegen die Einnahmen aus Exporten, spricht man von einem positiven Außenbeitrag. Überwiegen die Ausgaben für Importe, bezeichnet man dies als negativen Außenbeitrag.

Ist der Außenbeitrag positiv, entstehen Forderungen an das Ausland (Fo_{anAusl}). Ist der Außenbeitrag negativ, so entstehen Verbindlichkeiten gegenüber dem Ausland ($Verb_{gegAusl}$).

Autorentext

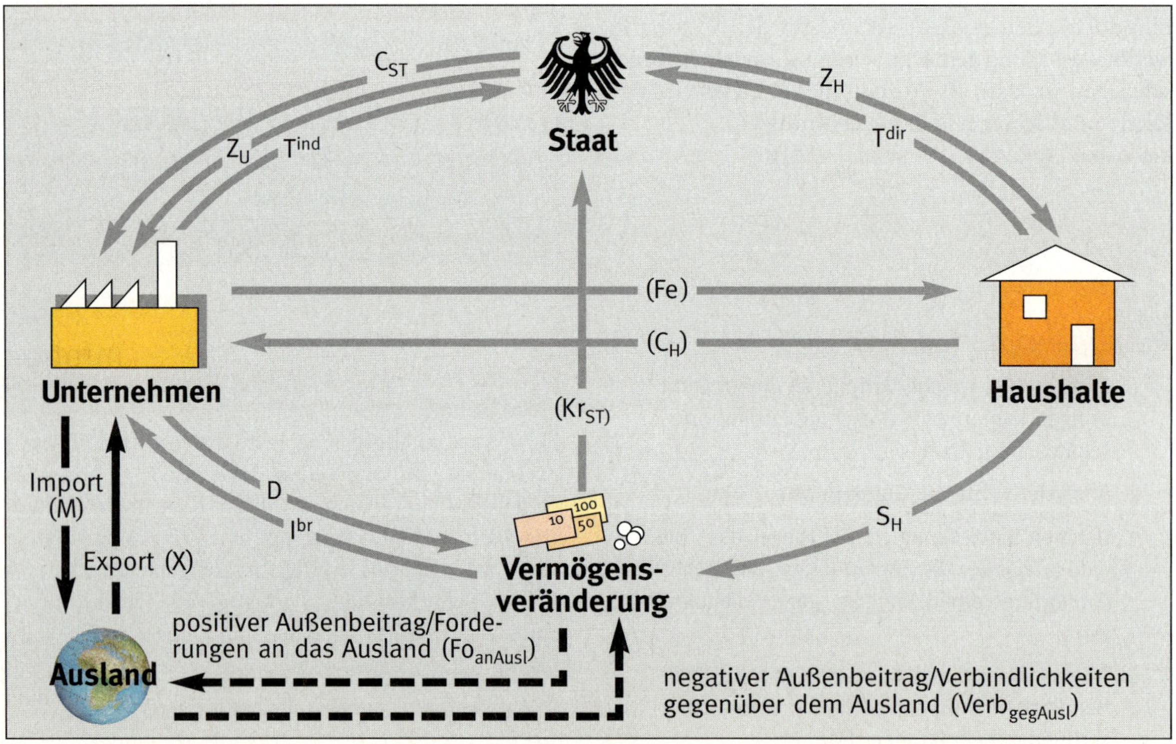

Fe = Faktoreinkommen
C_H = Konsumausgaben der Haushalte
I^{br} = Bruttoinvestitionen
S_H = Ersparnis der Haushalte
D = Abschreibungen
C_{ST} = Konsumausgaben des Staates
Z_H = Zuschüsse/staatliche Transferleistungen an die Haushalte
Z_U = staatliche Subventionen an Unternehmen
T^{dir} = direkte Steuern
T^{ind} = indirekte Steuern
Kr_{ST} = Kreditaufnahme des Staates
⇄ (gestrichelt) = alternativer Strom

Aufgaben zu M13

1. Zeigen Sie an Beispielen, dass der Sektor „Ausland" die ausländischen Unternehmen, Haushalte und Staaten umfasst.
2. Analysieren Sie die Wirkung ausgewählter Handelshemmnisse im Kreislaufmodell.
3. Begründen Sie, warum es für die Betrachtung einer modernen Volkswirtschaft mit dem Kreislaufmodell wichtig ist, den Sektor Ausland mit einzubeziehen.
4. Erläutern Sie, wie sich ein Urlaub im Ausland in der Kreislaufbetrachtung darstellen würde.

Zusammenfassung 3

Internationale Arbeitsteilung

Motive und Formen internationaler Arbeitsteilung
M2, M3

Eine arbeitsteilige Produktion sowie die Verteilung von Gütern über Märkte bringen einen **Wohlstandsgewinn** für alle Beteiligten.
Grundsätzlich unterscheidet man bei Arbeitsteilung zwischen

a) beruflicher Arbeitsteilung,
b) innerbetrieblicher Arbeitsteilung,
c) zwischenbetrieblicher Arbeitsteilung,
d) internationaler Arbeitsteilung.

Freihandel
M4

Der internationale Waren- und Dienstleistungsverkehr zwischen Handelspartnern aus verschiedenen Ländern, der **keinerlei Zollschranken oder anderen Handelsbeschränkungen** unterliegt, wird als Freihandel bezeichnet. Freihandel und internationale Arbeitsteilung bedingen und fördern sich gegenseitig.
Da Freihandel eine **produktivitätssteigernde Spezialisierung** anregt und den Wohlstand sowie die Lebensqualität der beteiligten Volkswirtschaften dauerhaft erhöhen soll, dient er als Leitbild für die Organisation der internationalen Märkte.

Komparative Kosten
M5, M6

Die von David Ricardo entwickelte **Theorie** der komparativen Kosten besagt, dass sich jedes Land auf Produktion und Export derjenigen Güter spezialisieren sollte, die es mit dem vergleichbar größten Kostenvorteil produzieren kann (relativer komparativer Kostenvorteil). Außenhandel lohnt sich demnach auch, wenn ein Land bei der Produktion aller Güter dem Ausland unterlegen ist.
Diese Erkenntnis hat vor allem Auswirkungen auf die Handelsbeziehungen zwischen hoch industrialisierten und niedrig industrialisierten Ländern.

Grenzen durch Handelshemmnisse
M9, M10, M11, M12

Selbst wenn die meisten Staaten Freihandel fordern, schirmen viele ihre eigene Wirtschaft durch vielfältige Maßnahmen ab (**Protektionismus**). Inländische Produzenten werden durch **Verbote, mengenmäßige Beschränkungen** (Quotierung, Kontingentierung), **Zölle** oder **Auflagen** gegenüber ausländischen Handelspartnern bevorzugt.

Erweitertes Kreislaufmodell
M13

Um eine möglichst realitätsnahe Modellbetrachtung zu gewährleisten, müssen im Wirtschaftskreislauf auch die Auslandsbeziehungen einer Volkswirtschaft abgebildet werden. Geldströme für Im- und Exporte fließen zwischen den Sektoren „Unternehmen“ und „Ausland“. Aus deren Differenz ergibt sich ein positiver oder negativer Außenbeitrag (X-M). Als Strom fließt dieser in Form von Forderungen an bzw. Verbindlichkeiten gegenüber dem Ausland zwischen den Sektoren „Ausland“ und „Vermögensveränderung“.

3.2 Die europäische Wirtschafts- und Währungsunion (EWWU)

3.2.1 Der Weg zur Wirtschafts- und Währungsunion

M1 Europa, wie es früher einmal war

Vor 20 Jahren noch typisch, heute jedoch kaum mehr vorstellbar. Zollkontrollen behinderten früher – wie hier am Brennerpass – die Ein- und Ausreise zwischen europäischen Staaten. (Bild von 1966)

„In der Bundesrepublik Deutschland durften die bei Fruchtjoghurt verarbeiteten Kirschen mit der Farbe von Roter Beete gefärbt werden, nicht aber der Joghurt selbst. In Belgien war es genau umgekehrt: Dort durften die Kirschen nicht gefärbt werden, wohl aber der Joghurt."

Deutsche Mark, französische Francs, italienische Lire ... Münzen europäischer Währungen, die vom Euro abgelöst wurden.

„Ein LKW erreichte im europäischen Güterverkehr eine Durchschnittsgeschwindigkeit von lediglich 20 km/h. Schuld daran war ein aufwändiger Papierkrieg. So konnten beispielsweise beim Transit von Deutschland über Österreich nach Italien für den Fahrer sechs, für die Ware 12 und für das Fahrzeug 27 Papiere kontrolliert werden. In den USA dagegen war ein Trucker, der keine Grenzen zu passieren hat, durchschnittlich 60 km/h schnell!"

Aufgaben zu M1

1. Tragen Sie Faktoren zusammen, die vor der Wirtschafts- und Währungsunion die wirtschaftliche Entwicklung der europäischen Länder behindert haben.
2. Diskutieren Sie, welche – nicht nur wirtschaftlichen – Argumente von Skeptikern gegen die EWWU vorgetragen wurden und damit Hürden der wirtschaftlichen Einigung Europas darstellten.

M2 Zunehmende wirtschaftliche Verflechtung in Europa – Anfänge und Entwicklung der EU

1957 wurden in Rom die Verträge zur Gründung der **Europäischen Wirtschaftsgemeinschaft** (EWG) und der Europäischen Atomgemeinschaft (Euratom) unterzeichnet. Beteiligt an der Vertragsunterzeichnung waren die Länder Belgien, die Bundesrepublik Deutschland, Frankreich, Italien, die Niederlande und Luxemburg. Mit dem Ziel, die Wirtschaftsleistung der beteiligten Staaten zu steigern und die zwischenstaatlichen Beziehungen zu vertiefen, sah der EWG-Vertrag die Errichtung eines gemeinsamen Marktes und die allmähliche Angleichung der Wirtschaftspolitik in der Gemeinschaft vor. Neben einer Zollunion mit freiem Warenverkehr im Inneren und einheitlichen Zolltarifen nach außen standen eine gemeinsame Agrarpolitik und die Liberalisierung des Personen-, Dienstleistungs- und Kapitalverkehrs auf dem Programm. Dazu mussten die Mitgliedstaaten einen Teil ihrer Souveränitätsrechte an die Gemeinschaft abtreten.

Die wirtschaftliche Dynamik der Europäischen Gemeinschaft übte eine starke Anziehungskraft auf andere Staaten aus. So erweiterte sich die anfängliche Sechsergruppe 1973 um Dänemark, Großbritannien und Irland, 1981 um Griechenland, 1986 um Spanien und Portugal und 1995 um Österreich, Finnland und Schweden. Bereits 1990 war auch der Osten Deutschlands unter das gemeinsame europäische Dach aufgenommen worden. 2004 erhielt die Gemeinschaft im Rahmen ihrer **Osterweiterung** erneut Zuwachs durch zehn Mitgliedstaaten aus Ost- und Südeuropa, im Jahr 2007 wurden Bulgarien und Rumänien in die Gemeinschaft aufgenommen.

Mit dem **Vertrag von Maastricht** (1992) wurde das ehrgeizige Ziel einer umfassenden, politisch vertieften **Europäischen Union** aufgegriffen und weiterentwickelt. Der Vertrag eröffnete den Weg zu einer Wirtschafts- und Währungsunion, einer gemeinsamen Außen- und Sicherheitspolitik und einer engeren Zusammenarbeit in der Rechts- und Innenpolitik. Zur Vorbereitung der EU-Osterweiterung leitete der Vertrag von Nizza die dringend gebotenen Reformen der EU-Institutionen ein. Eine umfassende Erneuerung ihrer vertraglichen Grundlagen erfolgte durch die EU-Verfassung, die jedoch erst nach der Annahme (Ratifizierung) in allen Mitgliedstaaten in Kraft treten kann. Durch die Ablehnung der Verfassung 2005 in Frankreich und den Niederlanden ist die europäische Entwicklung daher ernsthaft ins Stocken geraten. Im Dezember 2007 unterzeichneten die Staats- und Regierungschefs der Mitgliedstaaten den Vertrag von Lissabon, der die künftigen Herausforderungen benennt (Globalisierung der Wirtschaft, demografische Entwicklung, Klimawandel, Energieversorgung, Bedrohung der Sicherheit) und Aufgabenbereiche der Union festlegt. Der Vertrag soll zum 1. 1. 2009 in Kraft treten.

Nach: Erich Schmidt Verlag; Zahlenbilder 714005 (09/2005)

M3 Stufen der wirtschaftlichen Integration Europas

	Freihandelszone	Zollunion	Binnenmarkt (gemeinsamer Markt)	Wirtschafts- und Währungsunion
Souveränitätsverzicht	kein Souveränitätsverzicht	Verzicht auf eine souveräne Zollgestaltung	Verzicht auf souveräne Gesetzgebung auf dem Gebiet der Freizügigkeit	Verzicht auf souveräne Gesetzgebung in großen Teilen der Wirtschaftspolitik
Freiheiten im Inneren	Zollfreiheit im Inneren: freier Handel von Sachgütern	Zollfreiheit im Inneren und gemeinsamer Außenzoll	freier Personen-, Waren-, Dienstleistungs- und Kapitelverkehr	freier Personen-, Waren-, Dienstleistungs- und Kapitelverkehr
Grad der wirtschaftlichen Kooperation	Beschränkung der Kooperation auf den Abbau der Binnenzölle; unterschiedliche Wirtschaftspolitik möglich	wirtschaftliche Kooperation gegenüber Drittländern: Außenhandelszölle	wirtschaftliche und politische Kooperation der Staaten: Übergang zur Wirtschaftsunion möglich	gemeinsame Währung und koordinierte Wirtschaftspolitik
Europäische Verträge		Vertrag von Rom	Einheitliche Europäische Akte	Vertrag von Maastricht

Autorengrafik

M4 Fördergebiete innerhalb der Europäischen Union

Mit den Erweiterungsrunden 2004 und 2007 hat sich das Leistungs- und Wohlstandsgefälle innerhalb der Europäischen Union deutlich vergrößert. Zugleich sind die Anforderungen an die Strukturpolitik der EU gestiegen. Ihr fällt die Aufgabe zu, die Unterschiede zwischen den Mitgliedstaaten abzubauen und damit den wirtschaftlichen und sozialen Zusammenhalt der Gemeinschaft zu stärken. Das Ziel der „Konvergenz", zu dem alle Strukturfonds beitragen, hat die Verringerung des Entwicklungsrückstands in den ärmeren Regionen der EU zum Inhalt.

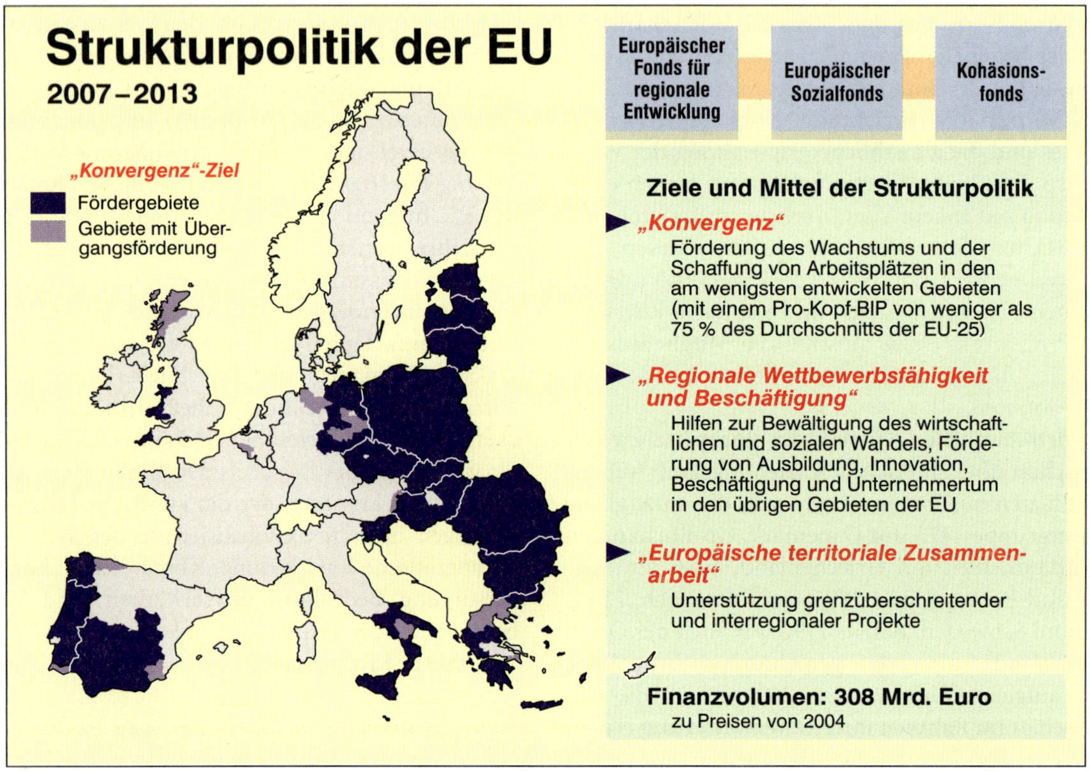

Nach: Erich Schmidt Verlag; Zahlenbilder 725368 (11/2006)

Aufgaben zu M2-M4

1. Tragen Sie Gründe für die europäische Integration zusammen und systematisieren Sie diese in Kategorien. Greifen Sie auch auf Kenntnisse aus dem Geschichts- und Sozialkundeunterricht zurück. (M1, M2)
2. Erstellen Sie eine Zeitleiste, welche die Entwicklung der europäischen Integration zeigt. (M2)
3. Erklären Sie, inwiefern die Wirtschafts- und Währungsunion mehr ist als eine Freihandelszone. (M3)
4. Erläutern Sie die Gründe, Ziele und Mittel der Strukturpolitik der EU. (M2, M4)
5. Diskutieren Sie aufgrund Ihrer Kenntnisse aus Kap. 2.1 in Gruppen, welche Probleme bei der Umstellung von der Plan- zur Marktwirtschaft entstehen können. (M4)
6. Recherchieren Sie, wie sich Staaten wirtschaftlich entwickelt haben, nachdem sie der EU beigetreten sind (z. B. Irland, Spanien), und tragen Sie dies in einem Kurzreferat Ihrer Klasse vor.
7. Beurteilen Sie, ob man die europäische Integration als Erfolgsmodell für alle teilnehmenden Staaten bezeichnen kann. (M2-M4)
8. Zur Vertiefung: Recherchieren Sie, wie sich der Beitritt der Staaten der Osterweiterung auf die EU und speziell auf Deutschland ausgewirkt hat.

3.2.2 Die Freiheiten des Europäischen Binnenmarktes

M5 Die vier Freiheiten

Freier Personenverkehr
- Wegfall von Grenzkontrollen
- Niederlassungs- und Beschäftigungsfreiheit für EU-Bürger
- Harmonisierung der Einreise-, Asyl-, Waffen- und Drogengesetze
- verstärkte Außenkontrollen

Freier Warenverkehr
- Wegfall von Grenzkontrollen
- Harmonisierung oder gegenseitige Anerkennung von Normen und Vorschriften
- geplante Harmonisierung der indirekten Steuern

Freier Dienstleistungsverkehr
- Liberalisierung der Finanzdienste
- Harmonisierung der Banken und der Versicherungsaufsicht
- Öffnung der Telekommunikations- und Transportmärkte

Freier Kapitalverkehr
- größere Freizügigkeit für Geld- und Kapitalverkehr
- Schaffung eines gemeinsamen Marktes für Finanzdienstleistungen
- Liberalisierung des Wertpapierhandels

Autorentext

M6 Auswirkungen des Binnenmarktes: Polnisches Know-how im Münchener Nobelviertel

Lächelnd blickt sich Slavomir K. um, begutachtet die glänzenden Wände, den polierten Boden. Er sitzt in einem kleinen Bistro mitten in der Münchener Innenstadt. Der 47-jährige K. hat in zwei Monaten aus der Baustelle ein Bistro gemacht – sein bisher größter Auftrag. Der Alleskönner ist Maler, Trockenbauer, Innenausstatter, Parkett- und Bodenleger. […] K.s Heimat ist Polen. Im März 2004 zog er nach München und holte sich einen Gewerbeschein – genau zu dem Zeitpunkt, ab dem es rechtlich möglich war.

Zwei Entwicklungen entfachten damals ein Gründungsfieber: Durch die Änderung des Handwerkrechts entfiel in 53 von 94 Berufen der Meisterzwang. Fliesenleger, Gebäudereiniger, Raumausstatter – jeder kann seitdem in diesen und anderen zulassungsfreien Sparten ein Unternehmen gründen. Außerdem dürfen Polen, Tschechen und andere Osteuropäer nach der EU-Osterweiterung in Deutschland leben und arbeiten. Die Jobsuche auf dem freien Markt hat die Bundesregierung wegen der hohen Arbeitslosigkeit verboten. Doch Selbstständigkeit ist erlaubt.

Diese Dienstleistungs- und Niederlassungsfreiheit nutzen nicht nur Osteuropäer, sondern auch Einheimische. Deutschlandweit kommt nur jede achte Neugründung in den zulassungsfreien Berufen von einem Bürger aus den Beitrittsländern. Es sind jedoch die Ich-AGs aus dem Osten, die für Aufregung sorgen. Und zwar nicht – wie zuerst erwartet – in den unmittelbaren Grenzgebieten, sondern in Ballungsräumen. […]

Diesen Boom belegt der Sprecher der Handwerkskammer München-Oberbayern mit Zahlen. Seit März 2004 hat sich in seinem Bereich die Zahl der selbstständigen Fliesenleger von 168 auf 754 gesteigert. „Das ist eine Zunahme von fast 350 Prozent, 64 Prozent der Neueintragungen kommen übrigens aus Polen." Bei den Gebäudereinigern gibt es ein Plus von fast 240 Prozent, bei den Parkettlegern liegt es bei 110 Prozent. […]

„Für die gleiche Arbeit bekomme ich hier das Dreifache." Dafür nimmt er Aufträge an, die deutsche Firmen oft dankend ablehnen – weil sie zu schwierig sind oder sich nicht rentieren. Der 47-Jährige arbei-

Polnische Fliesenleger bei der Arbeit, hier in Hannover.

tet elf Stunden am Tag, abends rechnet er dann noch in seiner Wohnung Angebote durch. Er kalkuliert knapp, Preisdumping lehnt K. aber ab.

Genau das werfen deutsche Kollegen osteuropäischen Handwerkern jedoch vor: Sie würden ihnen mit Billigtarifen Aufträge wegnehmen. Polnische Fliesenleger sind zur Metapher für die Gefahr aus dem Osten geworden. Immer wieder rechnen die Handwerkskammern die Misere vor: Deutsche Firmen verlangen rund 40 Euro pro Gesellenstunde, ein osteuropäischer Ein-Mann-Betrieb arbeite häufig für die Hälfte. [...]
K. hat einen Stundenlohn zwischen 22 und 35 Euro, je nachdem, wo und für wen er arbeitet. Aber auch für 22 Euro bekomme man bei ihm Qualität. Und vor allem Flexibilität. Denn im Gegensatz zu deutschen Kollegen arbeitet der Pole auch abends, nachts und am Wochenende. Urlaub, Krankheit? Gibt es bei ihm nicht. K. ist klar, dass deutsche Firmen da nicht mithalten können. [...]

Das versucht Manfred H. Der 37-jährige Fliesenlegermeister hat einen Betrieb in München, weiß aber nicht, wie lange er seine beiden Angestellten noch beschäftigen kann. Durch Lohnzusatzkosten müsse er ganz anders rechnen. „Da kostet die Stunde rund 45 Euro, sonst muss ich zumachen.“ H. versteht nicht, dass die Osteuropäer in ihrer Heimat zu wenig verdienen. „Dort herrscht doch jetzt Aufbruchsstimmung, da muss es doch Aufträge geben.“

Doch das ist nur zum Teil richtig. Die polnische Wirtschaft ist im Aufschwung, bereits im dritten Jahr in Folge. Heuer wird mit einem Wachstum von fünf Prozent gerechnet. Trotzdem beträgt die Arbeitslosenquote rund 19 Prozent und ist damit die höchste in der EU. Der Produktivitätsanstieg durch Rationalisierung verhindert einen Zuwachs an Beschäftigung. [...]
Deshalb drängten viele Polen Anfang 2004 auf den deutschen Markt. K. las in der Zeitung von dieser Möglichkeit, informierte sich und meldete wenige Tage später sein Gewerbe an. Weil der 47-Jährige für ein größeres Projekt Mithilfe braucht – demnächst steht die Renovierung eines Reihenhauses für 30.000 Euro an – ruft er seine Freunde an. Er übernimmt den ganzen Auftrag, seine Kollegen arbeiten mit. Bei der Abrechnung gilt sein Wort.

Schwarzarbeit, Billiglöhne ...: K. kennt die Vorwürfe. Er setzt dagegen, dass sich nur diejenigen durchsetzen, die legal und fachmännisch sauber arbeiten. Kontrollen durch das Finanzamt seien an der Tagesordnung. Und man müsse seine Grenzen kennen. Statik, Elektrik, da sei ein Profi unverzichtbar. Doch Kleinigkeiten übernimmt K. nebenbei – dadurch spart sich der Auftraggeber, eine weitere Firma engagieren zu müssen.

Einige osteuropäische Ein-Mann-Unternehmen scheitern an der Verständigung. K. lernte in der Schule neben Russisch auch Deutsch. Er kann verhandeln, seine Dienste anbieten. Kommunikation bedeutet für ihn auch, Netzwerke mit deutschen Kollegen zu knüpfen. Er empfiehlt sie, sie empfehlen ihn. Werbung macht K. nicht. Er hat auch so genug zu tun. Bisher hat er nur einen Auftrag nicht bekommen: „Zwei Ungarn haben es billiger gemacht.“ Er wollte sie nicht unterbieten, der Handwerker hat seinen Preis – und seine Ehre.

Für ihn ist die Arbeit in Deutschland auch eine Art der Fortbildung. Er lernt neue Techniken, schaut sich bei anderen Handwerkern das Know-how ab. Damit möchte er in zwei Jahren zurück nach Polen gehen und dort eine Firma gründen. Vertreter des polnischen Bausektors erwarten eine Trendwende in Polen. Man wäre in der Lage, so heißt es, doppelt so viele Aufträge wie jetzt zu realisieren. Dazu bräuchte es jedoch eine bessere technische Ausstattung und qualifizierte Arbeiter – K. wird einer von ihnen sein.

Nach: Helga Gandelgruber, Polnisches Know-how im Münchener Nobelviertel, in: Das Parlament, 21.11.2005, S. 14

M7 Wie junge Menschen vom Binnenmarkt profitieren

Deutsche Studentinnen und Studenten wollen ihren Horizont erweitern, ihre beruflichen Chancen verbessern und internationale Erfahrungen sammeln. Diesen Wunsch unterstützt insbesondere das Förderprogramm ERASMUS der Europäischen Union. Seit 20 Jahren profitieren hiervon Studenten und Dozenten in ganz Europa, inzwischen sind es jedes Jahr mehr als 150.000.

Der EU-Binnenmarkt ermöglicht es jedem Studierenden aber auch unabhängig davon, sich innerhalb der Gemeinschaft an einer Universität zu bewerben. Lediglich interne Zulassungsvoraussetzungen, die ebenso für alle Inländer gelten, müssen beachtet werden. Er kann seinen Wohnsitz frei wählen und sich vor Ort in der Gemeinde politisch engagieren.

Durch den Bologna-Prozess, der 1999 von 29 europäischen Bildungsministern beschlossen wurde, wächst Europa im Hochschulbereich stärker zusammen. Kernelement der gemeinsamen europäischen Hochschulentwicklung sind die europaweit vergleichbaren Abschlüsse Bachelor und Master.

Autorentext

Die Universität von Sevilla ist bei Studenten für ein Auslandsjahr sehr beliebt.

Im Jahr 2007 feierte das ERASMUS-Programm 20-jähriges Jubiläum.

Aufgaben zu M5-M7

1. Beschreiben Sie an Beispielen aus Ihrem Alltag, wie Sie die vier Freiheiten des EU-Binnenmarktes direkt für Ihre Entfaltung und berufliche Karriere nutzen können. (M5-M7)
2. Warum werden die Freiheiten des Binnenmarktes unzureichend genutzt? (M6)
3. a) Fassen Sie Gründe zusammen, warum osteuropäische Handwerksunternehmen in Deutschland tätig und erfolgreich sind. (M6)
   b) Diskutieren Sie Chancen und Risiken sowohl für die deutsche als auch für die polnische Wirtschaft. (M6)
4. Diskutieren Sie in Gruppen, ob Sie sich vorstellen können, in einem anderen EU-Land zu studieren bzw. zu arbeiten. (M7)
5. Erkundigen Sie sich über Studienmöglichkeiten im Ausland. Nutzen Sie dabei auch die einschlägigen Seiten der Bundesagentur für Arbeit und des DAAD im Internet. (M7)

3.2.3 Europäisches Recht als Quelle nationalen Rechts

M8 Alkoholarmer Likör mit großer Wirkung – das Cassis-de-Dijon Urteil

Ein Kölner Lebensmittelkonzern importierte aus dem französischen Dijon einen Johannisbeer-Likör, einen sogenannten Cassis, nach Deutschland. Deutsche Behörden verboten jedoch den Import und Verkauf der Ware mit dem Hinweis, dass nach deutschem Recht Likör einen Alkoholgehalt von mindestens 32 % haben müsse. Der Cassis hatte aber weniger als 25 %. Der Konzern klagte vor dem Europäischen Gerichtshof und bekam Recht. Der Gerichtshof entschied, dass das deutsche Einfuhrverbot den Verträgen der Gemeinschaft widerspreche, die einen freien Warenverkehr zwischen den Mitgliedstaaten fordern und Einfuhrbeschränkungen verbieten. Der Gerichtshof stellte den Grundsatz auf: Was in einem Mitgliedstaat der EU nach dort gültigem Recht verkauft werden darf, das darf auch in allen anderen Mitgliedsländern verkauft werden. Damit wurde der deutsche Gesetzgeber verpflichtet, das Urteil in nationales Recht umzusetzen. Das Cassis-de-Dijon-Urteil gehört zu den grundlegenden, richtungsweisenden Entscheidungen des Gerichtshofs zur Auslegung der europäischen Warenverkehrsfreiheit. Diesem Urteil folgten noch weitere Urteile des EuGH gegen Verstöße im Zusammenhang mit dem freien Warenverkehr, so zum Beispiel auch das Bier-Urteil. Dieses verbietet es Deutschland, sich gegen den Import von Bieren aus der EU zu verschließen, die nicht dem deutschen Reinheitsgebot entsprechen.

Autorentext

Der Europäische Gerichtshof mit Sitz in Luxemburg.

Infobox

Der Europäische Gerichtshof (EuGH)

Der Europäische Gerichtshof der Europäischen Union mit Sitz in Luxemburg hat die Aufgabe, die Wahrung des Rechts bei der Auslegung und Anwendung des EG- und des EU-Vertrages (primäres Recht) und des (sekundären) Gemeinschaftsrechts der EU zu sichern.
Der EuGH ist die höchste Instanz im europäischen Rechtswegesystem und kann deswegen auch, sofern es sich um europäisches Recht handelt, dieses bindend für alle Mitgliedstaaten der Gemeinschaft auslegen.
Die Entscheidungen des Gerichts sind ein bedeutender Wegweiser in die Richtung einer verstärkten Integration Europas. Viele seiner Entscheidungen tragen zur Rechtsvereinheitlichung in der EU bei und können ganz konkrete Auswirkungen auf das alltägliche Leben der Bürger haben.
Die Entscheidung zum Waffendienst der Frauen im Jahr 2000 führte dazu, dass auch in der Bundeswehr zukünftig Frauen an der Waffe ausgebildet werden können.

Nach: André Brodocz/ Hans Vorländer, Der Europäische Gerichtshof, www.bpb.de (abgerufen am 23.7.2007)

M9 Europäische Rechtsakte und ihre Wirkung

Empfehlungen/Stellungnahmen werden auf politischer Ebene abgegeben und bleiben unverbindlich.

Entscheidungen richten sich an einzelne Adressaten (EU-Mitgliedsländer, Bürger ...) und sind nur für diese verbindlich.

Richtlinien richten sich an die Mitgliedstaaten der EU, die die Vorgaben innerhalb einer Frist in nationales Recht umsetzen müssen.

Verordnungen ersetzen nationales Recht und sind direkt und sofort wirksam, d.h. sie müssen nicht erst in nationales Recht umgesetzt werden.

Mit **völkerrechtlichen Verträgen**, z.B. dem Pariser Vertrag (EGKS), den Römischen Verträgen (EWG), den Verträgen von Maastricht und Nizza (Gründung bzw. Erweiterung der EU), binden sich die Mitgliedstaaten.

nationales Recht

- Das **Sekundärrecht** umfasst das Gemeinschaftsrecht, also die Rechtsnormen, die nach der Gründung der Gemeinschaft geschaffen wurden.
- Das **Primärrecht** sind die Gründungsverträge nebst Anhängen und Protokollen, Änderungen der Verträge und die Beitrittsverträge neuer Mitgliedstaaten.

M10 EU verklagt Berlin wegen Tabakwerbung

Die EU-Kommission versuchte, mithilfe des Europäischen Gerichtshofs (EuGH) eine Umsetzung des europäischen Tabakwerbeverbots auch in Deutschland zu erzwingen. [...] Die EU-Richtlinie besagt, dass in Zeitschriften, Zeitungen und im Internet nicht mehr für Zigaretten oder andere Tabakerzeugnisse geworben werden darf. Ebenso ist das grenzüberschreitende Sponsoring von Großveranstaltungen durch Tabakkonzerne verboten. Dagegen hatte die Bundesregierung 2003 in Luxemburg geklagt. Begründet wurde der Schritt damit, dass die Regelung ein unverhältnismäßiger Eingriff in die Werbefreiheit sei: Es handele sich um eine Regelung zum Gesundheitsschutz, zu dem die EU keine Gesetzgebungskompetenz habe. Mit Urteil vom 12. Dezember 2006 hat der EuGH die Klage der Bundesrepublik Deutschland gegen die Richtlinie zurückgewiesen. Deutschland hinkte bei der Übertragung der schon 2003 von den EU-Staaten beschlossenen Richtlinie in nationales Recht hinterher. Die EU-Richtlinie zum Verbot von Tabakwerbung ist bereits Ende 2002 beschlossen worden, damals wurde Deutschland im EU-Ministerrat klar überstimmt. Seit Mitte 2003 ist sie in Kraft. Die Umsetzung in nationales Recht hätte eigentlich bis zum 31. Juli 2005 erfolgen sollen.

Nach: www.tagesschau.de vom 18.5.2005, 28.6.2006 und 12.12.2006 (abgerufen am 21.8.2007)

Vor der Entscheidung im Europäischen Parlament hatten Interessenvertreter eine große Skulptur zum Tabakwerbeverbot aufgebaut.

M11 Europäisches Recht schützt regionale Köstlichkeiten

Noch vor zehn Jahren setzten Hersteller aus ganz Deutschland und im Ausland auf das gute Image des Schwarzwälder Schinkens, um als „Trittbrettfahrer“ unter der Bezeichnung auch gekochten und luftgetrockneten Schinken zu verkaufen. Mit dem traditionell überlieferten Herstellungsverfahren hatten diese Lebensmittel allerdings nichts zu tun.

Inzwischen ist der Schwarzwälder Schinken als „geschützte geografische Angabe“ (g. g. A.) bei der EU registriert und damit EU-weit vor Nachahmung und Missbrauch geschützt. Die Erzeuger und Hersteller haben dieses kulinarische Kleinod auf Basis einer EU-Verordnung in das EU-Register eintragen lassen, um die Köstlichkeit für den Verbraucher in ihrer Ursprünglichkeit und hohen Qualität zu bewahren und einer möglichen Täuschung der Verbraucher entgegenzuwirken.

Autorentext

VO (EWG) Nr. 2081/92:
Geschütze geographische Angabe
(g. g. A.)

VO (EWG) Nr. 2081/92:
Geschütze Ursprungsbezeichnung
(g. U.)

VO (EWG) Nr. 2082/92:
Garantiert traditionelle Spezialität

Aufgaben zu M8-M11

1. Stellen Sie dar, wie sich europäisches Recht auf das deutsche Recht ausgewirkt hat. (M8)
2. Geben Sie in eigenen Worten wieder, wie sich die verschiedenen europäischen Rechtsakte auf das nationale Recht auswirken. (M9)
3. Fassen Sie die Entscheidungen, Richtlinien und Verordnungen, die in M8-M11 genannt werden, in einer Übersicht zusammen.
4. Erklären Sie, warum die Verordnungen zur Lebensmittelqualität als europäische Rechtsakte direkt für jeden Bürger und jede juristische Person sofort wirksam sind.
5. Stellen Sie anhand von Beispielen aus M8-M11 dar, warum eine Vereinheitlichung des Rechts durch die EU für die Verwirklichung des Binnenmarktes notwendig ist, auch vor dem Hintergrund Ihrer Kenntnisse über die Grundprinzipien der Rechtsstaatlichkeit (vgl. Kap. 2.4).

Zusammenfassung 3

Die europäische Wirtschafts- und Währungsunion

Europäische Wirtschafts- und Währungsunion
M2, M3

Mit der Gründung der Europäischen Wirtschaftsgemeinschaft in den 1950er-Jahren setzte in Europa eine Entwicklung ein, an deren vorläufigem Ende die Schaffung einer Europäischen Wirtschafts- und Währungsunion (EWWU) steht. In einer kontinuierlichen Fortentwicklung und Erweiterung der Gemeinschaft ist es nicht zuletzt durch die Gründung der Europäischen Union und die Einführung des Euro innerhalb der Gemeinschaft zur Schaffung eines der größten Wirtschaftsräume weltweit gekommen.

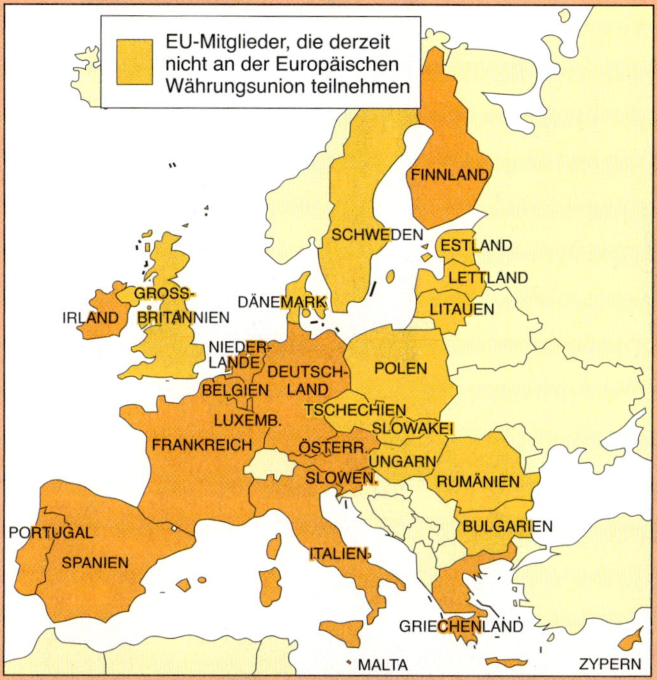

Nach: Globus Grafik 1115 (Stand: 05/2008)

Freiheiten des Binnenmarktes
M5

Der EU-Binnenmarkt garantiert die folgenden **vier Freiheiten**:

a) freier Personenverkehr
b) freier Warenverkehr
c) freier Dienstleitungsverkehr
d) freier Kapitalverkehr

Ziel dieser Garantien ist es, den Wohlstand innerhalb der Gemeinschaft zu erhöhen und das Wirtschaftswachstum zu fördern.

Auswirkungen des Europäischen Rechts
M8, M9, M10

Mit dem fortschreitenden Zusammenwachsen der Europäischen Union kommt der länderübergreifend gültigen **(gemeinschaftlichen) Gesetzgebung** vermehrt Bedeutung zu. Diese greift in viele Bereiche des täglichen Lebens ein.
Grundlage für alle Maßnahmen und Gesetze ist das unmittelbar bei der Gründung der Gemeinschaft geschaffene **Primärrecht** in Form der Gründungsverträge nebst Anhängen und Protokollen, der Änderungen und der Beitrittsverträge. Die Unmittelbarkeit der Auswirkungen der übrigen Rechtsakte hängt von der Rechtsform ab: Entscheidungen richten sich an einzelne Adressaten, Richtlinien müssen von den Mitgliedern umgesetzt werden, Verordnungen sind direkt und unmittelbar in allen Mitgliedstaaten wirksam (**Sekundärrecht**).

3.3 Weltwirtschaftliche Verflechtungen der Europäischen Union im Rahmen der Globalisierung

3.3.1 Globalisierung und EU-Handelspolitik

M1 Facetten der Globalisierung

1

2

3

4

1 Urlaubergruppe auf den Malediven.

2 Demonstration gegen die WTO-Konferenz 2005 in Hong Kong, im Vordergrund ein indonesischer Fischer.

3 Ein Containerschiff bei der Einfahrt in den Hamburger Hafen.

4 *Kofi Annan, UN-Generalsekretär (1997–2006):* „Die Globalisierung der Wirtschaft ist eine Tatsache. Aber ich fürchte, dass wir ihre Anfälligkeit unterschätzt haben. Die Erweiterung der Märkte übersteigt bei Weitem die Fähigkeit der Gesellschaft und ihrer politischen Systeme, sich daran anzupassen, geschweige denn ihren Kurs zu bestimmen."

Aufgaben zu M1

1. a) Führen Sie in Gruppen zu vier Schülern ein Brainstorming zum Thema „Was verbinde ich mit dem Begriff Globalisierung" durch.
   b) Notieren Sie die Äußerungen auf Karten und versuchen Sie diese zu systematisieren (z. B. politisch – wirtschaftlich – ökologisch; positiv – negativ).
   c) Welche der genannten Aspekte haben etwas mit Freihandel und/oder internationaler Arbeitsteilung zu tun?
2. Diskutieren Sie, warum laut Annan die internationalen Märkte nicht mehr zu kontrollieren sind.

M2 Globalisierung ist mehr als Freihandel

Mit dem Wegfall natürlicher und künstlich errichteter Barrieren erweitern und vertiefen sich die Kontakte zwischen der Weltbevölkerung. Durch die gewaltige Verringerung der Kosten für Transport und Kommunikation wurde ein Abbau der natürlichen Barrieren bewirkt. Die Schifffahrt ist viel billiger geworden: Zwischen 1920 und 1990 fielen die Kosten für den Seetransport um mehr als zwei Drittel. Die Betriebskosten der Luftverkehrsgesellschaften gingen von 1960 bis 1990 um 60 % pro Meile zurück. Auch die Kommunikation ist einfacher und billiger geworden. Zwischen 1940 und 1970 fiel der Preis für ein internationales Telefongespräch um mehr als 80 %, zwischen 1970 und 1990 um 90 %. [...] Das Internet als Ausgangspunkt der großen Datenautobahn wird heute von weltweit vielen 100 Millionen Menschen genutzt, und die Anzahl der Neueinsteiger verdoppelt sich jedes Jahr.

Durch den [teilweisen] Abbau von Handelshemmnissen wie Zöllen und Kontingenten [...] wurden künstliche Barrieren beseitigt. [...] Weitere entfielen durch die Überwindung politischer Konflikte, die die Welt jahrzehntelang gespalten hatten, wie des Kalten Krieges oder der Apartheid in Südafrika. Dies alles bewirkte eine Expansion des Welthandels, der in der Nachkriegszeit um über das Zwölffache wuchs. Heute beläuft er sich auf über 4 Billionen Dollar pro Jahr, und während der nächsten 10 Jahre wird mit einem jährlichen Anstieg um 6 % gerechnet. [...] Ungleich mächtiger, wenn auch von außen weniger sichtbar, sind die Finanzmärkte der Welt. Zwischen der Mitte der 70er-Jahre und 1996 stieg der Tagesumsatz auf den globalen Devisenmärkten von rund 1 Milliarde auf 1,2 Billionen Dollar. Das meiste Privatkapital floss in die Industrieländer, aber der auf die Entwicklungsländer fallende Anteil wächst. [...] 1995 erhielten sie ein Drittel der globalen ausländischen Direktinvestitionen. [...]

Die moderne Ära der Globalisierung unterscheidet sich weniger im Ausmaß der verschiedenen Strömungen als in ihrer Natur. Beim Handel zum Beispiel entfällt ein wesentlich geringerer Wertanteil auf Grundstoffe (zum Teil eine Auswirkung ihrer niedrigeren Preise im Vergleich zu Fertigwaren) und ein höherer Anteil auf Dienstleistungen und firmeninternen Handel. Auch im Finanzbereich ist die Situation anders: Die Nettoflüsse mögen anders sein aber die Bruttoflüsse sind umfangreicher – ihre Quellen sind wesentlich vielfältiger. Außerdem spielen heute multinationale Konzerne die führende Rolle bei der Mobilisierung von Kapital und der Entwicklung neuer Technologie.

Technologische Veränderungen beeinflussen zudem die Art der Investitionen. Früher waren hochtechnisierte Produktionsprozesse auf reiche Länder mit hohem Lohnniveau beschränkt. Heute ist Technologietransfer in Entwicklungsländer einfacher geworden, und diese können hoch entwickelte Produktionsverfahren mit relativ niedrigen Löhnen kombinieren.

Da es zunehmend leichter wird, neben Kapital auch Technologie zu exportieren, droht die Verbindung von hoher Produktivität, hoher Technologie und hohen Löhnen auseinanderzubrechen. Angesichts der Verfügbarkeit moderner Technologien überall auf der Welt geraten die Löhne und Arbeitsplätze ungelernter Arbeitskräfte unter Druck.

Normalerweise bezieht sich der Begriff der Globalisierung auf die internationalen Handels- und Kapitalströme. Aber die weltweite kulturelle Expansion war zumindest ebenso wichtig wie die Ausweitung der ökonomischen Prozesse. Heute ist das Entstehen einer globalen Kultur zu beobachten. Durch eine Vielzahl von Medien – von Musik über Filme bis zu Büchern – vermischen sich internationale Ideen und Wertmaßstäbe mit nationalen Identitäten und überlagern sich. Die Verbreitung von Ideen und Gedanken durch Fernsehen und Video hat revolutionäre Entwicklungen ausgelöst. [...]

Populäre Kulturformen üben einen immer stärkeren Druck aus. Von Manila bis Managua, von Beirut bis Peking, im Osten, Westen, Norden und Süden haben sich Haar- und Kleidermoden (Frisuren, Jeans, T-Shirts), Sport, Musik, Essgewohnheiten, soziale und kulturelle Verhaltensweisen zu globalen Trends entwickelt. Auch das Verbrechen – ob Drogenhandel, Unterschlagung und Korruption – überschreitet Grenzen und tritt überall in ähnlicher Weise auf. In vielen Bereichen ist unsere Welt geschrumpft.

Nach: UNDP-Bericht über menschliche Entwicklung 1997, S. 100

M3 Warenhandel – Entwicklung und regionale Zentren

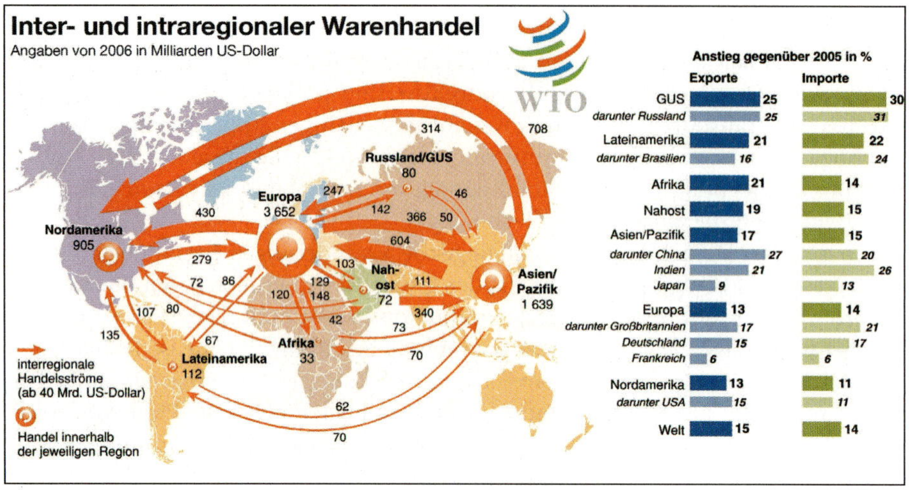

Nach: Globus Grafik 1770, Quelle: WTO

Gegenüberstellung der drei Wirtschaftsmächte (2007)	USA	EU	Japan
BIP (in Mrd. $)	13.860	14.440	4.305
Einwohner (in Mio.)	301	490	127
Export (in Mrd. $)	1.140	1.330*	665
Import (in Mrd. $)	1.987	1.466*	571

Zahlen: CIA, The World Factbook, www.cia.gov

* Angaben von 2005

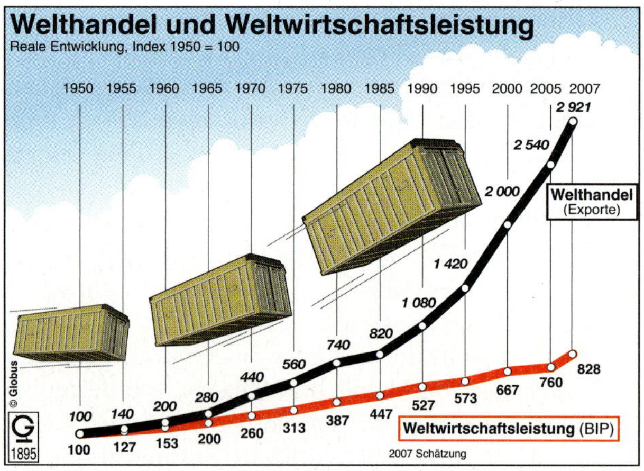

Nach: Globus Grafik 1895, Quelle: WTO, IMF

Aufgaben zu M2-M3

1. Strukturieren Sie den Text in M2 in einer Mindmap.
2. Arbeiten Sie die Ursachen für Globalisierung heraus, die in M2 genannt werden.
3. Erklären Sie, warum Globalisierung mehr als weltwirtschaftliche Verflechtung bzw. Freihandel ist. (M2)
4. Diskutieren Sie, auch unter Einbeziehung der Kenntnisse aus dem Geografieunterricht, die Chancen und Risiken der Globalisierung für Entwicklungsländer. (M2)
5. Wer sind Akteure im Rahmen der Globalisierung? (M2)
6. Analysieren Sie die Grafiken und Zahlen zum Warenhandel. (M3)
7. Erläutern Sie, inwiefern sich in den Grafiken in M3 die zunehmende Arbeitsteilung ablesen lässt.

M4 Europäische Unternehmen produzieren in Entwicklungsländern – Standortvorteile als Chance?

Heiß und staubig, zersiebt von Schlaglöchern und chronisch von Kleinwagen und Klapperbussen verstopft, windet sich die Hosur Road aus Bangalores Stadtzentrum nach Süden hinaus aufs flache, arme Land. Doch unter dem Asphalt pumpen Datenkabel das Wissen zehntausender Ingenieure mit Lichtgeschwindigkeit in alle Welt. Das macht die Hosur Road zum Sinnbild des modernen Indiens und all seiner Widersprüche: Ein bitterarmes Schwellenland mit katastrophal schlechter Infrastruktur überspringt im Zeitraffer mehrere Entwicklungsstufen und schwingt sich im Hochtechnologiebereich zum globalen Spieler auf.

Inderin im Software Center der Mico Bosch Motor Industries in Bangalore.

Deutsche Firmen haben Anteil an dem Umbruch, der Indien zum verlängerten Büro der Welt macht und zu ihrem ausgelagerten Forschungslabor. Entlang der Hosur Road haben sich Konzerne wie Siemens niedergelassen. Auch die Robert Bosch GmbH hat an dieser Schlagader der Globalisierung ein Entwicklungszentrum aufgeschlagen, wodurch sich wiederum Agglomerationsvorteile[1] für weitere Unternehmen ergeben. Es ist in Kürze zum größten außerhalb Deutschlands herangewachsen. Hier entwerfen 3.000 Ingenieure Navigationssysteme und Motorsteuerungen. Nüchtern stellt der Leiter des Zentrums das Grundprinzip des globalen Kapitalismus klar: „Arbeit wird dort gemacht, wo sie am besten und am günstigsten ist." Ein indischer Ingenieur verdient nicht einmal ein Fünftel des Gehalts eines deutschen. Er spricht Englisch, und es gibt viele davon: Jährlich verlassen rund 400.000 Studenten die Universitäten, zehnmal mehr als in Deutschland. Zu Hause finden schnell wachsende Firmen wie Siemens oder Bosch nicht mehr genügend technischen Nachwuchs. Das treibt sie stärker nach Indien als die Ersparnisse, die ihnen dort winken. Denn Wissen entscheidet im 21. Jahrhundert in allen Industrien über Erfolg am Markt. Diese Ressource ist zu Indiens kostbarstem Exportgut geworden. Es verdient damit inzwischen mehr als mit Textilien, Tee und Gewürzen, die über Jahrhunderte seine wichtigsten Ausfuhren darstellten. [...]

1991 wagte Indien seine verspätete Wende zur Marktwirtschaft und öffnete sich für Auslandsinvestoren. Indiens Wirtschaft wächst seit Beginn der Reformen im Schnitt um über sechs Prozent im Jahr. Und seit 1993 hat der sich ergänzende Effekt vieler kleiner Liberalisierungsschritte das Wachstum sogar auf über acht Prozent angehoben. [...]

Als Magnet für Investoren wirkt neben vielen billigen Technikern vor allem eine schnell wachsende Mittel- und Oberschicht. Dank des Wirtschaftsbooms können sich immer mehr Inder ihr erstes Handy, Auto oder Eigenheim leisten, Konten eröffnen oder Versicherungen kaufen.

Dienstleistungen machen bereits mehr als die Hälfte des indischen Bruttosozialprodukts aus. Sie wachsen jährlich mit neun bis zehn Prozent und locken daher viele Investoren. Doch auch der lange rückständige Industriebereich erlebt eine Renaissance. Er wird zwar von Indiens chronischen Infrastrukturengpässen, bürokratischem Wirrwarr, hohen Steuern und Zöllen sowie einem restriktiven Arbeitsrecht behindert – Faktoren, die auch Auslandsinvestoren nach wie vor abschrecken. Doch das verarbeitende Gewerbe profitiert ebenfalls von steigender Kaufkraft und wächst in jüngster Zeit fast so schnell wie die Dienstleistungsbranche.

Nach: Oliver Müller: „Wenn sie Gewinne machen wollen, kommen sie zu uns", Dossier Indien, www.bpb.de (abgerufen am 27. 6. 2007)

[1] Agglomerationsvorteile sind Kostenvorteile bei der Produktion, die sich aus einer räumlichen Konzentration mehrerer Unternehmen ergeben. Beispielsweise können gemeinsam kostengünstiger Rohstoffe beschafft werden.

M5 Standortfaktoren – Globalisierung aus Unternehmenssicht

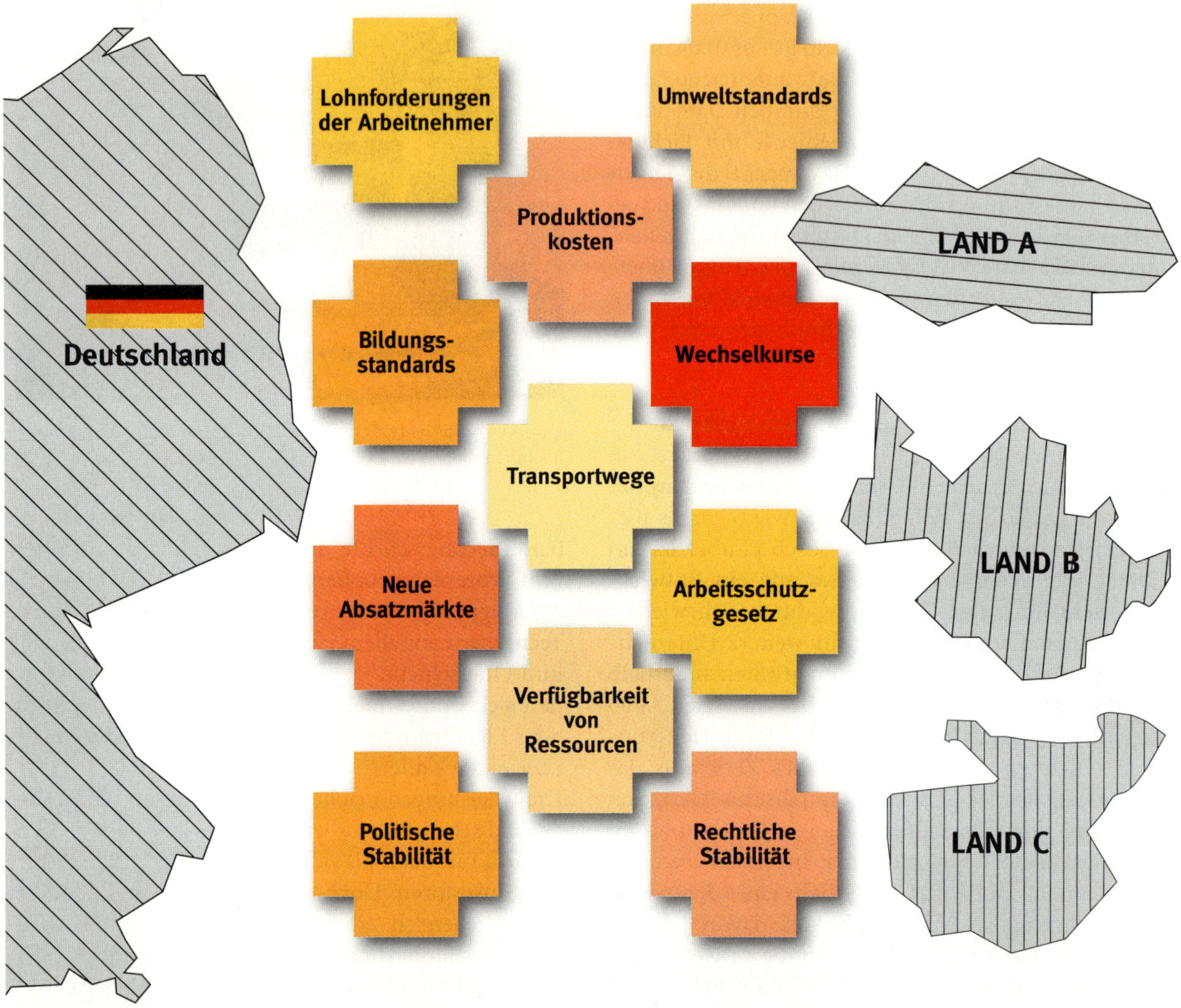

Je nach Sichtweise kann durch Prioritätensetzung bzw. Ausprägung ein Standortfaktor ein „Pushfaktor" (Aspekte, die zum Verlassen eines Wirtschaftsraums bewegen) oder ein „Pullfaktor" (Aspekte, die Unternehmen anziehen) sein.

Aufgaben zu M4-M5

1. Arbeiten Sie heraus, welche Standortfaktoren für Unternehmen für eine Produktionsverlagerung nach Indien sprechen. (M4, M5)
2. Überlegen Sie, wie ein Unternehmen die in M5 genannten Standortfaktoren in einer Entscheidungsmatrix gewichten würde.
3. Führen Sie anhand einer Matrix eine Standortwahl für ein Unternehmen durch, welches als Alternativen die Standorte Dresden (Deutschland), Bangalore (Indien) und Kobe (Japan) in die engere Wahl genommen hat.
4. Finden Sie mittels Internet-Recherche heraus, welche weltweit agierenden Unternehmen (sogenannte ‚Global Players') sich im Großraum Bangalore angesiedelt haben. (M4)

Methode

Zukunftsszenarien entwerfen

Zur Methode

Wie wird sich die Volksrepublik China in den kommenden 10-20 Jahren entwickeln? Welche Auswirkungen wird diese Entwicklung auf unser Leben haben? Was können wir tun, um diese Herausforderungen zu meistern?
Die Antworten auf diese Fragen werden auch sehr große Auswirkungen auf unser Leben in Deutschland und Europa haben. Die Knappheit der Rohstoffe, die Belastung der Umwelt und die Globalisierung zeigen, dass sich die Menschen auf der ganzen Welt in einer gegenseitigen Abhängigkeit befinden.
Um Probleme dieser Größenordnung im Unterricht bearbeiten zu können, bedarf es besonderer Methoden. Eine dieser Methoden, um langfristige Zukunftsbilder und Entwicklungsprognosen zu formulieren, ist die Szenariotechnik.

Der Szenariotrichter

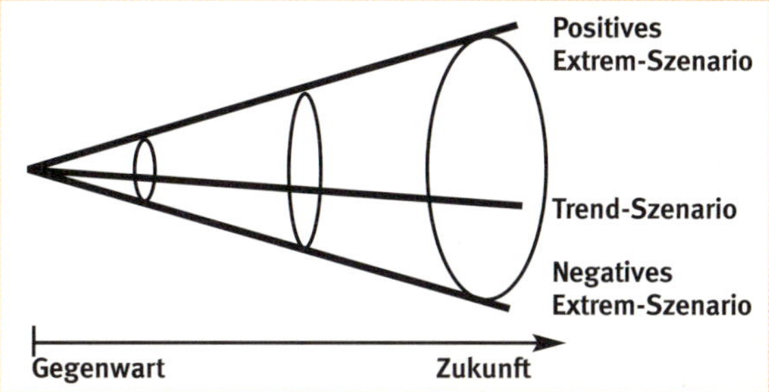

Das positive Extrem-Szenario, stellt eine Art „Wunsch-Szenario“ dar, bei dem negativen Extrem-Szenario, handelt es sich um eine Art „Horror-Szenario“. Für beide Szenarien gilt, dass deren tatsächliche Realisierung zwar unwahrscheinlich, aber eben nicht unmöglich ist. Für das Trend-Szenario wird die heutige Situation in die Zukunft fortgeschrieben. Es wird unterstellt, dass das Trend-Szenario eine höhere Wahrscheinlichkeit hat als die beiden Extremszenarien.
Im Modell öffnet sich der Trichter umso weiter, je weiter man sich auf der Zeitachse von der Gegenwart entfernt. Das heißt zum Beispiel auch, dass das positive Extrem-Szenario bereits in wenigen Jahren für immer unerreichbar geworden sein wird, wenn der Entwicklungspfad nicht umgehend eingeschlagen wird.

Ablauf zum Thema: Volksrepublik China in 20 Jahren

1 **Die Gegenwart untersuchen**
Untersuchen Sie die derzeitige Situation in China. Nutzen Sie hierzu die Informationen aus diesem Buch (Kap. 1.2, M13, M14; Kap. 3.1, M12) und recherchieren Sie im Internet. Überlegen Sie sich Leitfragen, die Sie in Ihrer Recherche untersuchen wollen. Berücksichtigen Sie dabei alle Ebenen einer nachhaltigen Entwicklung, d.h. die wirtschaftliche (ökonomische), umweltwirksame (ökologische) und soziale Dimension.

2 **Die Zukunft voraussagen: die Entwicklung des Szenarios**
Entwerfen Sie nun drei denkbare Szenarien: ein sehr positives Extrem-Szenario, d.h. wie könnte die Zukunft bestenfalls aussehen, ein negatives Extrem-Szenario (schlimmster denkbarer Fall) und ein Trend-Szenario, d.h. wie könnte die Zukunft aussehen, wenn sich die derzeitige Situation weiterentwickelt. Beachten Sie dabei, wie die Entwicklung Chinas auch das Leben in Deutschland beeinflussen kann.

3 **Die Zukunft darstellen: Szenarien präsentieren**
Präsentieren Sie Ihre Ergebnisse und versuchen Sie, die Vielschichtigkeit des Problems zu verdeutlichen.
Gestalten Sie Ihre Präsentation abwechslungsreich: Schreiben Sie Reiseberichte aus der Zukunft, drehen Sie eine Nachrichtensendung aus dem Jahr 2025, studieren Sie ein Rollenspiel ein. Machen Sie deutlich, wie die Menschen nach Ihrer Prognose in 20 Jahren in China leben werden.

4 **Die Zukunft besser gestalten: Strategien für eine bessere Zukunft entwerfen**
Entwickeln Sie Maßnahmen, um die Probleme, die die Szenarien deutlich gemacht haben, zu bearbeiten.
Achten Sie dabei auf die verschiedenen Ebenen von Politik und Gesellschaft: Was kann die Bundesregierung tun, um das negative Szenario zu verhindern? Wie können Unternehmen eingreifen, um eine nachhaltige Entwicklung zu fördern? Was können Sie selbst tun (z.B. Konsumverhalten ändern, Strom sparen etc.)?
Ihren Maßnahmenkatalog können Sie dann der Schulöffentlichkeit präsentieren.

M6 Handelspolitisches Verhalten der EU in der Weltwirtschaft

Im März 2000 einigten sich die Staats- und Regierungsoberhäupter auf einem Sondergipfel in Lissabon darauf, die EU bis zum Jahr 2010 „zum wettbewerbsfähigsten und dynamischsten wissensbasierten Wirtschaftsraum der Welt zu machen – einem Wirtschaftsraum, der fähig ist, ein dauerhaftes Wirtschaftswachstum mit mehr und besseren Arbeitsplätzen und einem größeren sozialen Zusammenhalt" zu ermöglichen. Zu diesem Zweck sollte eine Strategie (sogenannte **Lissabon-Strategie**) formuliert werden, um Folgendes zu erreichen:

- Vorbereitung des Übergangs zu einer wissensbasierten Gesellschaft, indem wirksamere Maßnahmen zur Förderung der Informationsgesellschaft und von Forschung und Entwicklung eingeführt, Wettbewerbsfähigkeit und Innovation beschleunigt und der Binnenmarkt vollendet werden (Entstehung einer „Wissensgesellschaft"),
- Modernisierung des europäischen Sozialmodells, Investitionen in Menschen und Bekämpfung sozialer Ausgrenzung (sozialer Zusammenhalt und Umweltbewusstsein),
- Aufrechterhaltung der guten wirtschaftlichen Perspektiven und günstigen Wachstumsaussichten (Innovationen als Motor für Wirtschaftswachstum).

Hauptansatzpunkte zur Verwirklichung der Strategie von Lissabon sind:

- Investitionen in Forschung und Entwicklung (drei Prozent des Bruttoinlandsprodukts),
- Abbau von Verwaltungsbürokratie zur Förderung des Unternehmertums,
- Erfüllung einer Beschäftigungsquote von 70 Prozent (60 Prozent für Frauen).

Die Lissabon-Strategie versuchte damit, die Produktivität und Innovationsgeschwindigkeit der EU durch verschiedene politische Maßnahmen zu erhöhen. Als Messlatte sollten dabei die Konkurrenten Japan und besonders die USA dienen. Im Juni 2001 fand ein Folgegipfel der Staats- und Regierungschefs zur Nachhaltigkeit in Göteborg (sogenannte Göteborg-Strategie) statt. Dort wurde beschlossen, in die Lissabon-Strategie neben Wirtschaft- und Sozialpolitik als dritte Dimension die Umwelt einzubeziehen. Wirtschaftswachstum und Ressourcenverbrauch sollten voneinander abgekoppelt werden (Nachhaltige Entwicklung).

Nach Ablauf der Hälfte der vorgesehenen Umsetzungsdauer beklagen viele, dass bei der Erfüllung der ehrgeizigen Ziele kaum Fortschritte erzielt worden seien. Die Regierungen scheinen nur widerwillig schwierige und unbeliebte Wirtschaftsreformen durchgeführt und die Haushälter für Forschung und Innovation aufgestockt zu haben. Vielen Wirtschaftsexperten zufolge habe die EU aus diesem Grund gegenüber ihren Hauptkonkurrenten auf dem Weltmarkt, den USA und Japan, an Boden verloren. Eine Sachverständigengruppe kam zu dem Schluss, dass eine überfrachtete Agenda, eine mangelhafte Koordinierung und miteinander konkurrierende Prioritäten für das enttäuschende Ergebnis verantwortlich seien. Vor allem aber machte der Bericht die Mitgliedstaaten und ihren Mangel an politischem Willen für das schlechte Ergebnis verantwortlich.

Nach: www.euractiv.com (bearbeitet) (abgerufen am 28. 6. 2007)

M7 Die EU auf dem Zuckermarkt

a) Die Gemeinsame Marktordnung

Die Gemeinsame Marktordnung für Zucker verfolgt die Ziele, die Selbstversorgung mit Zucker innerhalb der Europäischen Union zu ermöglichen sowie den Zuckerproduzenten ein angemessenes Einkommen zu gewährleisten. Allein diese Ansprüche verdeutlichen schon die protektionistische und marktferne Ausrichtung dieses Ordnungsrahmens. Er basiert im Wesentlichen auf vier Pfeilern: administrativen Preisen, Produktionsquoten, Präferenzabkommen mit Drittstaaten und Selbstfinanzierung.

Damit der Preis für Zucker innerhalb der Europäischen Union nicht unter ein gewisses Niveau sinken kann, bestehen Mindestpreise und Interventionspreise. Der Mindestpreis markiert die untere Preisgrenze für die Abnahme von Zuckerrüben durch die Zuckerproduzenten. […] Daneben besteht ein Interventionspreis, zu dem Interventionsagenturen verpflichtet sind, Zucker im Rahmen der vorgegebenen Quoten von den Zuckerproduzenten abzunehmen. […] In Folge dieser Preisfestlegungen überschreitet der Zuckerpreis in der Europäischen Union den

Weltmarktpreis etwa um das Dreifache. [...]
Um zu gewährleisten, dass der „Marktpreis" innerhalb der Europäischen Union niemals unter dem Interventionspreis liegt, wurden massive Einfuhrhindernisse geschaffen. Seit dem Abkommen von Lomé im Jahr 1975 gewährt die Europäische Union zudem einer Staatengruppe Afrikas, der Karibik und des Pazifiks (AKP-Staaten), dazu Indien, im Rahmen eines Kontingents einen bevorzugten Zugang zum europäischen Markt und nimmt Zuckerimporte aus diesen Ländern zu einem Garantiepreis ab, der weitgehend dem Interventionspreis entspricht. Um den Teil der europäischen Zuckerproduktion, der den heimischen Konsum übersteigt, exportieren zu können, wird Quoten-Zucker durch Exportsubventionen drastisch verbilligt. Sein Anteil am Weltzuckerhandel beträgt 12 %. Unterstützungsberechtigt ist neben Zucker, der in der Europäischen Union produziert wird, auch Importzucker aus den AKP-Staaten und Indien.

Konkurrenz auf dem Weltmarkt: riesige Zuckerrohrplantagen im brasilianischen Regenwald.

Reform der Gemeinsamen Marktordnung für Zucker, Auszug aus dem Jahresgutachten 2004/2005 des Sachverständigenrates zur Begutachtung der gesamtwirtschaftlichen Entwicklung, S. 118 f.

b) Internationaler Reformdruck
Zucker ist eines der wichtigsten Grundnahrungsmittel – und Zündstoff im Konflikt zwischen EU und der Welthandelsorganisation WTO. Auf deren Druck hin muss die Europäische Union (EU) die hohen Schutzzäune einreißen, mit denen sie bisher Bauern und Zuckerwirtschaft vor dem rauen Wind des Weltmarkts geschützt hat – und die Preise künstlich hoch hält. Doch was Volkswirte für sinnvoll halten, kann für den einzelnen Bauern den Ruin bedeuten.
Die EU will die Zuckersubventionen drastisch kürzen. Druck machen WTO und die großen Zuckerländer Brasilien, Australien und Thailand. Die Garantiepreise für die EU-Bauern würden demnach um mehr als 40 Prozent gesenkt. Das wäre für viele hauptberufliche Zuckerrüben-Anbauer das Aus.
Die derzeitige Zuckermarktordnung führt durch garantierte (hohe) Preise nach Einschätzung von Kritikern zu massiver Überproduktion und macht europäischen Zucker drei Mal teurer als auf dem Weltmarkt. Eigentlich wäre europäischer Zucker international nicht konkurrenzfähig. [...] Hinzu kommen Produktionsquoten in der EU und die Abschottung des EU-Markts durch hohe Zölle für nichteuropäischen Zucker. Dies ist stark vereinfacht dargestellt, denn es gibt eine Vielzahl von Einzelregelungen.
Die Zeche zahlen nach Ansicht von Kritikern die Bürger Europas in Form höherer Lebensmittelpreise und höherer Steuern. Nach Schätzungen des Evangelischen Entwicklungsdiensts kostet allein die Zuckermarktordnung die europäischen Verbraucher etwa 6,5 Milliarden Euro im Jahr. Insgesamt gibt die EU mehr als 40 Milliarden Euro jährlich – fast die Hälfte ihres Budgets – für Agrarsubventionen aus.
Doch das ist nur eine Seite der globalen Medaille. Auf der anderen stehen die Bauern, die die Gemeinsame Agrarpolitik nicht erfunden haben und deren Familien zum Teil seit Jahrzehnten Zuckerrüben anbauen. Für sie bedeutet Zucker nicht einen Süßstoff, sondern die Existenz. Und würden die Subventionen wegfallen, müssten anstelle des Zuckers tausende neue Arbeitslose finanziert werden.

Carsten Hoefer vom 30. 5. 2005, www.stern.de (bearbeitet) (abgerufen am 28. 6. 2007)

Aufgaben zu M6-M7

1. Fassen Sie die Ziele der sogenannten Lissabon-Strategie stichpunktartig zusammen. (M6)
2. Erklären Sie, warum die Maßnahmen der Konkurrenzfähigkeit der europäischen Wirtschaft dienen. (M5, M6)
3. Beschreiben Sie die Motive der EU im Konflikt um die Regelung des Zuckermarkts. (M7)
4. Recherchieren Sie den aktuellen Stand zur Regelung auf dem Zuckermarkt.

3.3.2 Analyse wirtschaftlicher, sozialer und ökologischer Folgen der Globalisierung

▶▶M8 Global Player – die Macht der Konzerne wächst

Umweltzerstörung durch Öl in Nigeria, Bomu: Ein ehemaliges Bohrloch von Shell war im Sommer 2004 für 9 Wochen leckgeschlagen, ohne dass Shell das Bohrloch verschloss. In der Hoffnung auf eine Verbesserung der Lebensumstände durch ausländische Investitionen haben sich viele Entwicklungsländer in Abhängigkeiten von Konzernen begeben.

Im Zeitalter der Globalisierung hat sich die Zahl transnationaler Konzerne (TNC) und ihrer Tochterfirmen binnen Kurzem vervielfacht. Noch vor zehn Jahren notierte ein Bericht der Konferenz der Vereinten Nationen für Handel und Entwicklung rund 40.000 Länder übergreifende Firmen mit rund 250.000 ausländischen Niederlassungen. Heute gibt es bereits rund 54.000 transnationale Konzerne mit etwa 870.000 Auslandstöchtern.
Allein 40.000 dieser weltumspannenden Konzerne haben ihren Sitz in den Industriestaaten Europas, weitere 9.000 residieren in Nordamerika, Japan oder Australien. Sprunghaft angestiegen ist in den vergangenen Jahren vor allem die Zahl der Tochterfirmen in China. Über 360.000 Firmen in der Volksrepublik gehören zu ausländischen Konzernen.
Transnationale Konzerne wickeln mittlerweile rund zwei Drittel des gesamten Welthandels ab – die Hälfte davon innerhalb der jeweils eigenen Konzernfamilie. Vergleicht man die Umsätze der Firmengruppen mit den Haushalten von Staaten, dann finden sich unter den 100 Größten derzeit 51 Konzerne und 49 Staaten. So sind zum Beispiel die Erlöse von General Electric, BP, Wal-Mart oder DaimlerChrysler größer als die Nationaleinkommen aller Länder zwischen der Sahara und Südafrika zusammen. Diese wirtschaftliche Macht schlägt sich natürlich auch in politischem Einfluss nieder. Das zeigt sich in Streitfällen vor dem Schiedsgericht der Welthandelsorganisation: Das Interesse der Firmen an unbeschränktem Handel wiegt in der Regel viel schwerer als Argumente von Staaten, die ihre Bürger schützen wollen.
Längst fordern Fachleute verbindliche Regeln für die Tätigkeit transnationaler Konzerne. So beklagt das Entwicklungsprogramm der Vereinten Nationen schon seit Jahren erfolglos: „Transnationale Konzerne spielen eine zu wichtige und dominante Rolle für die Weltwirtschaft, als dass Selbstverpflichtungen ausreichen könnten. TNC müssen internationalen Regeln folgen, wenn ihre Macht Nutzen bringen soll."
Die internationale Arbeitsorganisation stellt fest, dass TNC nur einen geringen Beitrag zur Schaffung von Arbeitsplätzen leisten. Meist gehen beim Aufkauf kleinerer Firmen durch große Konzerne sogar Arbeitsplätze verloren. Zudem werden Investitionen großer ausländischer Firmen oft mit Krediten aus dem Gastland finanziert. Diese Gelder fehlen dann für Kredite an den einheimischen Mittelstand.
Viele Regierungen versuchen TNC ins Land zu holen und geben dafür Geld aus – bis zur kompletten Infrastruktur für „freie Produktionszonen". Ärmere Länder haben oft auch nicht das Geld und das Knowhow, um die eigenen Bodenschätze zu erkunden, abzubauen oder gar weiterzuverarbeiten. Gerade in solchen Fällen wird viel Geld bereitgestellt, um ausländische Investoren anzulocken – oft zulasten der Ausgaben für das Gesundheits- oder Bildungswesen. In den vergangenen Jahren haben rund 70 Länder (davon 31 in Afrika) ihre Grenzen für transnationale Bergbauunternehmen geöffnet und staatseigene Minen an transnationale Konzerne verkauft.

Deutsche Welthungerhilfe (https://welthungerhilfe.de) (abgerufen am 20. 2. 2004)

Aufgaben zu M8

1. Beschreiben Sie anhand von M8, warum transnationale Konzerne ein wichtiger Akteur der Globalisierung sind.
2. Erörtern Sie, auch vor dem Hintergrund Ihrer Kenntnisse über Transportkosten und Standortfaktoren, warum die Zahl der international aktiven Konzerne in den letzten Jahrzehnten stark zugenommen hat. (M2, M5, M8)
3. Diskutieren Sie, welche Probleme sich aus der zunehmenden Macht transnationaler Konzerne ergeben können. (M8)

M9 Am Anfang ist das Meer – zwischen Greetsiel und Tanger (Teil 1)

Krabbenkutter an einem Wintermorgen im Hafen von Greetsiel.

Die Reise beginnt in Greetsiel. Werner Poppinga ist Kapitän des Krabbenkutters Gee 1. Seit er denken kann, riecht sein Leben nach Krabben. Der Vater Krabbenfischer, die Mutter die schnellste Krabbenpulerin des Ortes. Er ist Quereinsteiger, die Landwirtschaft konnte seine Familie nicht ernähren. Die Krabben schon. Der Kapitän sagt, dass die Krabben im Winter verschwinden. Wann genau sie sich aus dem Wattenmeer machen, weiß niemand. Man weiß nur, dass draußen in der Nordsee die Holländer warten, mit ihren großen Schiffen, ihrem Geschäftssinn und ihrer Logistik. Früher haben sie Plattfisch gefischt, aber der Bestand ist heruntergefischt. Jetzt kommen die Krabben dran, die unquotierten. [...] Die Holländer. Alle reden von ihnen, dass sie geschäftstüchtiger sind, dass sie vieles früher erkannt haben, dass sie investiert haben, dass sie den Krabbenmarkt in der Hand haben, dass sie alles aufkaufen, was sich ihnen in den Weg stellt. Die Holländer haben angefangen mit der Auslandsschälung: erst Polen, dann Weißrussland, dann Marokko. Ganzjährig.

In Greetsiel machen Fischer noch mit den Krabben Winterschlaf. Erst wenn die Fische ins Wattenmeer zurückkommen, kommen die Fischer zurück. Wie früher. Nur pulen, das tun sie heute nicht mehr. Will keiner mehr machen. Es gibt jetzt den Tourismus. Das bringt mehr Geld und riecht besser.

Früher haben die Frauen der Fischer in ihren Küchen gepult. Zwischen Babywindeln und Frühstücksei. Irgendwann wurde die Hauspulerei zum Hygieneproblem, und sie kamen mit Auflagen, getrennte Zimmer wurden gefordert, Gesundheitszertifikate. Da sind viele abgesprungen. Irgendwann wurde es ganz verboten. Bakteriologisch gesehen sind die Dinge heute besser als früher. In Marokko, sagen sie in Greetsiel, soll es sauberer sein als im Krankenhaus.

[...] Die Holländer bringen alle Krabben nach Marokko. Dort treffen die Nordseekrabben das erste Mal auf die asiatische Palette. Es ist eine Art Globalisierungsgau. Gekochtes chinesisches Flusskrebsfleisch, geschälte Tigergarnelen aus indonesischen Aquakulturen, bangladesische Süßwasserriesengarnelen, roh, ohne Kopf, in Schale, blockgefroren. Kistenweise chinesische Surimi Sticks neben brasilianischen Panaeus vannamei neben Rosa Garnelen, gefangen im Indischen Ozean. Krabben aus aller Welt gehen durch Frostanlagen, Auftaukammern, Multipackmaschinen, werden aussortiert, geschüttelt, gesiebt, gewaschen, glasiert, fahren über Laufbänder, vorbei an desinfizierten Mitarbeiterhänden. [...]

Täglich werden die Proben aus Tanger untersucht. Die Ergebnisse haben sie in Volendam schon, während die Krabben noch auf dem Weg sind. Am Bildschirm werden der Dollarkurs verfolgt und die Lastwagen auf ihrem Weg durch Europa. In Europa hat der holländische Unternehmer etwa 200 Mitarbeiter. In Marokko sind es 2.500.

Nach: Karin Steinberger, Am Anfang ist das Meer, in: Süddeutsche Zeitung vom 20./21.03.2004, S. 3

M10 Einmal Marokko und zurück – zwischen Greetsiel und Tanger (Teil 2)

In einer Halle in Tanger, Nordmarokko, pulen Frauen von Hand unter besonders hygienischen Bedingungen die frisch per Lastwagen eingetroffenen Nordseekrabben. Der Lohn der Arbeiterinnen wird nach Gewicht der gepulten Krabben berechnet.

Volendam ist der Ort, an dem W. Schulten die Krabben übernimmt. Seit zwölf Jahren fährt er für den Holländer Puul. Er ist der Mann, der die Krabben nach Marokko bringt. Es ist Montag, 12.21 Uhr. Er fährt los, über die belgische Grenze, dort lässt er seinen Truck waschen. Er kommt jeden Montag. 15.53 Uhr Antwerpen, um 17.12 Uhr die französische Grenze. Schulten hat das mal ausgerechnet. Zwölf Jahre 40 Touren, jedes Mal 20 Tonnen hin und zurück. Das sind fast 20.000 Tonnen Krabben. [...] Rechts blinkt der Eiffelturm in die Nacht, Schulten fährt Richtung Bordeaux. Im Poitou übernachtet er. Er spricht jetzt französisch.

Montag Volendam, Mittwoch Tanger, Sonntag Volendam. Das ist sein Leben. Und hinten werden die Krabben immer teurer. Benzingeld, Maut, Fähre und sein Lohn. „Das ist doch normal“ sagt Schulten. Andere bringen Zwiebeln zum Reinigen nach Polen, fahren lebende Schweine nach Italien, um sie als Parma-Schinken zurückzubringen, lassen für teure Schuhe in Tunesien das Leder biegen und machen in Holland die Sohlen drauf, fahren Gemüse und Kleider in den Norden und Küken in den Süden. [...]

Mittwochabend ist er im Hafen von Algeciras. Die Schiffe nach Marokko sind voll. Stundenlanges Warten mit Hunderten anderen Fahrern. Irgendwann wird auch ihn die Globalisierung einholen. Die meisten Speditionen fahren schon mit Billigfahrern. Da sitzen zwei im Fahrerhäuschen und sind immer noch billiger als er allein. Irgendwann. Es ist 3.23 Uhr morgens, Donnerstag, als er in Tanger am Hafen parkt, Inschallah sagt und schlafen geht. 2.500 Kilometer, 1.108 Liter Diesel, 32 Stunden gefahren, 70 Stunden unterwegs.

In Deutschland will für den gebotenen Lohn keiner die Arbeit verrichten, die Frauen in Marokko stehen Schlange, um in der Fabrik arbeiten zu können. [...] Einen Euro bekommen sie hier pro Kilo Krabbenfleisch. Werner Bökenkamp, der Mann, der die Nordseekrabben in Marokko eingeführt hat, ist stolz auf seine Arbeiterinnen, weil sie ihm immer häufiger widersprechen, sich scheiden lassen, sich emanzipieren. In seiner Fabrik arbeiten 2.000 Frauen, in der Vorweihnachtszeit 2.500, dann schaffen sie hier 45 Tonnen. An gigantischen Tischen sitzen sie: weiße Kittel, Plastikschürzen, Mundschutz, Hauben, einen Schleier darunter. Hier treffen sie aufeinander – die Fische und die Frauen. Haben beide eine lange Reise hinter sich. Die einen kommen aus einer anderen Welt weit im Norden, die anderen aus einer anderen Zeit, aus traditionellen Dörfern, aus Familien, in denen Frauen nicht arbeiten. Hier tragen sie weiße Mützen, die Aufseherinnen rote. Und überall Krabben, vor jeder ein Häuflein. Wer fertig ist, bringt sein Krabbenfleisch zur Kontrolle, wo sie mit Pinzetten Schalenreste ausklauben, dann zur Waage. Jede Frau hat eine Nummer an der Schulter. Ende der Woche wird abgerechnet. Unter ihren Füßen wird der Boden gespült, durch flauschige Belüftungsrohre werden sie von gekühlter Frischluft umweht. Wer mit einer Schüssel fertig ist, muss sich die Hände waschen, drei Mal, danach desinfizieren, dann erst darf man neue Krabben holen. [...]

Nummer 1060 ist Naima El Hanaf, 24 Jahre alt, eine von über 2.000. Sie hat nur gelacht, als man ihr die „komischen Fische“ das erste Mal auf den Tisch gelegt hat. Sie ist heute die Schnellste. Acht bis neun Kilo am Tag. Hafida ist die Langsamste. Die anderen lächeln, wenn sie sagt, wie viel sie am Tag schafft. Sie hasst die Krabben. Aber sie braucht das Geld. Ihre Männer sind arbeitslos. Ihre Kinder hungrig. Es ist gut, dass die Krabben aus dem Norden gekommen sind, sagen sie.

In ein paar Stunden ist der Laster weg. Wenn W. Schulten nachmittags die Fähre nach Spanien nimmt, hat er die gleichen Krabben dabei, die er am Morgen gebracht hat. Nur ohne Kopf und ohne Schwanz. Dann fährt er sie zurück: Madrid, Paris, Amsterdam, Volendam. Irgendwann, sagen sie in Greetsiel, wird es ein Land geben, das billiger ist als Marokko. Irgendwann, in naher Zeit.

Nach: Karin Steinberger, Am Anfang ist das Meer, in: Süddeutsche Zeitung vom 20./21. 3. 2004, S. 3

Aufgaben zu M9-M10

1. Beschreiben Sie die unterschiedlichen Arbeitsmethoden und -bedingungen der Krabbenfischer und Krabbenpulerinnen in Ostfriesland und Marokko. (M9, M10)
2. Arbeiten Sie die wirtschaftlichen und sozialen Folgen heraus, die sich aus der Verlagerung des Krabbenpulens nach Marokko für die Fischer in Ostfriesland und die Frauen in Marokko ergeben haben. (M9, M10)
3. Legen Sie dar, inwiefern ein Land wie Marokko von dieser Arbeitsteilung profitieren kann. (M9, M10)
4. Beurteilen Sie, auch unter Einbeziehung externer Kosten, inwiefern der Transport von Krabben aus ökonomischer, ökologischer und sozialer Sicht sinnvoll ist. (M9-M10)
5. Zeigen Sie die Auswirkungen auf, die sich aus der Tatsache ergeben, dass wir in Deutschland Äpfel aus Neuseeland oder Wein aus Chile erwerben können. Welche Konsequenzen kann man für sein eigenes Konsumverhalten daraus ziehen?

M11 Organisierte Kritik – Attac(ke) auf die Globalisierung

Wenn irgendwo auf der Welt ein Gipfeltreffen von Vertretern der mächtigen Industriestaaten stattfindet, geraten die sogenannten Globalisierungsgegner in den Mittelpunkt des öffentlichen Interesses. Deren lautstarke Protestveranstaltungen spielen sich seit der WTO-Tagung in Seattle im November 1999 regelmäßig am Rande dieser Treffen ab oder überschatten sie regelrecht aufgrund vereinzelter Gewaltanwendungen.

Die Kritik der Globalisierungsgegner richtet sich vor allem symbolisch aus der Mitte der westlichen Industriestaaten gegen „unkontrollierte" Kapitalströme, Klimaveränderungen oder die Ausbeutung von Arbeitern und die Schädigung der Umwelt in Dritte-Welt-Staaten durch international operierende Konzerne.

Die Globalisierungsgegner plädieren für eine gerechtere Verteilung des Reichtums auf der Welt. Sie haben immer wieder auf handfeste Weise die Symbole des globalisierten Kapitalismus wie Banken, McDonalds- oder H&M-Filialen angegriffen. Sie können sich aber auf Zustimmung aus der Bevölkerung berufen, die auf einem diffusen Gefühl von Verunsicherung und Machtlosigkeit in einer vernetzten Welt mit global agierenden und politisch nicht kontrollierten Akteuren beruht. Darüber hinaus sind die Aktionen der Globalisierungsgegner auf einen Dialog mit eben diesen Akteuren aus Wirtschaft und Politik ausgerichtet, womit eine demokratische Kontrolle von Globalisierungsprozessen gewährleistet werden könnte, die von Parlamenten oder durch Gesetze längst nicht mehr hinreichend realisiert wird.

Die Gegner des Globalisierungsprozesses setzen sich aus einer Vielzahl von Splittergruppen zusammen, die weder über eine klare Organisationsstruktur noch über einheitliche Ziele oder Führungspersönlichkeiten verfügen. Was die verschiedenen Gruppen trotz aller Unterschiedlichkeit eint, ist die Tatsache, dass sie sehr wohl die Globalisierung wollen, wenn auch eine andere, gerechtere und vor allem kontrollierte. [...] Man kann ihr gemeinsames Ziel vielleicht auf den Nenner bringen: mehr politische und weniger ökonomische Globalisierung, also der Vorzug demokratischer Politik vor der Gesetzmäßigkeit des Marktes.

Die herausragende Vereinigung mit dem größten Bekanntheitsgrad ist Attac, ein Zusammenschluss von Gewerkschaftern, Bürgerbewegungen und Medien, der 1998 in Frankreich als Reaktion auf die asiatische Finanzkrise gegründet wurde. Attac steht für „Vereinigung für die Devisenumsatzsteuer im Interesse der Bürger". Die Idee, die im Namen zum Ausdruck kommt, ist die Einführung einer „internationalen Solidaritätssteuer", die sogenannte Tobin-Tax (benannt nach dem Nobelpreisträger James Tobin). Diese Steuer auf finanzielle Transaktionen soll der fortschreitenden Liberalisierung der Kapitalmärkte entgegenwirken. Neben diesem wichtigsten Ziel geht es den Mitgliedern von Attac außerdem um einen freien Zugang der Entwicklungsländer zu den geschützten Agrarmärkten der Industrieländer, um den Schuldenerlass für die Entwicklungsländer, die Schließung von Steuerparadiesen und die Fortführung des Kyoto-Protokolls.

Nach: Eike Hebecker/Katrin Schaumann vom 1. 10. 2001, www.lehrer-online.de (abgerufen am 21. 8. 2007)

M12 Vom Segen der Globalisierung

Während wir alle akzeptieren, dass Globalisierung die Produktionsmöglichkeiten für die Welt insgesamt erhöht, also per Saldo Wohlstand schafft, werden die Anpassungslasten und die mindestens zeitweise eintretenden Einkommens- und Beschäftigungsverluste für Einzelne Basis von Forderungen für politisches Handeln. [...] Für Industrieländer ist es jedoch weit angemessener, durch Qualifizierung der eigenen Arbeitskräfte, durch Modernisierung des Produktionsapparates Spezialisierungsvorteile zu etablieren und so den Einkommens- und Beschäftigungswünschen der eigenen Arbeitskräfte zu entsprechen. Länder, die sich so verhalten haben, sind in die internationale Spitzenliga aufgestiegen. [...]
Deutschland hat ein gestörtes Verhältnis zur Globalisierung. Kaum ein anderes Land verbindet so viel Negatives mit Globalisierung. Angst vor der Globalisierungsfalle, dem Verlust von Arbeitsplätzen und von Identität, Angst vor Überfremdung – all das geht mit dem Begriff Globalisierung einher. Dieses Psychogramm kontrastiert brüllend mit der wirtschaftlichen Wirklichkeit. Deutschland ist [2005] erneut Exportweltmeister im Ring mit Giganten wie Japan, den USA und China. Kein Industrieland der Welt steigerte in den letzten Jahren permanent seinen Weltmarktanteil wie Deutschland. Wir haben jetzt einen Weltmarktanteil von zehn Prozent, bei einem Bevölkerungsanteil von 1,2 Prozent und einem Sozialproduktgewicht von sechs Prozent.
Ja natürlich sind auch die deutschen Importe kräftig gestiegen. Aber auch dies zeigt, dass Deutschland erfolgreich in die Globalisierung eingezogen ist. [...]
Das globale Dorf ist für uns alle zur alltäglichen Wirklichkeit geworden. Es erlaubt uns Vielfalt, es erlaubt vielen von uns – und gerade jenen, die weniger verdienen – ein gesundes, schönes Leben. Ohne chinesische Textilien, vietnamesische Schuhe, ohne Möbel aus Polen wäre das Leben in Westeuropa und den USA ärmer. [...]
Länder wie Deutschland müssen verstehen, dass sie der Alterung und der Wachstumsverlangsamung nur entgehen können, wenn sie durch selektive Zuwanderung, insbesondere in ihr Bildungssystem, der raschen Sklerose entgegenwirken. So hält das globale Dorf für viele attraktive Optionen bereit.

Nach: N. Walter, in: auxilium – Beiträge zur Jugendbildung, Köln 2006, Heft 15, S. 6–8

M13 Populäre Irrtümer zur Globalisierung

„Globalisierung bedeutet vor allem viel mehr Gütertransport rund um den Globus ohne echten Wohlstandsgewinn.“ *Fakt ist:* Der weltweite Produktionswert legte seit 1985 mit jährlich 7 % fast so stark zu wie der Wert der Güterausfuhr (9 %). Auch real, nach Abzug der Inflation, hat sich die Wirtschaftsleistung weit mehr als verdoppelt.
„Die Dritte Welt hat nichts von der Globalisierung.“ *Fakt ist:* 40 % der Menschen in den Entwicklungsländern mussten 1981 von weniger als einem Dollar am Tag leben. 2004 waren es nur noch 18 %.
„Durch die Globalisierung wird die Welt ungerechter.“ *Fakt ist:* Laut neueren Studien sind die weltweiten Einkommen nicht ungleicher verteilt als 1980. Im Gegenteil, die Maßzahl für Ungleichheit ist sogar leicht gesunken.
„Die Konzerne spielen die Länder gegeneinander aus und drücken sich um die Steuer.“ *Fakt ist:* Die Kapitalgesellschaften zahlen viel mehr Gewinnsteuern als 1980. Der Anteil am gesamten Steueraufkommen kletterte von 7,6 auf 9,6 % im Jahr 2004.
„Die Globalisierung vernichtet unsere Arbeitsplätze.“ *Fakt ist:* Seit 1985, also in der Phase beschleunigter Globalisierung, sind in den Industrieländern unter dem Strich über 75 Millionen zusätzliche Arbeitsplätze entstanden.

Nach: Wirtschaftszeitung AKTIV, 18. 1. 2008, S. 8

Aufgaben zu M11-M13

1. Was kritisieren die Globalisierungsgegner? Was sind ihre Ziele? (M11)
2. Recherchieren Sie Ihnen unbekannte wirtschaftswissenschaftliche Begriffe mithilfe eines Online-Lexikon und erklären Sie sie. (M11)
3. Arbeiten Sie heraus, welche Stategien der Autor empfiehlt, um von der Globalisierung zu profitieren. (M12)
4. Führen Sie in der Klasse eine Pro-Kontra-Debatte zum Phänomen „Globalisierung“ durch. (M11-M13)

Zusammenfassung 3

Weltwirtschaftliche Verflechtungen der Europäischen Union im Rahmen der Globalisierung

Globalisierung
M2, M3

Globalisierung hat verschiedene **Dimensionen** und Ebenen: **wirtschaftliche, politische, gesellschaftlich-soziale, kulturelle und ökologische.** Gemeinsam ist allen Dimensionen die **zunehmende globale Vernetzung**, eine **gegenseitige Abhängigkeit** und der **Bedeutungsverlust von nationalen Grenzen.**

Handelspolitisches Verhalten der EU
M6

Neben den Vereinigten Staaten und Japan stellt die Europäische Union den dritten großen Wirtschaftsraum innerhalb des Weltwirtschaftssystems dar. Mit der sogenannten **Lissabon-Strategie** will sich die EU für kommende Herausforderungen rüsten, um in einer globalen Welt bestehen zu können. Hierzu sollen in erster Linie Forschung und Entwicklung gefördert und das Sozialmodell reformiert werden.
Wie alle Industrienationen, braucht auch die EU Absatzmärkte für ihre qualitativ hochwertigen Waren. Handelspolitisch treten Industriestaaten daher in der Regel für die Öffnung von Märkten gerade für hochwertige Industrieerzeugnisse ein. Zum Schutz der eigenen Wirtschaften sind dennoch **protektionistische Maßnahmen** der Industrieländer untereinander sowie gegenüber den Entwicklungs- und Schwellenländern an der Tagesordnung.

Global Player
M8

Im Rahmen der Globalisierung haben insbesondere weltweit agierende Wirtschaftsunternehmen (sogenannte Global Player) zunehmend an Bedeutung gewonnen, sie gelten als **„Motoren der Globalisierung“**. Aufgrund ihrer wirtschaftlichen Größe können sie innerhalb kürzester Zeit Produktionsstandorte schaffen oder schließen und damit erheblichen **Einfluss auf Wirtschaft und Politik** der betroffenen Länder ausüben. Ihr Vorgehen ist teilweise der staatlichen Kontrolle entzogen.

Entwicklungsländer
M5

Inwieweit Entwicklungsländer am Welthandel beteiligt sind, hängt stark von den **Standortfaktoren** ab (z. B. politische und rechtliche Stabilität, Infrastruktur). Nicht alle Entwicklungsländer profitieren in gleichem Maße von der Öffnung ihrer Märkte. Die Globalisierung hat die Schere zwischen den Gewinnern und Verlierern im Welthandel weiter geöffnet. Problematisch ist vor allem die Abhängigkeit der Entwicklungsländer von den Unternehmen und der Entwicklung des Weltmarktes.

Folgen der Globalisierung
M9, M10

Die Globalisierung hat in all ihren Dimensionen verschiedene Auswirkungen, die eng miteinander verknüpft sind: Die Bedingungen und Anforderungen der Arbeitswelt verändern sich stark. Vor allem der zunehmende Verkehr und der große Bedarf an Rohstoffen belasten die Umwelt. Die Kommunikations- und Aktionsformen jedes Einzelnen passen sich den neuen Möglichkeiten an. Dabei liegen **Chancen und Risiken eng beieinander** und der Vorteil für einen Akteur kann zu Problemen bei einem anderen führen.

Globalisierung in der Diskussion
M11, M12

Die weltweiten Entwicklungen im Rahmen der Globalisierung werden von **starken Protestbewegungen** begleitet. Diese kritisieren, dass sich die Globalisierung auf die Öffnung der Märkte konzentriere, die Verbreitung von Menschenrechten, Arbeitnehmerrechten, ökologischen Standards und Demokratie aber vernachlässigt werde. Insbesondere die Zunahme der **weltweiten sozialen Ungleichheit** sowohl zwischen als auch innerhalb einzelner Länder wird angeprangert. Gering qualifizierte und immobile Arbeitskräfte scheinen weltweit die großen Verlierer der Globalisierung zu sein. Die besonders stark mit dem Welthandel verknüpfte deutsche Wirtschaft jedoch hat insgesamt von den Entwicklungen profitiert. Dem „Exportweltmeister“ kommen besonders die niedrigen Transportkosten und offenen Märkte zugute.

3.4 Wechselkurse

M1 Der Wechselkurs betrifft uns alle

Unter dem Begriff Wechselkurs versteht man den Preis einer Währungseinheit. Hierbei wird der Preis der heimischen Währung in ausländischer Währung angegeben, z. B. „1 € entspricht 1,32 US-$" (sogenannte Mengennotierung).

Nach: Globus-Grafik „Der starke Euro" 9649 (Stand 2004)

M2 Der Euro – stark oder schwach ein Gewinn

Reisen in die USA sind bei einem starken Euro günstiger, ...

Wer gerne reist, kann die Vorzüge des Euro mit Händen greifen: Seit Januar 2002 hat der lästige und teure Geldumtausch für weite Teile Europas ein Ende. Heute können Reisende mühelos vergleichen, ob der Espresso am Mailänder Domplatz wirklich teurer ist als an den Uferpromenaden von Helsinki oder Cannes.

Verlässt man aber „Euroland", kommt wieder der Wechselkurs ins Spiel. Für Reisende ist dann ein starker Euro von Vorteil: Je höher der Wechselkurs ihrer Währung, desto mehr Gegenwert bekommen sie dafür. Das Gleiche gilt für die Importeure: Bei einem hohen Außenwert des Euro können diese die Rohstoffe und Waren im Ausland vergleichsweise günstig einkaufen und so ihre Gewinnspanne erhöhen.

Wer dagegen Waren aus der Eurozone exportiert, wünscht sich einen schwächeren Euro: Für jeden eingenommenen Dollar oder Yen erlösen die Exporteure dann einen höheren Euro-Betrag. Zudem können sie ihre Produkte dann im Ausland billiger anbieten als zuvor, ohne an Umsatz in Euro einzubüßen, sie werden also wettbewerbsfähiger.

Daraus könnte man schließen, dass ein schwacher Euro eher im Interesse Europas und seiner exportorientierten Wirtschaft liegt. Doch das stimmt nur bis zu einer gewissen Grenze. Ein wirklich schwacher

Euro birgt nämlich große Gefahren: Zum einen würden davon internationale Investoren abgeschreckt. Vor allem aber würde dadurch die Wettbewerbsfähigkeit insbesondere der weltgrößten Volkswirtschaft USA, aber auch Japans und Chinas bedroht, was die gesamte Weltwirtschaft destabilisieren könnte. Als der Euro im Herbst 2000 unter 0,85 Dollar fiel, intervenierte die Europäische Zentralbank (EZB), unterstützt von den Zentralbanken der USA und Japans, mit Euro-Käufen am Devisenmarkt, um diese Gefahr abzuwenden.

Nach: Detlev Landmesser, Der Euro – stark oder schwach ein Gewinn; (www.bpb.de, abgerufen am 9. 7. 2007)

... der weltweite Export deutscher Autos dagegen teurer.

M3 Eine Währungsrechnung

Gehen wir davon aus, dass zwei Hersteller von vergleichbaren Lastkraftwagen ihre Produktionsstätten in Deutschland bzw. in Japan haben.
Ein in Japan produzierter LKW kostet in Japan 9.000.000 Yen. Bei einem Wechselkurs von 1 Euro = 150 Yen kostet dieser in Deutschland 60.000 Euro. Für einen in Deutschland produzierten LKW zahlt man in Deutschland 60.000 Euro. Bei einem Wechselkurs von 1 Euro = 150 Yen kostet dieser in Japan 9.000.000 Yen.

Bei einer Veränderung des Wechselkurses auf 1 Euro = 120 Yen ist der Yen stärker und der Euro schwächer geworden. Dies wirkt sich auf die Exportbedingungen wie folgt aus:

a) Ein LKW aus deutscher Produktion in Japan ...
   kostet nur noch 7.200.000 Yen und hat sich für japanische Käufer verbilligt. Deutsche Unternehmen haben dadurch ei-nen Export**vorteil**.
b) Ein LKW aus japanischer Produktion in Deutschland ...
   kostet dagegen nunmehr 75.000 Euro und ist somit teurer geworden. Japanische Unternehmen haben dadurch einen Export**nachteil**.

M4 Auswirkungen von Wechselkursveränderungen auf Haushalte und Unternehmen

Die Änderung eines Wechselkurses ist eine bedeutsame Einflussgröße besonders für die gesamtwirtschaftliche Entwicklung eines Landes und oftmals auch die seiner Handelspartner. Die Auswirkungen können daher sehr vielfältig sein und ihre volle Wirkung erst über einen längeren Zeitraum entfalten.

Auswirkungen auf die Haushalte: Eine **Abwertung** (d.h. Verbilligung) der inländischen Währung bewirkt in der Mengennotierung ($/1 €) ein Sinken des Wechselkurses. Die inländische Währungseinheit ist in Devisen weniger wert. Direkt hat dies einen Anstieg der Importpreises zur Folge, der Verbraucher muss für importierte Güter also mehr zahlen. Gleichzeitig werden auch Reisen ins Ausland teurer.
Kommt es zu einer **Aufwertung** der inländischen Währung – wenn der Wechselkurs gegenüber der ausländischen Währung also ansteigt –, ist die inländische Währungseinheit in Devisen mehr wert. Dies wirkt sich fördernd auf die Nachfrage nach ausländischen Gütern aus. Diese werden billiger und daher verstärkt nachgefragt. Gleichzeitig verbilligen sich auch Reisen ins Ausland.

Auswirkungen auf die Unternehmen: Durch eine **Abwertung** der Währung eines Landes verbessert sich die Wettbewerbsfähigkeit der dortigen Unternehmen, da ihre Güter im Ausland billiger werden. Sie können mehr exportieren und zusätzliche Arbeitsplätze schaffen, eine Abwertung wirkt sich also stimulierend auf die inländische Exportwirtschaft aus. Gleichzeitig verteuern sich die Importe, wodurch beispielsweise importiertes Rohöl und damit auch Benzin teurer wird.

Eine **Aufwertung** bedeutet mittelfristig einen Verlust an Wettbewerbsfähigkeit von inländischen Unternehmen. Durch die Aufwertung werden die exportierten Güter im Ausland teurer. Die Exporte vermindern sich mit der Folge, dass bei einer geringeren Produktion gegebenenfalls auch Arbeitsplätze eingespart werden müssen. Gleichzeitig verbilligen sich ausländische Importe.

Autorentext

Aufgaben zu M1-M4

1. Beschreiben Sie, in welchen Situationen Sie der Wechselkurs des Euro direkt betrifft. (M1, M2)
2. Überlegen Sie sich, wie sich die japanische Zentralbank verhalten müsste, um die japanischen LKW-Hersteller vor nunmehr billigerer Importware zu schützen. (M3)
3. Recherchieren Sie, wie sich der Wechselkurs zwischen Euro und Japanischem Yen seit dem Jahr 2000 verändert hat, und setzen Sie die gewonnenen Daten grafisch um. (M1, M3)
4. Erläutern Sie, wie sich der Wechselkurs in den letzten Jahren auf den Handel zwischen Deutschland und Japan ausgewirkt haben müsste. (M2, M3)
5. Ein Unternehmen benötigt für den Einkauf von Rohstoffen 10.000 Dollar. Berechnen Sie, was der Einkauf in den Jahren 2004, 2006 und 2008 in Euro kostete.

Preis für 1 Euro in Dollar		
14.2.2004	14.2.2006	14.2.2008
1,07	**1,29**	**1,48**

6. Erläutern Sie die Auswirkungen von Wechselkursentwicklungen am Beispiel der Schlagzeilen zum Euro. (M1, M4)
7. Klären Sie die beiden Begriffe Auf- und Abwertung und finden Sie Gründe, warum Volkswirtschaften häufig künstlich diese Wechselkursänderungen herbeiführen. (M4)
8. Begründen Sie mithilfe von M4 die Schlagzeilen in M1.

M5 Was den Euro bewegt ...

Die Konjunktur

Ganz wesentlich beeinflusst die Konjunktur in der Eurozone – insbesondere auch in Deutschland, der bedeutendsten Volkswirtschaft Europas – dessen Wechselkurs. Brummt die Konjunktur, ist die Produktivität der Unternehmen hoch. Je produktiver wiederum die Unternehmen sind, desto mehr können sie exportieren. Entsprechend mehr nehmen die Exporteure in fremden Währungen ein. Da sie die Produktion in Euroland bezahlen müssen, tauschen sie diese Devisen wieder in Euro. Am Devisenmarkt werden also verstärkt Euro nachgefragt. Floriert die Wirtschaft, steigt aber die Nachfrage nach ausländischen Produkten und die Importe nehmen zu. Für die Einfuhren wird dann wiederum mehr von den fremden Währungen nachgefragt. Ob der Euro stark oder schwach ist, hängt also auch von der Höhe des Exportüberschusses ab. Liegt der Wert der Warenausfuhr der Europäer über dem der Wareneinfuhr, wird der Wechselkurs des Euros gestärkt. Dazu kommt noch ein wichtiger Effekt auf dem Kapitalmarkt: Eine gesunde europäische Wirtschaft signalisiert, dass dort investiertes Kapital gute und nachhaltige Gewinne abwirft. Das macht eine Kapitalanlage in Euro attraktiver.

Die Zinsentwicklung

Mit der Konjunktur hängt ebenso der zweite wesentliche Bestimmungsfaktor des Euro-Kurses zusammen. Der Wechselkurs orientiert sich daran, welche Währung real, also nach Abzug der Inflation, mehr Zinsen abwirft – und wie sich diese Zinsdifferenz nach Ansicht der Marktteilnehmer in Zukunft entwickeln wird. Ist der Realzins beispielsweise in den USA höher als der in Euroland, macht dies den Dollar als Anlagewährung tendenziell attraktiver. Deshalb reagieren die Wechselkurse stets auf die Zinsentscheidungen der Zentralbanken, oder genauer: auf die Art und Weise, wie diese die aktuellen Markterwartungen für den Zinskurs bestätigen oder korrigieren. Die Zinspolitik der Notenbanken orientiert sich wiederum stark an der Konjunktur. Brummt die Wirtschaft, droht höhere Inflation, der die Zentralbank mit höheren Zinsen zu begegnen versucht.

Die Politik

Schließlich spielt die Wirtschafts- und Fiskalpolitik eine wichtige Rolle für den Außenwert des Euro. Wie die europäische Wirtschaft stehen auch die Regierungen in der Pflicht, internationales Vertrauen in die Gemeinschaftswährung zu schaffen. Dass etwa Deutschland mit seiner Neuverschuldung wiederholt gegen den Stabilitäts- und Wachstumspakt der Währungsunion verstoßen hat, hat dieses Vertrauen nicht gerade gefördert. Zudem reagiert der Euro sehr empfindlich auf Unstimmigkeiten zwischen den Teilnehmerländern. Im Juli 2005 geriet er stark unter Druck, als italienische Politiker aus Unzufriedenheit über den hohen Wechselkurs eine Debatte um ein Auseinanderbrechen der Euro-Gruppe anstießen.

Nach: Detlev Landmesser, Der Euro – stark oder schwach ein Gewinn (www.bpb.de, abgerufen am 9. 7. 2007) (bearbeitet)

▶▶M6 Gründe für Wechselkursveränderungen

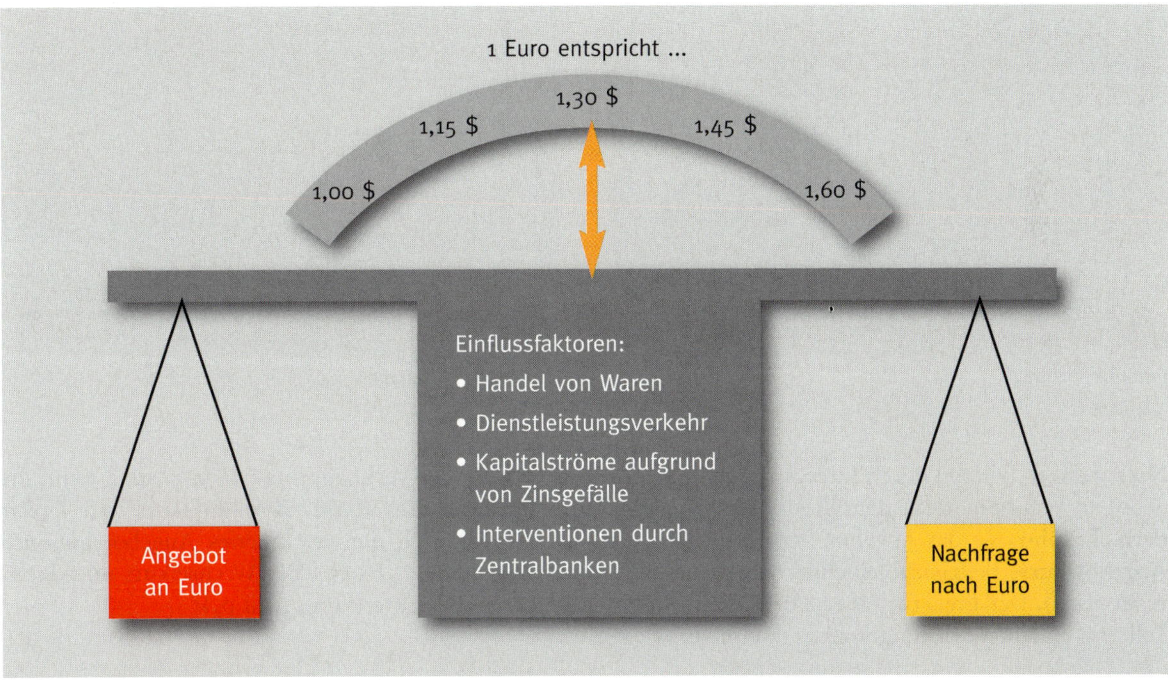

Autorengrafik

▶▶M7 Der Wechselkurs im Marktmodell

Das Marktmodell kann zur Erklärung für die Entstehung von Wechselkursen herangezogen werden. Grundsätzlich herrscht – wie auf jedem anderen Markt – ein Angebot an Währungen (hier Euro), z. B. durch deutsche Importe, sowie eine Nachfrage nach Euro. Die Währung wird genauso wie jede andere Ware, z. B. PKWs, Computer oder Dienstleistungen, gehandelt und dies an sogenannten Devisenbörsen. Bei einer bestimmten Menge (m_0) kreuzen sich nun die angebotene und nachgefragte Menge, sodass sich ein Gleichgewichtspreis (Preis für die jeweilige Währung) p_0 bildet. Bei diesem Wechselkurs p_0 halten sich angebotene und nachgefragte Menge die Waage.

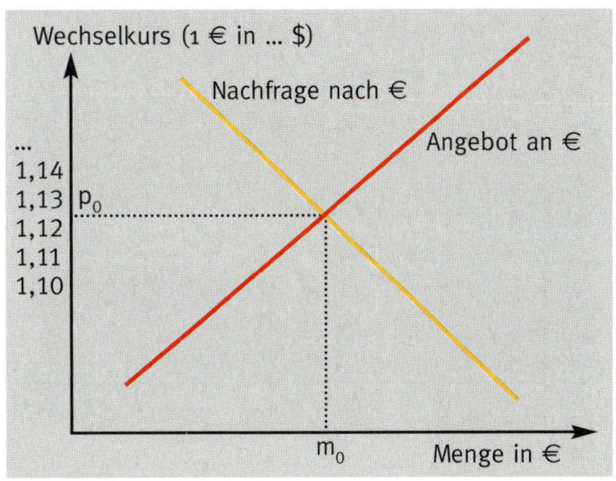

Autorentext/-grafik

M8 Veränderungen des Wechselkurses im Marktmodell

Steigt die Nachfrage nach Euro an, so verschiebt sich die Nachfragekurve nach rechts. Vorausgesetzt die Angebotskurve verändert sich nicht, steigt sowohl die nachgefragte Menge an Euro (m_1) als auch der Wechselkurs an (bis auf das Niveau p_1). Der Preis für einen Euro steigt.

In umgekehrter Weise verhält es sich bei einer verringerten Nachfrage nach Euro. Bei unveränderter Angebotskurve sinken sowohl der Wechselkurs (Gleichgewichtspreis bei p_2) als auch die Menge an Euro (m_2).

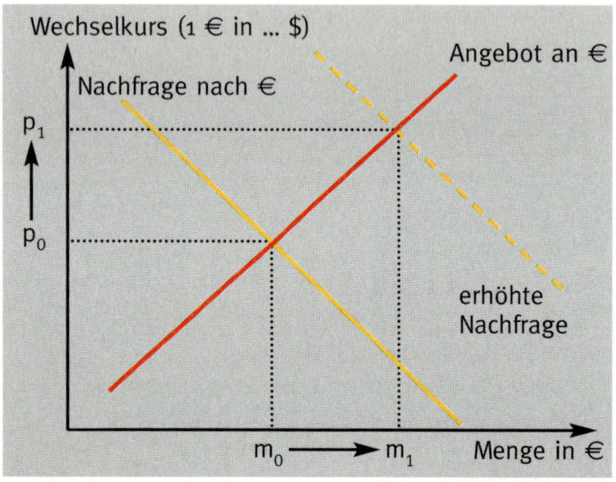

Erhöhte Nachfrage

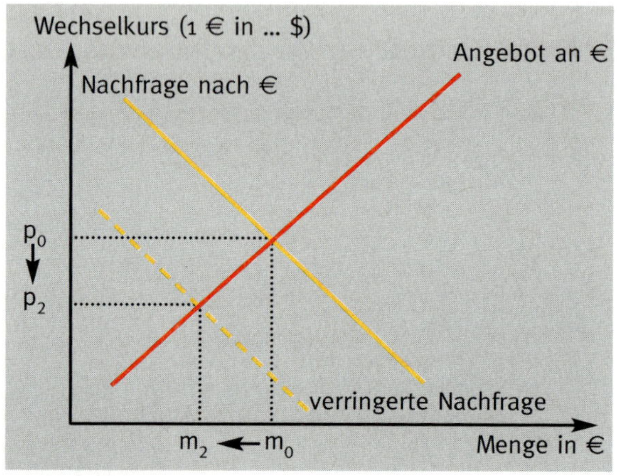

Verringerte Nachfrage

Notenbanken können durch Interventionen das Angebot an Währungen auf dem Devisenmarkt verändern. Erhöhen sie das Angebot, verschiebt sich die Angebotskurve bei gleichbleibender Nachfrage nach rechts (m_3). Der Preis für einen Euro sinkt in dem Fall von p_0 auf p_3. In umgekehrter Weise verhält es sich bei einer Verknappung der Währung, wenn die Notenbank am Markt Euro aufkauft und Dollar ausgibt. Durch ein verringertes Angebot an Euro (von m_0 auf m_4) steigt der Wechselkurs und damit der Preis des Euro (von p_0 auf p_4).

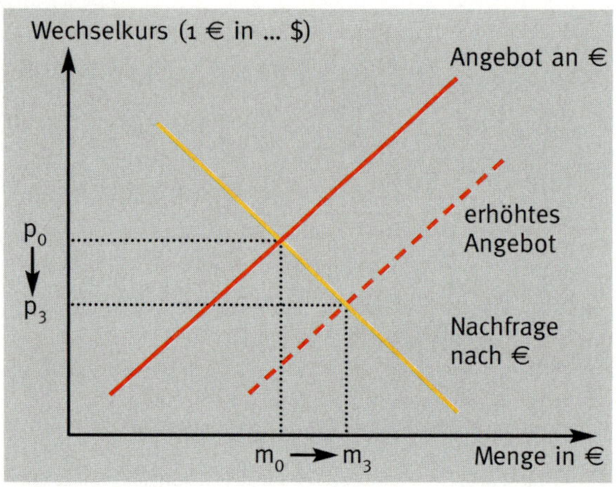

Erhöhtes Angebot

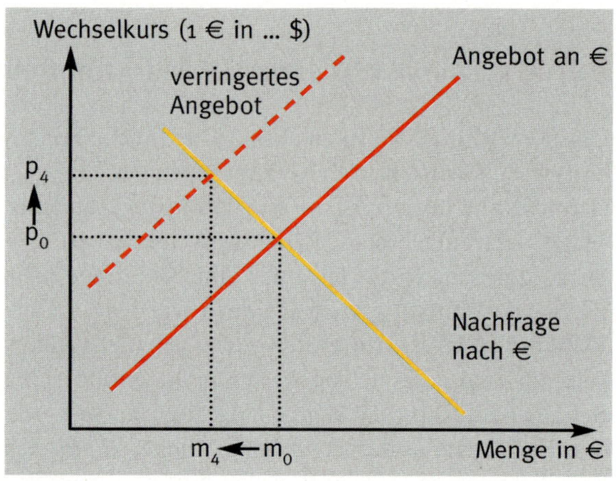

Verringertes Angebot

Autorentext/-grafik

M9 Aus historischer Perspektive: Vorteile einer europäischen Währung

Am 7.2.1993 wurde der Vertrag von Maastricht unterzeichnet, in dem sich die Staats- und Regierungschefs der Europäischen Gemeinschaft darauf verständigten, spätestens 1999 eine gemeinsame europäische Währung einzuführen:

Für die Unternehmen werden grenzüberschreitende Investitionen und der Handel mit dem Ausland leichter und attraktiver, wenn die kostspieligen Aufwendungen für den Geldumtausch entfallen. Die Europäische Kommission schätzt die Einsparungen durch den Wegfall der Transaktionskosten auf jährlich ca. 13 bis 14 Milliarden Euro. Aus wirtschaftlicher Sicht weit wichtiger jedoch ist, dass für den ländergreifenden Waren-, Dienstleistungs- und Kapitalverkehr das Wechselkursrisiko völlig beseitigt wird. Ein Unternehmen, das seine Waren in andere Länder Europas verkauft, muss nicht mehr damit rechnen, dass es zu einer Abwertung der ausländischen Währung kommt und das Geschäft letztendlich sogar verlustbringend sein kann, wenn sich der Wert der erzielten Einnahmen durch den Rückumtausch stark verringert. Die Vorteile des Binnenmarkts können erst durch die gemeinsame Währung vollständig ausgeschöpft werden.

bpb, Europa für Einsteiger, Bonn 1998, S. 17

Aufgaben zu M5-M9

1. Fassen Sie mit eigenen Worten die Gründe zusammen, die zu Wechselkursschwankungen führen können. (M5, M6)
2. Stellen Sie mögliche Auswirkungen steigender und fallender Euro-Kurse im Kreislaufmodell dar. (M2, M6, M7)
3. Arbeiten Sie heraus, welche wirtschaftlichen Vorteile man sich im Vorfeld von der Einführung des Euro versprach (M9) und belegen Sie die Argumente mit den Auswirkungen von Wechselkursschwankungen. (M4)
4. Recherchieren Sie, welche Kriterien ein EU-Mitgliedsland erfüllen muss, um in die Währungsunion aufgenommen zu werden („Konvergenzkriterien").

Zusammenfassung

Wechselkurse

Wechselkurse beschreiben den **Preis für eine Währungseinheit**. Er ergibt sich aus dem Angebot und der Nachfrage nach dieser Währung. Bei einer Mengennotierung wird dabei der Preis der heimischen Währung in ausländischer Währung angegeben.

Wechselkurse
M1, M7, M8

Von Wechselkursänderungen sind sowohl Haushalte als auch Unternehmen betroffen. Im Rahmen einer immer enger zusammenwachsenden Weltwirtschaft können zum Beispiel durch Import- und Exportabhängigkeiten Schwankungen des Wechselkurses auftreten und sich auf das **Wirtschaftswachstum**, die **Inflation** und die **Beschäftigung** der jeweiligen Volkswirtschaften auswirken.

Auswirkungen von Wechselkursverschiebungen
M4

Wechselkurse unterliegen Schwankungen. Eine entscheidende Rolle hierbei spielen ständig auftretende **Verschiebungen des Angebots bzw. der Nachfrage** nach Waren- und Dienstleistungen. Daneben ausschlaggebend sind unterschiedliche **Konjunkturaussichten, Interventionen** von Zentralbanken sowie Verschiebungen großer Geldmengen durch **global agierende Investoren**, die das Zinsgefälle zwischen Währungen ausnutzen.

Gründe für Wechselkursverschiebungen
M5, M6

Viele europäische Staaten haben sich zu einem **einheitlichen Währungsgebiet** mit einer gemeinsamen Währung zusammengeschlossen. Dadurch wurden Wechselkursrisiken und -kosten beseitigt. Für Unternehmen und Privatpersonen haben sich dadurch grenzüberschreitende Aktivitäten verbilligt.

Wirtschafts- und Währungsunion
M2, M9

Grundlegende Zusammenhänge der Jahrgangsstufe 10

Die Entscheidungen von Haushalten und Unternehmen werden durch Märkte koordiniert.

Arbeitsteilung führt zur Bildung komplexer volkswirtschaftlicher Systeme. Es ist die Aufgabe einer Wirtschaftsordnung, die vielfältigen ökonomischen Aktivitäten der Wirtschaftssubjekte (Haushalte und Unternehmen) zu koordinieren und damit grundlegende **Koordinationsaufgaben** zu erfüllen (wer was wie für wen produziert – „4 Ws"). Die Entscheidung über die „4 Ws" wird in Marktwirtschaften auf **Märkten** gefällt. Die einzelnen Anbieter und Nachfrager entscheiden selbst, was wie für wen produziert werden soll. Die Marktpreise geben ihnen dabei die Informationen, welches Verhalten ökonomisch sinnvoll ist.
Wenn die **Arbeitsteilung international**, d. h. über Grenzen hinweg stattfindet, werden die ökonomischen Entscheidungen von Unternehmen und Haushalten auf der ganzen Welt getroffen. Es entstehen Weltmärkte für Konsumgüter und Produktionsfaktoren, auf denen das wirtschaftliche Verhalten koordiniert wird.
Auch die **Wechselkursbildung** für Devisen erfolgt nach dem Marktprinzip von Angebot und Nachfrage auf Devisenmärkten.

Ökonomische Entscheidungen haben weitreichende soziale, ökologische und politische Folgen.

Obwohl der Markt viele Koordinationsaufgaben löst, sind verschiedene **Grenzen und Risiken der Lenkung durch den Markt** festzustellen: Einkommen werden in der Marktwirtschaft nur auf Märkten erzielt. Bei Arbeitseinkommen besteht die Gefahr großer Einkommensunterschiede – je nach Angebot und Nachfrage auf den Arbeitsmärkten. Wer keine Arbeitsleistung erbringen kann bzw. wessen Leistung nicht nachgefragt wird, kann kein Einkommen erzielen. Die Folgen wären soziale Probleme und politische Spannungen.
Die marktwirtschaftliche Lenkung versagt weitgehend, wenn der Preisindikator nicht funktioniert. Dies ist der Fall bei Gütern, die von allen genutzt werden können, ohne dass der Einzelne für die Nutzung bezahlen müsste (öffentliche Güter). Für die Nutzung der Umwelt muss in der Regel nicht vom einzelnen Haushalt oder Unternehmen bezahlt werden. Weil diese Nutzung als freies Gut erscheint, werden die ökologischen Ressourcen zu stark ausgebeutet, obwohl die Kosten der Nutzung von der Allgemeinheit getragen werden müssen (externe Kosten). Die Folge ist eine zu starke Beanspruchung der Umwelt bei Konsum und Produktion (Umweltverschmutzung). Auf globalisierten Märkten sind die **Folgen des Welthandels** in Form von sozialen, ökologischen und politischen Problemen zu spüren, ähnlich wie in freien Marktwirtschaften generell.

Der Staat greift auf vielfältige Weise in das Marktgeschehen ein.

Die **Grundelemente der sozialen Marktwirtschaft** ergeben sich aus dem Bestreben, das Prinzip des Marktes mit dem des sozialen Ausgleichs zu verbinden („so viel Markt wie möglich, so viel Staat wie nötig"). Das Konzept der sozialen Marktwirtschaft geht davon aus, dass das freie Spiel der Marktkräfte von sich aus zu Wohlstand führt. Wichtigste Aufgabe des Staates ist es daher, die Rahmenbedingungen für funktionierende Märkte zu schaffen, indem er wirtschaftliche Grundfreiheiten gewährleistet (z. B. ökonomische Handlungsfreiheit, Privateigentum, Freiheit der Berufswahl etc.). Gleichzeitig hat der Staat die Aufgabe, bei sozial unbefriedigenden Ergebnissen des Marktes sowie bei Marktversagen dem Einzelnen ein menschenwürdiges Auskommen zu sichern. Deshalb greift der Staat in das Marktgeschehen ein. Dies tut er beispielsweise durch eine **Einkommensumverteilung**. Der Staat erhebt Zwangsabgaben von leistungsfähigen Bürgern, um diese weniger Leistungsfähigen bereitstellen zu können. Im **Staatshaushalt** werden die Aktivitäten des Staates als Einnahmen und Ausgaben gegenübergestellt.

Wichtiges Element der sozialen Marktwirtschaft und gleichzeitig ein Eingriff des Staates in den Markt ist ebenfalls die gesetzliche **Sozialversicherung**. Sie beruht einerseits auf dem Prinzip der **Solidarität**: Bei den „großen Risiken" des Lebens (Alter, Krankheit, Arbeitslosigkeit) soll demnach die Solidargemeinschaft der Versicherten für den einzelnen Bedürftigen einstehen. Andererseits soll die Gemeinschaft erst dann gefordert sein, wenn der Einzelne oder seine Familie die Versorgung nicht mehr selbst leisten können (Prinzip der **Subsidiarität**).

Rechtliche Regelungen bilden wesentliche Rahmenbedingungen des Marktgeschehens.

Rechtliche Regelungen sind in der sozialen Marktwirtschaft ein wichtiges Mittel für den Staat, dem Markt **Rahmenbedingungen** zu setzen, aber gleichzeitig in den Markt einzugreifen. Damit sichert der Staat die wirtschaftliche Handlungsfreiheit des Einzelnen, setzt ihr aber auch Grenzen. Dabei spielt das **Zivilrecht** (z. B. das Kaufrecht – siehe Jahrgangsstufe 9), aber insbesondere das **öffentliche Recht** (z. B. Kündigungsschutz, Steuerrecht, Regelungen zum Schutz der Umwelt) eine große Rolle. Immer wichtiger für die Wirtschaftsordnung der Mitgliedstaaten werden auch die rechtlichen Regelungen der Europäischen Union (z. B. Richtlinien und Verordnungen).

Internationale Arbeitsteilung ist mit Chancen, aber auch Risiken verbunden.

Weltwirtschaftliche Verflechtung kann mit Wohlstandsgewinnen für alle Beteiligten verbunden sein. Durch Außenhandel stehen Güter zur Verfügung, die im Inland gar nicht oder nur mit erheblichen Mehrkosten produziert werden könnten. Außerdem kann sich jedes Land auf die Produktion derjenigen Güter spezialisieren, welche es aufgrund seiner Produktionsfaktoren am kostengünstigsten herstellen kann (absolute Kostenvorteile). Selbst wenn ein Land bei allen Gütern Kostenvorteile hätte, würde es sich für dieses Land dennoch lohnen, sich in der Güterproduktion zu spezialisieren und die anderen Güter zu importieren.
Die **Europäische Wirtschafts- und Währungsunion** (EWWU) stellt – nicht zuletzt durch die gemeinsame Währung – einen besonders eng verflochtenen Wirtschaftsraum dar. Der europäische **Binnenmarkt** garantiert freien Waren-, Dienstleistungs-, Personen- und Kapitalverkehr. Dadurch fördert die EWWU in den Mitgliedstaaten wesentlich das wirtschaftliche Wachstum.

Grundsätzlich trägt Welthandel zu Wohlstand und Frieden bei. Die **Globalisierung** und der damit verbundene Strukturwandel können soziale Probleme und politische Spannungen verursachen. Als Folge von externen Effekten in einer globalisierten Weltwirtschaft können verstärkt Umweltprobleme entstehen.

Glossar

Angebot – die Menge eines Gutes, das auf dem Markt zu einem bestimmten Preis zum Verkauf bereitgestellt wird. Es ist abhängig vom erwarteten Gewinn, den Produktionskosten und der Verfügbarkeit der Produktionsfaktoren.

Arbeitsteilung, internationale – Aufspaltung der Produktion in Arbeitsschritte, die von verschiedenen Volkswirtschaften ausgeführt werden.

Außenbeitrag – Differenz von Ein- und Ausfuhren von Waren und Dienstleistungen. Bei einem positiven Außenbeitrag überwiegen die Einnahmen aus Exporten, bei einem negativen die Ausgaben für Importe.

Binnenmarkt – Wirtschaftsraum, in dem der Verkehr von Waren, Dienstleistungen und Kapital einheitlich geregelt wird. Bürger können ihren Wohn- und Arbeitsort frei wählen. Der Binnenmarkt in der EU wurde zum 1. 1. 1993 verwirklicht.

Bruttoinlandsprodukt (BIP) – Summe aller für den Endverbrauch bestimmten wirtschaftlichen Leistungen einer Volkswirtschaft, die im Laufe eines bestimmten Zeitraums (häufig eines Jahres) innerhalb der Landesgrenzen erbracht wurden.

Europäisches Recht – für alle Mitgliedstaaten der EU bindendes gemeinsames Recht. Zu unterscheiden sind das primäre Recht, zu dem die Gründungs- und Beitrittsverträge gehören, und das sekundäre Recht, das von allen Mitgliedern beschlossene Gemeinschaftsrecht. Höchste Instanz ist der Europäische Gerichtshof.

Europäische Union – Gemeinschaft von heute (Stand: 2008) 27 europäischen Staaten, die 1957 als Wirtschaftsbündnis gegründet wurde. Neben der gemeinsamen Politik in allen wirtschaftlichen Bereichen wurde im Vertrag von Maastricht (1992) auch eine Zusammenarbeit in der Außen- und Sicherheitspolitik sowie der Innen- und Justizpolitik beschlossen.

Europäische Währungsunion – Zusammenschluss von Staaten der EU zu einem einheitlichen Währungsraum mit dem Euro (Einführung am 1. 1. 2002) als gemeinsamer Währung.

Export – Ausfuhr von im Inland produzierten Gütern in andere Länder.

Externe Kosten – durch Produktion oder Verbrauch entstandene Nachteile, die sich nicht oder nur schwer direkt dem Verursacher zuordnen lassen (z. B. Luftverschmutzung durch Abgase). Die Gemeinschaft muss die Folgen und die Kosten tragen, die bei der Preisbildung nicht mit einkalkuliert werden. Durch staatliche Eingriffe wird dies zu korrigieren versucht.

Freihandel – Bezeichnung für einen internationalen Waren- und Dienstleistungsverkehr ohne Zollschranken oder andere Handelsbeschränkungen.

Fürsorgeprinzip – demnach bekommt in Deutschland jeder Unterstützung vom Staat, der seine Bedürftigkeit nachweisen kann. Damit sichert der Staat seinen Bürgern das Existenzminimum, sobald sie dies nicht mehr aus eigener Kraft aufbringen können. Im Gegensatz zum Leistungsprinzip muss der Bürger für diese staatliche Hilfe nicht vorher oder hinterher etwas einbringen.

GATT (Allgemeines Zoll- und Handelsabkommen) – siehe WTO.

Generationenvertrag – Bezeichnung für das Grundprinzip der gesetzlichen Rentenversicherung, nach dem der heute arbeitende Teil der Gesellschaft für die Rentenzahlungen an den nicht mehr arbeitenden Teil aufkommt.

Gleichgewichtspreis – ist dann erreicht, wenn die von den Verkäufern angebotene Menge der Nachfrage vonseiten der Käufer entspricht. Beim G. wird der höchste Umsatz erzielt und der Markt geräumt.

Globalisierung – Bezeichnung für den fortschreitenden Prozess der weltweiten Arbeitsteilung und Vernetzung der Märkte. Ermöglicht wurde die beschleunigte Entwicklung durch die Ausweitung der Kommunikationsmedien und engere Verkehrsverbindungen.

Import – Einfuhr von Dienstleistungen und Gütern, die in anderen Ländern produziert oder erbracht wurden.

Investieren – langfristiges Anlegen von Kapital in Sachgütern, um den Bestand an Produktionsmitteln zu ersetzen, zu verbessern oder zu erweitern. Investitionen haben positive Auswirkungen auf die Volkswirtschaft, da mit dem Kapital die Produktion vergrößert oder verbessert werden kann. Voraussetzung für Investitionen ist das Sparen.

Joint Venture – Gemeinschaftsunternehmen zweier selbstständiger Unternehmen für ein gemeinsames Projekt.

Leistungsprinzip – demnach wird dem Bürger eine bestimmte staatliche Unterstützung nur in dem Maße gewährt, wie er diese zuvor erbracht hat. So wird z. B. Arbeitslosengeld nur dann gezahlt, wenn der Empfänger vorher Beiträge zur Arbeitslosenversicherung gezahlt hat.

Markt – Ort des Zusammentreffens von Angebot und Nachfrage. Hier findet die Preisbildung statt. Es kann sich um einen realen (Marktplatz) oder einen fiktiven Ort (Internet, Zeitungsanzeigen) handeln.

Marktmodell – vereinfachte Darstellung der Marktprozesse, um deren Gesetzmäßigkeiten aufzeigen zu können. Mithilfe von Modellen lassen sich allgemeingültige Aussagen über Wirkungszusammenhänge treffen, weil sie nur die relevanten Informationen betrachten und in Beziehung zueinander setzen.

Markt, vollkommener – existiert nur als Modell, nicht in der Realität, und ist durch folgende Eigenschaften gekennzeichnet: Alle Güter sind homogen (gleichartig), Anbieter und Nachfrager haben vollständigen und unbeschränkten Zugang zum Markt und allen relevanten Informationen, allein der Preis ist ausschlaggebend für das Kauf- und Verkaufverhalten.

Marktwirtschaft, soziale – Wirtschaftsordnung, die den Grundsatz der Freiheit auf dem Markt mit dem sozialen Ausgleich verbindet.

Nachfrage – die Absicht von Wirtschaftssubjekten, Güter oder Dienstleistungen auf Märkten zu erwerben. Sie ist abhängig von der Dringlichkeit des zugrunde liegenden Bedürfnisses, dem Preis anderer Güter und der Kaufkraft.

Öffentliche Güter – frei zugängliche Güter oder Dienstleistungen, die durch zwei Merkmale gekennzeichnet sind: Bei ihrem Konsum herrscht keine Rivalität (die Nutzung durch ein Individuum schmälert nicht den Nutzen für ein anderes, z. B. Straßenbeleuchtung), und niemand kann von ihrem Konsum ausgeschlossen werden (z. B. beim Hochwasserschutz durch Deiche).

Öffentliches Recht – regelt die Rechtsbeziehungen zwischen Staat und Bürger und die der staatlichen Organe untereinander. Hierzu zählen z. B. das Staats- und Verwaltungsrecht, das Europa- und Völkerrecht und das Strafrecht zum öffentlichen Recht.

Preisbildung – erfolgt durch das Zusammenspiel von Angebot und Nachfrage. Die drei Marktfaktoren Angebot, Nachfrage und Preise stehen in wechselseitiger Beziehung zueinander. Die Veränderung eines Faktors hat jeweils Auswirkungen auf die anderen beiden Faktoren zur Folge. Von den Anbietern wird ein möglichst hoher Preis angestrebt, von den Nachfragern ein möglichst niedriger. Der Preis bringt Angebot und Nachfrage am Markt zu einem Ausgleich.

Privatrecht – Gesamtheit der Rechtsnormen, die die Beziehungen der Einzelnen untereinander festlegt. Wichtigster Bestandteil ist das bürgerliche Recht, das für jeden Bürger gilt.

Protektionismus – Einschränkung des Freihandels durch Handelshemmnisse. Zu unterscheiden sind tarifäre Handelsbeschränkungen (z. B. Zölle) und nichttarifäre Handelsbeschränkungen (z. B. staatliche Auflagen).

Rechtsgleichheit – Prinzip des Rechtsstaates, nach dem alle Bürger vor dem Gesetz gleich sind, unabhängig von Herkunft, Geschlecht oder Vermögensverhältnissen.

Rechtssicherheit – Element des Rechtsstaates, nachdem sich der Bürger auf das Recht verlassen können muss. Dazu müssen Formvorschriften eingehalten werden (z. B. bei Gesetzesverfahren), Formulierungen eindeutig sein. Staatliche Organe sind an die Rechtsprechung gebunden, rückwirkende Gesetze verboten. Der Einzelne muss seine Interessen gerichtlich durchsetzen können und vor willkürlicher Verhaftung geschützt sein.

Rechtsstaatlichkeit – Eigenschaft eines Staates, in dem die öffentliche Gewalt an eine objektive Rechtsordnung gebunden ist. Jede Ausübung staatlicher Gewalt ist im Rechtsstaat durch verfassungsmäßig erlassene Gesetze begrenzt (Rechtsbindung). Im Grundgesetz der Bundesrepublik Deutschland wird die Rechtsstaatlichkeit durch die Freiheits- und Gleichheitsrechte oder auch die Prinzipien der Rechtssicherheit und der Rechtsgleichheit sowie der Unabhängigkeit der Gerichte ausgedrückt.

Solidarität – Prinzip der Zusammengehörigkeit, das gegenseitige Mitverantwortung und Mitverpflichtung festlegt. Es liegt beispielsweise dem Sozialversicherungssystem zugrunde: Aus der gemeinsamen Kasse, in die alle einzahlen, werden Leistungen für die Menschen ausgeschüttet, die Unterstützung bedürfen.

Soziale Marktwirtschaft (siehe unter **Marktwirtschaft, soziale**)

Sozialversicherung, gesetzliche – Versicherung des Einzelnen gegen Risiken, die seine Existenz bedrohen könnten. In Deutschland zählen zur Sozialversicherung die Kranken-, Pflege-, Renten-, Arbeitslosen- und Unfallversicherung.

Sparen – momentaner Verzicht auf Konsum zur Ansammlung von Vermögen. Private Haushalte sparen aus verschiedenen Gründen (Eigentumsbildung, Absicherung). Für die Gesamtwirtschaft sind Ersparnisse der Kapitalstock für die Finanzierung von Investitionen.

Staatshaushalt – Gegenüberstellung der Einnahmen und Ausgaben des Staates für ein Haushaltsjahr. Sind Ausgaben und Einnahmen gleich, spricht man von einem ausgeglichenen Haushalt.

Steuern, direkte – werden direkt vom Einkommen abgezogen.

Steuern, indirekte – werden erst bei der Verwendung des Einkommens abgezogen. Wichtigste indirekte Steuer ist in Deutschland die Mehrwertsteuer.

Strafzwecke – Strafmaßnamen erfolgen als Vergeltung für verübtes Unrecht (absolute Straftheorie) oder zur Verhinderung der Wiederholung einer Straftat durch den Täter (Individualprävention) oder durch die Allgemeinheit (Generalprävention) (relative Straftheorie).

Strukturwandel – drastische wirtschaftliche Veränderungen, die nicht von Jahreszeit oder Konjunktur verursacht wurden. Der Begriff kann sich auf wirtschaftliche Veränderungen innerhalb oder zwischen Sektoren beziehen, auf eine Region oder die Aufteilung der Beschäftigten nach Sektoren. In Industrienationen ist der Strukturwandel i. d. R. durch den Rückgang des primären und sekundären Sektors bei gleichzeitiger Zunahme des tertiären Sektors gekennzeichnet.

Subsidiarität – wirtschaftliches Prinzip, das die Eigenleistung und die Selbstbestimmung von Individuen und Gemeinschaften fördert. Staatliche Eingriffe und öffentliche Leistungen werden demnach erst dann unterstützend wirksam, wenn der Einzelne oder die Familie die Eigenleistung nicht erbringen kann.

Umlageverfahren – ein Finanzierungsprinzip, das bei der Sozialversicherung angewandt wird. Beitragszahlungen werden nicht angespart, sondern unmittelbar in die aktuellen Leistungen umgelegt. Ein heutiger Beitrag zur Krankenversicherung wird also heute z. B. für die Zahn-OP des Mitversicherten ausgegeben, und nicht für die mögliche eigene Behandlungen in der Zukunft zurückgelegt.

Unabhängigkeit der Gerichte – nach dem demokratischen Prinzip der Gewaltenteilung sind alle Organe der staatlichen Rechtsprechung (Judikative) von den anderen beiden Gewalten (Legislative, Exekutive) deutlich getrennt und unabhängig.

Versicherungsprinzip – demnach werden Leistungen nur an denjenigen entrichtet, der mit Beiträgen selbst vorgesorgt hat. Die Höhe der Leistungen richtet sich nach der Höhe der Vorsorgebeiträge. Die gesetzliche Rentenversicherung ist nach diesem Prinzip organisiert.

Wechselkurs – der in inländischer Währung ausgedrückte Preis für eine ausländische Währungseinheit. Bei flexiblen Wechselkursen wird dieser gemäß Angebot und Nachfrage nach Devisen am Devisenmarkt bestimmt. Der Wechselkurs hat auch Einfluss auf den Außenhandel, da Waren aus dem Ausland durch seine Veränderung billiger oder teurer werden.

Welthandelsorganisation (WTO) – Sonderorganisation der Vereinten Nationen (UN) mit 151 Mitgliedern (Stand: 2008), die 1996 das GATT ablöste und den freien Welthandel gewährleisten soll.

Wirtschaftsbereiche (auch Wirtschaftssektoren genannt) – Zusammenfassung gleichartiger Wirtschaftseinheiten und Unterscheidung von drei Sektoren des Unternehmensbereiches: dem primären Sektor (Landwirtschaft, Bergbau und Fischerei), dem sekundären (verarbeitende Industrie und Handwerk) sowie dem tertiären Sektor (Dienstleistungen).

Wirtschaftskreislauf – schematische Darstellung volkswirtschaftlicher Zusammenhänge in Form eines Kreislaufs. Im einfachen Wirtschaftskreislauf werden Geld- und Güterströme zwischen Unternehmen und Haushalten erfasst. Weitere Sektoren des Kreislaufs sind der Staat und die Vermögensveränderungen. Im evolutionären Wirtschaftskreislauf werden zudem die Geldströme betrachtet, die zum und vom Ausland fließen.

Wirtschaftsordnung – grundlegende Rechts- und Organisationsform, in der wirtschaftliche Prozesse ablaufen. Sie bildet den Rahmen für die Beziehungen der Wirtschaftssubjekte untereinander. Häufig wird zwischen den Extremen der Zentralverwaltungswirtschaft und der Marktwirtschaft unterschieden. In der Realität existieren aber nur Mischformen beider Systeme.

Wohlstand – wirtschaftlicher bzw. materieller W. als Grad der Versorgung mit Gütern und Dienstleistungen kann mit Lebensstandard gleichgesetzt werden. Messgröße hierfür ist häufig das BIP. Definition und Messung stoßen an ihre Grenzen, wenn auch subjektive Zufriedenheit und Lebensqualität erfasst werden sollen.

Zentralverwaltungswirtschaft – Wirtschaftsordnung, bei der eine zentrale staatliche Instanz alle Wirtschaftsabläufe nach einem ökonomischen Gesamtplan lenkt. Einzelwirtschaftliche Entscheidungen müssen sich dem staatlich verordneten Plan unterordnen. Auch die Preise werden staatlich festgelegt.

Register

Die zentralen Fundstellen der Begriffe sind **fett** gedruckt.

U

V

W

Z